中国区域性股权市场研究

A Study of China's Regional Equity Market

高 松／著

中国经济出版社
CHINA ECONOMIC PUBLISHING HOUSE
·北 京·

图书在版编目（CIP）数据

中国区域性股权市场研究／高松著.
—北京：中国经济出版社，2019.6
ISBN 978-7-5136-5612-2
Ⅰ.①中… Ⅱ.①高… Ⅲ.①股权—投资基金—研究—中国 Ⅳ.①F832.51
中国版本图书馆 CIP 数据核字（2019）第 051498 号

责任编辑 李玄璇
责任印制 马小宾
封面设计 任燕飞工作室

出版发行 中国经济出版社
印 刷 者 北京力信诚印刷有限公司
经 销 者 各地新华书店
开　　本 710mm×1000mm 1/16
印　　张 18
字　　数 250 千字
版　　次 2019 年 6 月第 1 版
印　　次 2019 年 6 月第 1 次
定　　价 68.00 元
广告经营许可证 京西工商广字第 8179 号

中国经济出版社 **网址** www.economyph.com **社址** 北京市西城区百万庄北街 3 号 **邮编** 100037
本版图书如存在印装质量问题，请与本社发行中心联系调换(联系电话:010-68330607)

序言

写在春天即将到来之际

2019 年的春天来得特别早，石家庄的春天尤其早，1 月中旬就已经感受到浓浓暖意了。自从 2008 年协助天津股权交易所设计、完善规则制度和培训会员起，到现在参与区域性股权市场的工作已经整整十年了。这期间经历了初期的探索、彷徨，在天津股权交易所筹备工作期间更多的是对于“区域性股权市场”这一新生事物的探索，并且模仿发达国家的交易市场的业务规则，设计我们自己的制度。2012 年，在齐鲁股权交易托管中心的工作经历虽然短暂，但是让我对区域性股权市场有了新的认识，对挂牌企业后续督导方面做了一些基础性的研究。2013 年 4 月，应河北省领导的邀请，受命筹建石家庄股权交易所，设计交易所的各项制度、规则，并担任主要负责人。在石家庄股权交易所工作期间，由于工作的便利，对中国区域性股权市场的产生、存在、发展有了更新的认知。

十年间，区域性股权市场从无到有。目前，在全国各省、自治区、直辖市、计划单列市的运营机构基本实现全覆盖，规范、整合也在进行中。天津股权交易所并入天津滨海柜台交易市场，广州股交与广东高新股交整合，江苏股交和苏州股交进行整合，一切都是为了金融安全，为了风险防范。

十年间，区域性股权市场一直不断地进行理论创新。从最初的服务于大众创业、万众创新，到 2017 年国务院办公厅发布国办发〔2017〕11 号文件。《国务院办公厅关于规范发展区域性股权市场的通知》中指出，区域性股权市场是主要服务于所在行政区域内中小微企业的私募股权市场，是多层次资本市场体系的重要组成部分，是地方人民政府扶持中小微企业政策措施的综合运用平台。

十年间，区域性股权市场规则进一步完善，业务、规范不断创新，无论是北京股交中心的“科技四版”常态化路演，石家庄股交所的“霸州模式”“金融扶贫板”“挂牌第一课”，还是武汉股交中心的“县域金融工程”“小龙虾板”，以及前海股交中心的“投行模式”，齐鲁股交中心的挂牌企业批量向“新三板”转板，浙江股交中心的“浙里投”融资平台，上海股交中心的“科创板”，都是有益的探索和实践。

十年间，区域性股权市场从业者、参与者的队伍不断扩大，全国的区域性股权市场及其会员机构解决了大量的就业问题，锻炼了队伍，完善了资本市场从业人员的储备。但是，目前还缺乏一部专门研究我国区域性股权市场的著作，以供区域性股权市场的研究者、管理者、从业者参考使用。

这部专著策划于2017年的冬天，寒风凛冽。成稿于2019年的早春，阳光明媚。预示着中国的区域性股权市场的春天已经到来了！

当我开始撰写这部专著的序言时，我的内心既是忐忑的，又充满感恩、感激。区域性股权市场是我国资本市场的新兴事物，能够深度参与其间，见证市场的产生、发展、壮大，并且亲手创建了石家庄股权交易所，这是我一生的荣耀。感谢带领我走入区域性股权市场的各位领导，给予了我最大的信任和鼓励，支持我在中国区域股权市场大胆创新；也感谢我的朋友和学生们，在本书撰写的过程中给予了我无私的帮助；更感谢我的父母和家人，在河北工作期间与家人聚少离多，父母替我照料孩子，2018年老父亲的不幸离世，也给我带来深深的遗憾和伤痛。

春天的脚步越来越近了，暖阳照耀着大地。我们深信，区域性股权市场植根于中国的这片厚土，就像春天的暖阳给每一个中小微企业带来希望，让每一个中小微企业沐浴在春天的阳光里。

就在本书准备截稿的时候，又传来重大消息。中共中央、国务院发布关于支持雄安新区全面深化改革和扩大开放的指导意见，意见中指出：筹建雄安股权交易所，支持股权众筹融资等创新业务先行先试。在这个早春，党中央、国务院的决策无疑给区域性股权市场注入一支兴奋剂，使区域性股权市场的未来更加光明。

踏遍坎坷成大道，斗罢艰险又出发。

中国的资本市场始终处于创新变革之中，而区域性股权市场作为多层次资本市场的重要组成部分，必将排除万难，不断进发。

高　松

二〇一九年一月二十二日

于石家庄股权交易所

目　录

第四章 中国区域性股权市场与发达国家（以美国为例）场外交易市场的比较

第五章 监 管

第一章

绪　论

1.1 区域性股权市场建立的背景

自改革开放以来，我国始终坚持以经济建设为中心。2018 年，党的十八届三中全会上提出，要全面深化改革，在坚持以经济建设为中心的同时，深入进行经济体制改革，坚持完善基本经济制度，加快完善现代市场体系、宏观调控体系、开放型经济体系，加强对各类资源的有效利用。资本在各类资源中始终占据重要位置，而在当前的中国，资本市场亟待完善。在中国的多层次资本市场中，各个层次中最薄弱也是最迫切需要建设和完善的，是以区域性股权交易市场为代表的基础层次上的交易市场。目前来说，中国的三大产业都存在这样或那样的缺陷，要融入全球市场并在全球竞争中取得优势，必须进行产业转型升级和与产业转型升级相对应的社会改革。在产业转型升级和社会改革中，不可避免地要面对社会资源的合理分配问题，当前，在所有的社会资源中占据最重要地位的无疑是资本，因此建立一个完善高效的资本市场是社会改革和产业转型所必需的。基于上述因素，中国政府颁布了《国务院关于推进资本市场改革开放和稳定发展的若干意见》《国务院办公厅关于规范发展区域性股权市场的通知》《区域性股权市场监督管理试行办法》等一系列推动中国资本市场建设的文件，重点要求完善中国多层次资本市场，建设区域性股权市场。

1.1.1 大众创业、万众创新是区域性股权市场产生的基础

2014 年 5 月，习近平总书记在上海调研时明确提出，要充分发挥多层次

资本市场在推进科技创新中的重要作用，更好地支持科技创新企业对接资本市场，有效缓解科技创新企业融资难问题，促进创新企业快速发展。在2014年9月的夏季达沃斯论坛上，李克强总理发出“大众创业、万众创新”的号召，他提出，要在960万平方千米土地上掀起“大众创业”“草根创业”的新浪潮，形成“万众创新”“人人创新”的新态势。在论及创业创新文化时，总理强调“让人们在创造财富的过程中，更好地实现精神追求和自身价值”。此后习近平总书记和李克强总理在不同的场合也都从不从角度阐述了“双创”的含义，强调了“双创”的重要性。

2015年1月，中国证监会发布《公司债券发行与交易管理办法》，将公司债发行范围由上市公司扩大到所有公司制法人主体。这使得不仅所有新三板挂牌企业能够发行公司债，所有未上市或挂牌的有限责任公司以及股份公司都可以通过发行公司债进行有效融资。针对“创新创业公司”发行的公司债（简称“双创债”），“双创债”发行的初衷就是服务中小微企业，支持“双创”事业。

2016年5月，国务院发布《关于建设大众创业万众创新示范基地的实施意见》，明确提出要以促进创新型初创企业发展为抓手，以构建双创支撑平台为载体，分类推进双创示范基地建设。同时提出各类型示范基地的建设目标和建设重点：一是区域示范基地要以创业创新资源集聚区域为重点和抓手，重点推进服务型政府建设，完善双创政策措施，扩大创业投资来源，构建创业创新生态，加强双创文化建设；二是高校和科研院所示范基地要充分挖掘人力和技术资源，促进人才优势、科技优势转化为产业优势和经济优势，重点完善创业人才培养和流动机制，加速科技成果转化，构建大学生创业支持体系，建立健全双创支撑服务体系；三是企业示范基地要发挥创新能力突出、创业氛围浓厚、资源整合能力强的领军企业核心作用，重点构建适合创业创新的企业管理体系，激发企业员工创造力，拓展创业创新投融资渠道，开放企业创业创新资源。

在“双创”的背景下，区域性股权市场有了大展拳脚的机会，可以发挥其在资本市场上的独特作用，为“双创”助力。

（1）实现企业“个转企”“小升规”“规改股”“股上市”是区域性股权

市场为企业制定的发展路线。实施“双创”活动以来，一大批中小微企业涌现，这些企业发展速度快。有些中小微企业项目很新，且有着很强的进军资本市场的欲望，但由于他们成立时间太短，发展不成熟，各项事务管理不到位、不规范，不符合资本市场的上市条件。在这样的情况下，区域性股权市场可以成为规范培育企业的基地。中小微企业先在区域性股权市场登记挂牌托管，接受规范化的管理，进行现代化的公司制改革，使企业健康发展。在其发育到一定程度，达到上市条件，由区域性股权市场实现其向新三板等转板上市的愿望。

（2）区域性股权市场可以为摘牌企业提供帮助。2015 年开始的三板挂牌大潮退去后，三板摘牌大潮浮现，2016 年三板摘牌近 40 家，2017 年共有 709 家挂牌公司摘牌，2018 年仅 4 月份新三板企业就减少了 177 家。究其原因，包括以下四种情况：一是部分企业准备 IPO；二是新三板企业间或与其他大型上市企业实施了兼并、重组；三是挂牌费用太高而且有些企业无法在三板市场上得到足够的资金；四是部分企业发展不良，不再符合新三板挂牌条件。对于前两种情况，企业仍有登记托管的地方。但对于后两种情况，企业摘牌以后股份登记托管便成了问题，虽然这些摘牌企业可以去中国证券登记结算有限责任公司（以下简称“中登”）登记托管，但实际上中登并不能为所有摘牌的企业提供登记托管服务，一是由于为从三板摘牌的企业提供服务并不盈利；二是由于中登没有足够人手来为其服务。基于以上原因，一旦这些企业从新三板摘牌，将无处安身。因此区域性股权市场便成了这些摘牌企业的一个非常好的选择：第一，区域性股权市场可以为摘牌企业办理转托管等一系列业务和手续；第二，可以帮助摘牌企业完成股东清理；第三，可以帮助摘牌公司股份流通，使其进行再融资。而且根据证监会《非上市公众公司监督管理办法》和《关于加强非上市公众公司监管工作的指导意见》的有关规定，区域性股权市场为摘牌企业提供股份登记托管服务具有充分的法律支持。

1.1.2　企业转型、升级给区域性股权市场带来新的契机

2015 年 5 月 19 日，国务院正式印发《中国制造 2025》，要求积极推进中小企业信息化建设。鼓励企业使用先进电子信息技术，提高生产自动化、控

制智能化和管理信息化的水平，加快企业转型升级速度。2016 年 7 月 5 日，工业和信息化部发布《促进中小企业发展规划（2016—2020 年）》。规划对中小企业未来 5 年的发展做出了指导和设计，要求通过促进创业、推进创新、改善服务和优化发展环境等一系列措施，推动中小企业转型升级、改善供给，促进中小企业持续健康发展。在 2018 年《政府工作报告》中，李克强总理多次提到了数字经济、"互联网+"、信息化、智能制造等相关内容。报告指出，要加快新旧发展动能接续转换，深入开展"互联网+"行动，实行包容审慎监管，推动大数据、云计算、物联网等技术的广泛应用，促进新兴产业蓬勃发展，推动传统产业深刻重塑。

一系列中央支持政策的提出和落实切实地推动了企业不断转型升级。对于企业来说，在中央众多利好政策背景下，企业开始加大力度把不同来源、不同层次、不同结构、不同内容的资源进行识别与选择、吸取与配置、激活和有机融合，从而使企业资源不断整合，通过与优势企业合作，并购有价值的新兴企业，使市场更加活跃。

据已有的调查显示，多数中小微企业尤其是小微企业，虽然有一部分属于科技型，但大部分集中在批发零售业、制造业和建筑业等传统实体领域，自身规模小、融资金额较小。因此大部分小微企业维持自身经营运转或是扩大规模的资金需求多以小额融资借贷来满足，商业银行也承担了向中小微企业提供信贷资金的职能，部分中小微企业也采用了亲友借款、职工内部集资、互联网平台借款等融资方式。虽然有以上融资方式，但仍有很大比例的中小微企业的融资需求无法被有效满足。针对小微企业融资难、融资贵的问题，仅 2018 年以来，央行就连续 3 次定向降准并出台《关于进一步深化小微企业金融服务的意见》等政策，从货币政策、监管考核、财税激励着手引导各类金融机构加大对小微企业的金融支持力度。

中小微企业要发展，除了需要便捷的融资环境外，融智（经营管理等多方面）的支持同样不可或缺。当前中小微企业特别是小微企业多数还是作坊式、家庭式经营，管理信息化水平极低，管理者同时也是生产者经营者的情况非常普遍，很多管理者本身不具有现代信息化管理的能力，使得小微企业很少享受到互联网和移动互联网的发展红利。因此中小微企业要发展，要融资、融智并举。

在中小微企业资源整合、融资、融智方面，我国各个省（自治区、直辖市）中小微企业发展情况不同、面临的问题有其自身的特殊性，无法像沪深证券交易所和“新三板”一样全国统筹。各个省（自治区、直辖市）必须发挥主观能动性，根据该省区的情况提供差异化、多样化甚至定制化的服务。区域性股权市场正好解决了这一问题，它根植于所在的省区，对省（自治区、直辖市）内的实际情况更为熟悉，可以精准地服务于中小微企业，助力中小微企业资源整合，为其提供便利的融资服务；帮助其引入先进的、现代化的管理方法和理念，实现信息化管理，使其能够更加便利和自主地获取各类有助于经营的资源。

1.1.3 中央扶植中小微企业发展，打造良好营商环境

近年来，国家对于小微企业的扶持力度不断加大。党中央、国务院对小微企业的发展极为关注，出台了一系列助力小微企业发展的方针政策。2012年国务院发布《国务院关于进一步支持小型微型企业健康发展的意见》，2013年国务院办公厅发布《国务院办公厅关于金融支持小微企业发展的实施意见》，2014 年国务院发布《国务院关于扶持小型微型企业健康发展的意见》。

在税收政策方面，对小微企业扶持力度更大。仅 2018 年出台的税收减免政策就包括以下 4 项：第一，享受暂免征收增值税优惠再继续，《国家税务总局关于小微企业免征增值税有关问题的公告》对符合规定的小微企业暂免征收增值税优惠政策；第二，免征有关政府性基金范围再扩大，《财政部国家税务总局关于对小微企业免征有关政府性基金的通知》对符合条件的中小微企业免征教育费附加、地方教育附加、水利建设基金、文化事业建设费；第三，与金融机构签订借款合同免征印花税，《财政部、税务总局关于支持小微企业融资有关税收政策的通知》对金融机构与小型企业、微型企业签订的借款合同免征印花税；第四，企业所得税优惠范围再扩大，《财政部税务总局关于进一步扩大小型微利企业所得税优惠政策范围的通知》将小型微利企业的年应纳税所得额上限由 50 万元提高至 100 万元，对年应纳税所得额低于 100 万元（含 100 万元）的小型微利企业，其所得按 50%计入应纳税所得额，按 20%的

税率缴纳企业所得税。

中央对小微企业的支持不仅包括政策方面的倾斜，2018 年 12 月 5 日，在国务院常务会议上李克强总理提出，决定再推出一批促进创新的改革举措，更大激发创新创造活力。将原先在个别区域试点的 3 项改革举措，推广到先行先试的 8 个区域，包括赋予科研人员一定比例职务科技成果所有权、区域性股权市场设置科技创新专板等措施。这一举措大大释放了区域性股权市场的活力，使区域性股权市场能够更大程度地发挥其作用。近期更是提出，将试点改革范围由原先的 8 个区域扩大到全国。

1.1.4 国民经济的发展促进区域性股权市场转型升级

（1）县域金融工程。

目前，我国的行政区经济体系主要有省域经济、市域经济、县域经济，其中，县域经济是最基础的经济单元。习近平总书记强调，“县一级处在承上启下的关键环节，是发展经济、保障民生、维护稳定、促进国家长治久安的重要基础。古人讲：‘郡县治、天下安。’县一级工作做好了，党和国家全局工作就有了坚实基础。”（《习近平谈治国理政（第二卷）》）县域经济在中国国民经济体系中是具有综合性和区域性的基本单元，县域经济的发展对于解决“三农”问题，打赢脱贫攻坚战，提高国民经济整体实力具有重大意义。

然而，如何促进县域经济发展一直是我国城乡二元经济体制改革中的历史性难题，县域资金不足、人力物力等资源大量外流、经济发展后劲不足、缺乏吸引力和可持续性。为了解决县域经济发展难题，县域金融工程技术和方法开始推行。金融工程是包括创新型金融工具与金融手段的设计、开发和实施以及对金融问题给予创造性解决。县域金融工程是指将金融工程的原理和方法与县域经济及其资源状况相结合，对县域经济进行系统金融谋划，从而达成实现县域资源的优化配置、解决小微企业融资难、融资贵问题的目的，使县域经济在金融风险可控的前提下，调整产业结构，引导资金流向县域金融机构、企业及广大农民，从而大大激发小微企业的活力、普惠民生、推动县域经济可持续发展。

在县域金融工程的背景下，为了将县域经济发展的顶层设计落到实处，政府、金融机构、企业和个人需要通力合作，依靠市场和政府这两只“看不见的手”与“看得见的手”的力量，发挥县域金融工程在企业融资、风险规避、业务拓展等方面的作用。发挥“市场之手”的作用最重要的就是要对接资本市场，解决融资难题。而解决融资难问题必须依靠区域性股权市场的作用，以资源换资本，以股权换资金。发挥“看得见的手”的作用同样需要与区域性股权市场合作，通过区域性股权市场提供基金、信贷、担保等平台和服务。

（2）银行股权托管等非股权市场传统业务。

2018 年 9 月，中国银行保险监督管理委员会发布的《商业银行理财业务监督管理办法》中第五十条规定，商业银行应当选择具有证券投资基金托管业务资格的金融机构、银行业理财登记托管机构或者国务院银行业监督管理机构认可的其他机构托管所发行的理财产品。区域性股权市场可以为商业银行提供股权托管业务，推进商业银行规范化、透明化管理。

1.2 区域性股权市场的意义

区域性股权市场是主要服务于所在省级行政区域内中小微企业的私募股权市场，是多层次资本市场体系的重要组成部分，它为地方人民政府扶持中小微企业的政策措施提供了综合运用平台。党的十九大报告指出，深化金融体制改革，增强金融服务实体经济能力，提高直接融资比重，促进多层次资本市场健康发展。在我国多层次资本市场的“金字塔”体系中，作为“塔基”，区域性股权市场对于规范培育中小微企业具有重要作用，它可以为数量庞大的未上市中小微企业提供多种多样的服务。

中小微企业是国民经济的“血与肉”，它们承担着解决民生问题和维护社会稳定的重任。然而，中小微企业融资难、融资贵问题却严重束缚了中小微企业的发展，这不仅仅是中国也是世界各国普遍面临的难题。在中国，旧的高度集中的金融体制导致的信贷市场卖方垄断、银企之间信息不对称和由此衍生出的信用问题，加上有效担保的缺失、中小微企业自身弱点导致的外部融资能力弱和议价能力不强等因素，共同造成了中小微融资难、融资贵问题。区域性股权市场可以改善以上问题，通过采取促进企业特别是中小微企业股权交易和直接融资，鼓励科技创新和激活民间资本等措施，加强对实体经济薄弱环节的支持。具体来说，建立和完善区域性股权市场的意义主要集中在以下3个方面。

1.2.1 调整国民经济结构、转变经济发展方式的要求

经济发展方式的转变，不仅包括了经济增长方式的转变，也涉及环境保护、可持续发展、消费行为、文化、人与人的关系等各个方面的转变。经济结构的调整，不仅包括宏观上社会总需求结构、所有制结构、分配结构、产业结构、区域经济结构等的调整，也包括微观上企业组织结构、产品结构的调整。转方式、调结构涉及国民经济的方方面面，事关社会主义现代化建设全局。

党的十八大以来，党中央、国务院以及各级党组织、政府都在着力推动调结构、转方式，落实十七大提出的转变经济发展方式的要求，使经济发展由传统的投资、消费、出口“三驾马车”拉动，转为更加依靠创新驱动。

区域性股权市场的建立有效地整合了各个省级行政区域内的金融资源和政策资源，在党和政府的支持下，它可以综合运用各种金融服务手段来缓解区域内小微企业尤其是处于成长阶段的科技创新型企业的融资难问题，有力地配合了“大众创业、万众创新”要求，是实现国家创新驱动发展战略的重要一环。

1.2.2 “三去一降一补”政策的实施需要区域性股权市场助力

“三去一降一补”政策要求的去产能是为了将低利润、高污染的过剩产能去除；去库存是为了给新的产能提供空间；去杠杆是为了降低长期性和系统性风险；降成本是提高效率的基础；补短板是提高整体资源配置效率必要条件，也是平衡供需关系的必然手段。区域股权市场对于去杠杆、补短板有着最直接的作用。

一直以来，我国虽然建立了资本市场，但是多层次资本市场体系发展不

均衡。虽然沪深交易所、全国中小企业股份转让系统（新三板）等全国性市场已比较规范，但除了沪深交易所、新三板和各大银行融资以外，还存在广泛的民间借贷领域。民间借贷领域存在法律缺失、监管不到位、操作手续不合理、操作过程违规、操作结果不可控等众多问题，使得中小微企业资本结构失衡、债务比例失调、发生流动性风险的概率较大，增加了金融风险发生的可能性。

区域性股权市场的有效运作可以补齐资本市场的短板，规范资本市场运行，落实对各个层次资本市场的监管，有助于建立多层次资本市场的均衡发展。此外，还可以拓宽中小微企业的直接融资渠道，使其资本结构更加优化、债务比例趋于均衡，降低流动性风险发生的可能性，有效地降低杠杆、防范重大金融风险的发生。

1.2.3 促进中小微企业全面发展需要区域性股权市场助力

中小微企业是社会发展的生力军，就业的主渠道。据统计，截至 2017 年 9 月，我国小微企业已超过 7300 万户。据国家统计局的抽样调查，每户小型企业能带动 7 到 8 人就业，一户个体工商户带动 2.9 人就业。特别是创新型小微企业的大量涌现，成为推动创新发展的活力源泉，为新常态下的结构转换提供了新的动能。据统计，当前中小微企业占我国企业数量的 99%，完成了 70%以上的发明专利，提供了 80%以上的新增就业岗位，提供了 50%以上的税收，创造了 60%以上的国内生产总值。中小微企业正在成为我国经济新动能培育的重要源泉之一，是经济结构优化升级的重要支撑，也是保障和改善民生的重要依托。然而，数据显示，日本、欧洲的小微企业生命周期可以达到 12 年，美国达到 8 年多，而中国只有 3 年。对此，必须降低准入门槛、提高准入效率、规范市场秩序、完善扶持政策，提升中小微企业的市场竞争力，要适应中国向服务经济转型的大趋势，为提高中小微企业、民营经济的生存能力，实现其较快发展创造条件。

区域性股权市场在服务中小微企业方面具有独特的优势。它能够聚焦中小微企业的多样化、个性化需求为其提供各具特色的融资服务。此外，还可以通过组织中介机构为中小微企业提供改制辅导、管理培训和咨询等服务，提高中小微企业治理能力和管理能力，提升中小微企业规范化运行的水平，为中小微企业信息披露、股权转让提供平台和服务，从而一步步将中小微企业引向正轨，增强中小微企业活力与竞争力。

1.3 中国区域性股权市场的发展历程

从20世纪80年代起，我国企业开始股份制改造，股权伴随着股份制改造出现了。有了股权就自然会涉及股权的转让和交易问题，因此开始出现股权交易行为和股权交易市场。改革开放初期，股份制仅在我国局部地区出现，当时的股权交易市场也是区域性的、小规模的、自发的或零星的。随着企业股份制改造的不断深入和扩大，股权交易市场的数量、规模和范围也在扩大，不过，股权交易市场仍旧是区域性的而不是全国统一的市场。到1993年前后，出现了由地方政府支持或参与的有地方特征的场外交易市场，如证券登记中心、产权交易机构、区域性股权交易中心等。经过三十多年的曲折发展，区域性股权市场已成为多层次资本市场体系的“塔基”（见图1-1）。

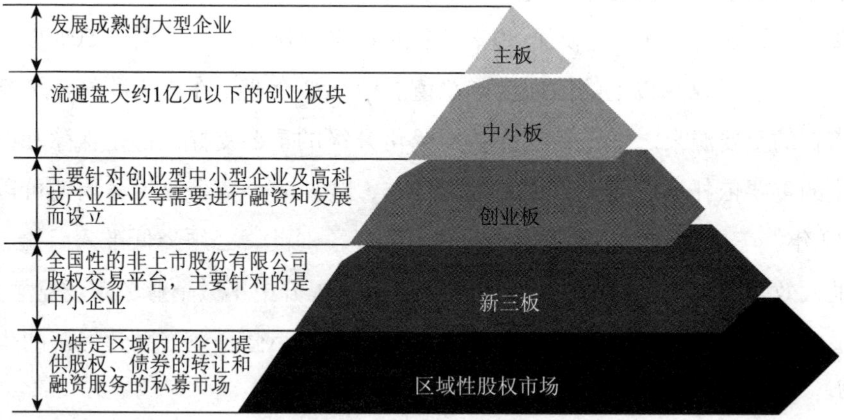

图1-1 我国多层级资本市场结构

2008年金融危机以来，全球资本市场压力都较大。在我国，为了破解中小企业融资难的问题，各个省级行政区开始陆续成立区域性股权市场。经过四年发展，2012 年以后我国区域性股权市场获得快速发展，建立区域性股权市场成为多个地方金融改革的重点，区域性股权市场的发展呈现出地方政府支持、证券公司参与、中小企业踊跃挂牌的局面。2013 年 8 月，国务院办公厅出台《关于金融支持小微企业发展的实施意见》，首次明确将区域性股权市场纳入多层次资本市场体系，促进小微企业改制、挂牌、定向转让股份和融资。2014 年 5 月，国务院发布《国务院关于进一步促进资本市场健康发展的若干意见》，重申区域性股权市场在多层次资本市场体系中的地位和作用。2015 年 6 月，在总结各地实践经验的基础上，中国证监会起草了《区域性股权市场监督管理试行办法（征求意见稿）》，对区域性股权市场的基本定位、监管底线、市场规则和支持措施等作出了规定。截至 2016 年底，全国区域性股权市场的挂牌企业达 1.74 万家，展示企业 5.94 万家，2016 年为企业实现融资 2871 亿元，在支持中小微企业多样化融资、推动中小微企业规范运作、增强金融服务普惠性等方面发挥了积极作用。区域性股权市场已成为多层次资本市场体系的“塔基”，但还存在法律地位不明晰、监管责任未落实、管理制度不健全等问题，易酿成金融风险。鉴于此，2017 年 1 月 26 日国务院办公厅发布了《关于规范发展区域性股权市场的通知》，其目的是进一步健全多层次资本市场体系，促进区域性股权市场规范、健康、稳步地发展。

1.4 区域性股权市场发展现状

1.4.1 整体发展综述

中国区域性股权市场是为特定区域内的企业提供股权、债券的转让和融资服务的私募市场，是中国多层次资本市场的重要组成部分，亦是中国多层次资本市场建设中必不可少的部分。那么，它目前发展情况如何？

从目前法律定位来看，2017 年证券法草案修订曾显示：中国将证券交易场所划分为证券交易所、国务院批准的其他全国性证券交易场所（新三板）和按照国务院规定设立的区域性股权市场三个层次。可以说，区域性股权市场的法律地位在不断上升，这对区域性股权市场的未来发展有极大的促进作用。

目前由于三板市场低迷，2017 年至今，区域性股权市场实际上也出现一个由快上趋于平稳的格局。目前，对于区域性股权性市场的建设，规范化和监管尤为关键，规范化事关多层次资本市场建设的总布局，监管权力配置则影响金融体制的变革，对此，需要密切关注相关政策。

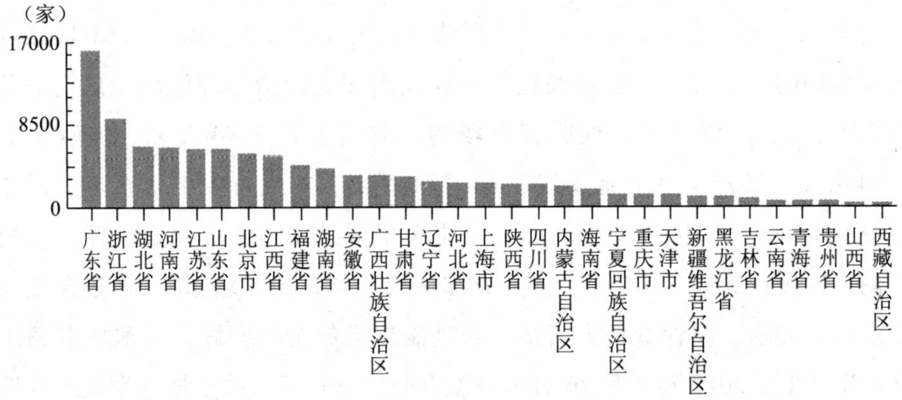

图 1-2 目前我国各省（自治区、直辖市）区域性股权市场挂牌企业数量

数据来源：和信投顾。

据统计，目前中国区域性股权市场已达 34 个，主要为省级行政单位主持开办。截至 2018 年 3 月，在各区域性股权市场挂牌的企业总数超过 76000 家（见图 1-2），其中深圳前海股权交易中心与上海股权托管交易中心发展态势最好，两地共计挂牌企业 23187 家，占挂牌企业总数的 30.19%，中原股权交易中心挂牌企业 2226 家，发展速度也较快。截至 2019 年 1 月 8 日，湖北挂牌企业达到 5067 家，成为首个挂牌企业超过 5000 家的区域性股权市场。

从挂牌行业情况分布来看，目前资本货物、软件与服务、材料Ⅱ、食品饮料与烟草、商业和专业服务、耐用消费品与服装、技术硬件与设备、消费者服务Ⅱ、零售、制药与生物行业挂牌企业数量处于前 10 位。

总体来看，中国区域性股权市场起步虽晚，但发展很快。在 2008 年到 2018 年十年的时间内，区域性股权市场逐渐成为中国多层次资本市场的重要组成部分，并实现了一定程度的发展，但由于各种原因发展速度有所放缓。从中长期来看，各地区域性股权市场将受益于地方政策与国家政策的支持，总体保持继续平稳发展的概率较大，挂牌公司将在市场内体现明显的优胜劣汰机制。从目前来看，由于 2017 年 4 月证券法草案已明确定位了区域性股权市场，因此在法律保障与定位明晰的背景下，区域性股权市场将成为中小微企业重要的股权融资及其他融资、转让的场所，其未来发展可以期待，但发展路径或将呈现曲折前行的特征。

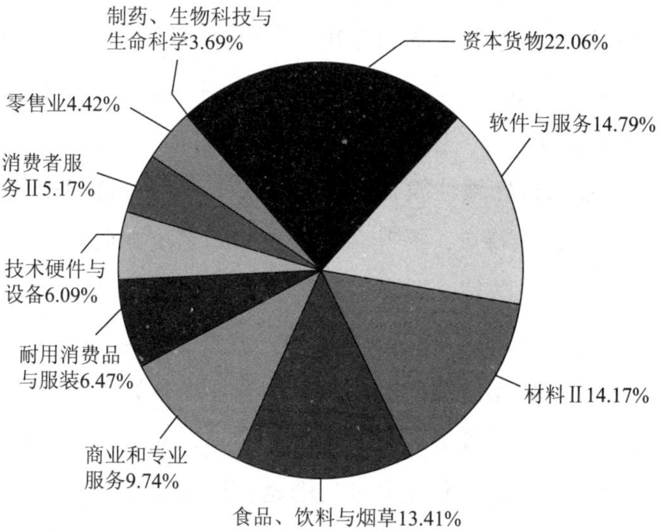

图 1-3 区域性股权市场挂牌企业行业分布

数据来源：WIND 资讯。

1.4.2 成就总结

（1）投融资功能。

由于场内交易市场的上市条件限制严格、门槛高，而区域性股权市场的挂牌要求相对较低，且区域性股权市场的参与者多为机构投资者，中小微企业可以通过在区域性股权市场挂牌，以股权转让的方式筹得企业发展所需的资金。在这种条件下，企业的融资成本比通过银行贷款融资的成本更低，且不会面临银行抽贷的压力，资金延续性更好。因此，区域性股权市场的发展为广大中小微企业提供了成本更低、资金延续性更好、风险更低的融资途径。

此外，由于区域性股权市场的参与者多为成长期的企业和机构投资者，因此，在区域性股权市场的定位上，为投资者提供新的投资机会、投资退出路径和不良资产处理通道也是区域性股权市场在投融资市场发挥的重要作用。由于区域性股权市场通过为投资者和企业提供股权交易和债券服务以实现其交易功能，因此，有利于实现股权和债权的合理定价，降低交易成本，在发现企业价值的基础上为股东的进入和退出提供方便的平台。

综上所述，区域性股权市场的存在，为企业和投资者双方都提供了一个方便、低成本和低风险的投融资对接平台，提供了合适的资本投资渠道。

（2）企业展示和路演。

挂牌企业可以通过区域性股权市场的展示平台向社会和机构投资者展示企业的基本信息和企业特点，提升企业形象和知名度。此外，股权交易中心还可以为挂牌企业提供法律、财务管理等方面的服务，以促进企业的规范管理和经营，促进企业成长。

区域性股权市场的路演功能主要是帮助企业搭建路演平台，为企业提供向投资者展示的机会，为投资者推荐投资产品，以此来展现企业的发展前景和融资需求信息，加强企业和投资者的沟通。在当前“双创”的背景下，区域性股权市场的路演功能与广大创业需求可以紧密契合，可以发挥区域性的路演功能为广大创业企业提供高效和便利的融资对接机会。

（3）促进金融产品创新。

首先，融资难问题是中国中小微企业发展面临的普遍问题，大部分中小微企业由于具有经营管理不规范、承受市场风险的能力较低、质押物少、资金缺乏等特点造成了中小微企业银行授信低、贷款难的困境。而股权交易市场可以通过与政府或者担保基金的合作，根据企业的具体情况为企业量身设计融资产品，为中小微企业的股权增信背书。这不但缓解了中小微企业融资难的问题，而且促进了金融产品的创新。

其次，根据区域性股权市场的业务特点，其在金融产品设计、估算和清算上具有私募性和个性化的特征，可将信托产品或银行理财产品作为资产池，以银贷资产的受益权或根据理财产品的期限进行重组和搭配，为客户提供个性化的产品服务，创新了金融服务的方式。

（4）衔接市场、培养后备力量。

首先，区域性股权市场通过与当地工商管理局对接，可以为区域内的股份公司和有限责任公司提供股权登记和股权托管服务，为这些非上市公司提供股权确认、回购、冻结或解冻、登记托管、分红派息等服务，有助于依法规范股权转让。

其次，区域性股权市场为挂牌企业所提供的各项服务能够促进企业完善治理结构以提高企业的核心竞争力，实现企业的快速健康发展。同时，依靠市场筛选机制，可以为创业板、中小板和主板市场输送后备上市公司。区域性股权市场的发展有助于完善中国的资本市场结构，并且为创业投资者、私募股权投资机构、新三板和场内交易市场的退出者提供退出接收平台，起到培养后备力量和衔接各个市场的双重作用。

1.5 当前区域性股权市场面临的问题

区域性股权市场作为多层次资本市场的重要组成部分，其作用日益受到重视。在党的十八大报告中，明确指出要加快中国多层次资本市场建设，这对中国区域性股权市场的发展而言是一个重要机遇。但同时，中国区域性股权市场的发展面临着宏观上的顶层设计问题，也面临诸多微观方面的运作机制问题。

1.5.1 政策难题

目前来看，国家对于区域性股权市场的发展缺乏顶层设计。对于区域性股权市场该如何发展、区域性股权市场与新三板的定位如何区分、如何对其进行监管等都还没有出台明确的规划。国家针对新三板出台的政策法规较为全面，但对于区域性股权市场则少得多。目前关于区域性股权市场的规定主要有《国务院关于清理整顿各类交易场所切实防范金融风险的决定》（简称国务院38号文）、《国务院办公厅关于规范发展区域性股权市场的通知》，以及证监会下发的《关于规范证券公司参与区域性股权交易市场的指导意见（试行）》《区域性股权市场监督管理试行办法》《区域性股权市场自律管理与服务规范》等。国家没有关于规范区域性股权市场发展的统一规划，区域性股权市场的发展面临很大的困惑，各地区域性股权市场不得不摸索、尝试。因此，各地的区域性股权市场都希望国家能够出台相关政策法规。

1.5.2 运营难题

从运行规范以及交易规则方面，区域性股权市场的发展仍然受到一些限制。运行规范方面，缺乏健全的规则，包括股东人数不能突破200人、区域性股权市场只能在本区域内发展、不能拆细等；交易规则方面，不能连续交易、不能采取做市商制度等。

从对挂牌公司股东人数的限制来看，在新三板挂牌的企业，股东人数可以超过200人，不在新三板或者区域性股权市场挂牌，股东人数实际上也可以超过200人（如果企业股东人数超过200人且不在新三板挂牌，证监会便无法监管），唯独在区域性股权市场挂牌，限制股东人数不能超过200人。这种限制的结果就是，股东人数超过200人的企业，要么在新三板挂牌，要么不在任何市场挂牌，这对区域性股权市场的发展造成了影响。同时，如果企业在区域性股权市场中发展得好，却死板地规定其股东不能超过200人，也缺乏合理性。

1.5.3 风控难题

从管控风险的角度来说，国家对区域性股权市场的限制比较严格，这也是合情合理的。然而，过于严格的规定在一定程度上确实限制了区域性股权市场的发展。这些严格的限制条件，是造成区域性股权市场交易和融资不活跃问题的主要原因之一。因此必须把握好风控中的力度，既不能过于宽松同时也不能过于严格。

区域性股权市场主要服务于中小微企业，由于其群体的发展特点，对于交易的风险控制应该由股交所根据挂牌企业的特点来进行规范和控制，不应该由“一刀切”的政策规定进行控制。就目前来看，如何有效控制风险且兼顾市场效率，是各个区域性股权市场亟须解决的难题。

1.5.4 定位难题

新三板和区域性股权市场之间的定位和功能的区分是必须尽快解决的问题。定位不清则职责不明，职责不明便无法形成长期稳定的发展。从现有的规定来看，除股东人数是否可以超过 200 人外（现有的中小企业特别是小微企业，股东人数超过 200 人的很少，因此这种限制并没有产生较大的实际作用），两者服务的企业没有实质差别。事实上，在实际运行过程中，现在新三板实行的挂牌标准甚至还要低于区域性股权市场的要求。这就造成了新三板和区域性股权市场产生了本不应产生的竞争，再加上两者面临的政策规定大不相同，这就人为地制造了难题和不平等竞争。随着新三板在全国范围内扩容，如果再与区域性股权市场的定位混淆不清，那么就容易造成市场秩序的混乱。退一步讲，即使允许两者进行竞争，也应该是一种在平等基础上的竞争。区域性股权市场和新三板定位的区分、区域性股权市场该如何发展和监管，是目前最急迫解决的问题。

第二章

中国区域性股权市场的发展及现状

我国主要区域性股权市场设立情况见表 2-1。

表 2-1 全国区域性股权市场设立情况

地区	名称
黑龙江省	哈尔滨股权交易中心
吉林省	吉林股权交易所
辽宁省	辽宁股权交易中心 大连股权交易中心
北京市	北京股权交易中心
天津市	天津滨海柜台交易市场
河北省	石家庄股权交易所
山东省	青岛蓝海股权交易中心 齐鲁股权交易中心
江苏省	江苏股权交易中心
上海市	上海股权托管交易中心
浙江省	浙江股权交易中心 宁波股权交易中心
福建省	海峡股权交易中心 厦门两岸股权交易中心
广东省	广东股权交易中心 深圳前海股权交易中心
海南省	海南股权交易中心
山西省	山西股权交易中心
河南省	中原股权交易中心
安徽省	安徽省股权托管交易中心
湖北省	武汉股权托管交易中心

续表

地　区	名　称
江西省	江西联合股权交易中心
湖南省	湖南股权交易所
内蒙古自治区	内蒙古股权交易中心
新疆维吾尔自治区	新疆股权交易中心
陕西省	陕西股权交易中心
甘肃省	甘肃股权交易中心
宁夏回族自治区	宁夏股权托管交易中心
四川省	天府（四川）联合股权交易中心
西藏自治区	
重庆市	重庆股份转让中心
贵州省	贵州股权金融交易中心
青海省	青海股权交易中心
云南省	云南股权交易中心
广西壮族自治区	广西北部湾股权交易所

2.1 天津滨海柜台交易市场

2.1.1 市场概况

按照《国务院关于推进天津滨海新区开发开放有关问题的意见》（国发〔2006〕20号）和《国务院关于天津滨海新区综合配套改革试验总体方案的批复》（国函〔2008〕26号），经天津市人民政府批准，天津滨海柜台交易市场股份公司设立。天津滨海柜台交易市场股份公司作为天津滨海柜台交易市场（以下简称“天津OTC”）建设和运营的主体，主要为股权、债权、创新型金融交易产品以及其他融资工具等提供交易场所、设施和服务，于2010年8月12日在天津滨海新区注册成立。2011年3月18日正式揭牌运营以来，天津OTC先后推出债权板块与股权板块，初步形成了债权、股权板块双轮驱动，直接、间接和创新融资综合服务的特色。2012年，公司以服务中小企业尤其是科技型企业为重点，先后建成“一站式”企业融资服务平台和非上市股份公司股份转让平台，提供包括宣传展示、融资对接、股份交易、上市培育等多种服务。两大平台相互呼应，分层递进，可以为不同类型和处在不同发展阶段的企业提供从初级到高级、从基本融资到改制辅导上市的一条龙服务。2013 年，依托两大业务平台的功能体系和系统设施，成功推出私募债权融资业务和小额贷款公司资产转让业务，帮助企业和小贷公司获得更多发展资金，进一步支持实体经济发展。

天津 OTC 致力于整合技术、产品、股权、资本等要素，引导金融资本、社会资本与实体经济相结合，打造创新交易平台。目前，正积极研究开发与相关业务平台相配套的创新型金融交易产品，努力形成股权和债权并举、投行中介和市场服务兼具的经营特色，着力建设一个功能齐全、服务完善、产品丰富、对接高层次资本市场的综合性柜台交易市场。

2.1.2　政策支持

《国务院关于推进天津滨海新区开发开放有关问题的意见》（国发〔2006〕20 号）提出，“鼓励天津滨海新区进行金融改革和创新。在金融企业、金融业务、金融市场和金融开放等方面的重大改革，原则上可安排在天津滨海新区先行先试”。

《国务院关于天津滨海新区综合配套改革试验总体方案的批复》（国函〔2008〕26 号）提出，“要为在天津滨海新区设立全国性非上市公众公司股权交易市场创造条件”。

国家发展和改革委员会印发《关于天津滨海新区综合配套改革试验金融创新专项方案的复函》（发改经体〔2009〕2680 号），明确“设立天津滨海新区柜台交易市场股份有限公司”，“逐步建成非上市公众公司股份和信托产品，股权投资基金、产业投资基金等报价转让机制，逐步建立与上海、深圳证券交易所市场信息共享与转板机制”。

天津市政府印发《关于同意设立天津滨海新区柜台交易市场股份有限公司的复函》（津政办函〔2010〕6 号），同意天津滨海柜台交易市场股份公司成立，“逐步开展信托产品报价转让板块，股权投融资转让板块和非上市公众公司报价转让板块建设”。

天津市政府批转市金融办等七部门《关于支持我市企业上市融资加快发展有关政策》（津政办发〔2012〕59号），明确“对在天津滨海柜台交易市场股份公司挂牌交易的本地企业，初始融资额达到500万元以上的，市财政局给予一次性专项补助50万元”。

2.1.3 业务介绍

（1）融资服务平台。

天津OTC融资服务平台是市场的基础培育平台，于2012年6月正式上线运营，是由市政府指导建立的全市首个统一互联、综合服务、全面开放、市场化运作的融资服务平台。平台主要服务于广大中小微企业以及各类金融、投资机构，对参与主体无门槛限制，与天津市25个委办局、区县政府实现了互联互通和数据信息交汇，具有参与主体广泛、信息发布充分、融资方式多样、服务功能齐全等突出特点，可为投融资各方提供及时、全面、专业、高效的一站式综合服务。

广大中小微企业、金融机构、投资机构和中介机构在符合要求的前提下都可以在天津OTC平台注册成为会员，成为会员以后，企业会员可以在平台上发布企业融资、转让等信息，金融和投资机构会员可以在平台上做服务和产品推广，从而投融资双方可以实现更好地沟通对接和信息传递。同时，平台可以提供债权、股权、创新等融资服务，针对有股权融资和转让需求的企业，可以为它们提供增发和转让等服务。天津OTC以在融资服务平台发布信息为基础，利用在本市场聚集的各项资源，为会员企业提供包括宣传、政策咨询在内的一系列融资、培育等综合服务。

截至2018年底，天津OTC已有企业会员4000余家、推荐机构会员400余家、中介机构会员近200家、投融资机构会员近700家，融资对接金额近170亿元。并经常举办各类培训会、行业融资洽谈会、企业专场融资对接会等活动，不仅帮助企业融资，同时培育储备了大量挂牌项目资源。

（2）股份转让平台。

天津OTC非上市股份公司股份转让平台是市场的高端业务平台，主要面向非上市股份公司，以交易和融资为核心，挂牌门槛要求低，手续简便，改制、挂牌和融资费用更是低于同类场外交易市场，是中小企业进入资本市场的孵化基地。在挂牌后，企业可通过定向增资、私募债权、股权质押等方式建立稳定且低价的融资渠道，为企业进军主板或其他更高层级资本市场奠定基础。

股份转让平台建立了完善挂牌、登记托管、会员、交易转让、监管、信息披露等配套制度，为企业在本平台发育完善后转板至主板和其他高层次的资本市场做好准备。企业由推荐机构改制、推荐和辅导，中介机构提供专业服务，经过平台初审、专家委员会评审、金融办备案、信息披露等环节后，可正式挂牌。这一系列制度安排和流程设计不仅有助于企业熟悉资本市场规则、完善公司治理结构、明确前进动力和方向，还可以保障投资者的利益、规范场外交易市场运作、保障金融安全。

2.2　深圳前海股权交易中心

2.2.1　简介

深圳前海股权交易中心有限公司（以下简称“前海股权交易中心”或“前海中心”）是在深圳前海深港现代服务业合作区建设的国有企业控股、市场化运作的区域性股权市场，于2012年5月15日正式成立，2012年12月6日完成增资扩股。企业在前海股权交易中心挂牌之后，可以发债、发股融资，为企业提供灵活简便、高效低廉的融资服务，同时可以为投资者找到大量的投资信息。

在定位上，前海股权交易中心将自己定位为商业银行、沪深交易所之外的一个专门为中小企业服务的融资平台。在功能上，前海股权交易中心让自己回归资本市场早期，由前海股权交易中心为企业提供登记托管、交易转让、证券公司等服务。在模式上，前海中心针对中国区域性股权市场的状况，提出了“十无模式”。“十无模式”实际上是对目前资本市场中的各项规定进行了十个方面的改变，已经成功运行。交易上，前海中心强调不关注交易，摒弃炒作，致力于形成“知根知底”的平台，致力于为投资者提供大量投资信息。技术上，前海中心将把所有业务运作建立在互联网之上，形成“网上部落”。前海中心目前正在构筑四大平台：展示平台、融资平台、业务平台、管理平台。整套体系建成之后，投融双方所有的市场活动都能全部记录在案。融资上，前海中心以私募为界，以定制为本，为企业进行短期、中期和长期的融资安排。中国交易所市场设计的起点就是为企业进行长期资金安排和筹措股本，并不关注企业的短期融资，这是交易所制度的一个重大缺失。所以，前海中心一上场就把企业融资需求分为短期、中期、长期，进行融资业务的战略定位。业务上，前海中心在融资的同时，特别注重培训、咨询，充当“企业教练”，提升企业品质，突出强调要把培训咨询当作提升企业质量、保障融资安全的一个重要手段。风控上，前海中心强调发动系统与制动系统并驾齐驱，因为有多大的发动能力，就要有多强的制动能力。目前在前海中心内部形成了八层控制体系，在外部正在计划全面建立企业经纪人制度。所谓经纪人制度就是针对所有在前海中心进行融资的企业，前海都要派人专门到企业去跟踪了解、监测资金的使用情况。管理上，前海中心实行公司化经营、职业化管理、团队化运作。目前已经形成业务、技术、管理三大主线，前海中心的运作实际上是由 30 个“变形虫”团队来主导。方针上，前海中心的总方针是“市场自治、规则公开、卖者有责、买者自负”。前海股权交易中心不是通过监管来管理市场，而是一开始就明确了市场参与者需要承担的责任。对卖者而言，在初期自身信誉体系没有形成之前，要以家庭财产进行连带担保。而对买者而言，在没有政府审查的情况下，投资者必须自己衡量和把控风险。

2.2.2 运作体系

前海股权交易中心是依托国际级创新金融中心——深圳特区而成立的场外资本市场。中心在股东结构上引入国内三家顶级证券公司——中信证券、国信证券、安信证券，采取公司制经营、职业化管理、团队化运营、市场化运作，力求成为与沪深交易所和新三板完全不同的新型区域性股权市场。前海中心利用互联网资源，为广大处于初创和发展阶段的中小微企业，提供私募、个性、定制化的融资方案，在商业银行和沪深交易所之外，开辟另一个新型融资渠道，帮助企业成长发展。

前海股权交易中心已基本形成了一套适应中小微企业发展需求的完善的运作体系。主要包括 9 个方面：

（1）功能上，前海股权交易中心把市场拉回到资本市场早期，由前海中心充当集登记托管、交易转让、证券公司等各项职能于一体的角色。中心既是市场制度的设计者、市场秩序的维护者，更是市场业务的开发者和市场活动的组织者。在交易所市场工作的 20 多年间，笔者亲身经历过交易所市场的巨大能量，金融产品衍生之后可以再衍生，周而复始，深感场外市场力量是何等单薄。前海中心设计出来的初始金融产品在证券公司合规论证中仅由于找不到合法依据而搁置。实际上，证券公司作为资本市场的中流砥柱，对服务场外市场中小企业的大门到目前仍是关闭的。所以，前海中心如果不能集多项功能于一体，服务中小企业只能是空喊口号，甚至无果而终。

（2）模式上，前海中心针对中国区域性股权市场状况，提出了“十无模式”，即无行政审批、无初始登记托管费用、无原有企业形态改变、无行业限制、无强制性信息披露、无一级二级市场的严格划分、无批量发行的限制、无交易时间限制、无上市阻隔、无限期培训咨询。“十无模式”表明前海股权交易中心期望走出一条与现行交易所市场截然不同的发展道路。

（3）交易上，前海股权交易中心公然不关注交易，强调摒弃炒作，着力培育并促进形成“知根知底”的网上部落，期待未来为投资者提供大量第一手投资选择。

（4）技术上，前海中心将把所有业务运作建立在互联网之上，形成“网上部落”。期待通过互联网技术最大限度地配置资源，最有效地实现投资者与中小企业的对接。

（5）融资上，前海中心以私募为界，以定制为本，为企业进行短期、中期和长期的融资安排。中国交易所市场设计的起点就是为企业进行长期资金安排和筹措股本，并不关注企业的短期融资。前海中心一开始就把企业融资需求分为短期、中期、长期，进行融资业务的战略定位。

（6）业务上，前海中心在融资之前，先安排企业挂牌展示。同时，特别注重培训、咨询，充当“企业教练”，提升企业品质。

（7）风控上，前海中心强调发动系统与制动系统并驾齐驱。在内部已经形成八层控制体系，在外部计划全面建立企业经纪人制度，对所有在前海中心融资的企业进行现场管理。

（8）管理上，前海中心实行公司化经营、职业化管理、团队化运作，目前已经形成业务、技术、管理三大主线，组成了30个业务团队。

（9）方针上，前海中心的总方针是“市场自治、规则公开、卖者有责、买者自负”。前海中心期望通过公开透明的市场规则和制度安排，依靠市场自身的力量形成市场秩序。

2.2.3 商业模式

创业企业在前海股权交易市场挂牌之后，可以以私募和直销的方式发债、发股融资，灵活、简便、高效、低成本地筹集所需资金。投资者可以找到大量第一手投资机会。

前海股权交易中心主要有以下4个特点：

（1）进场低门槛：符合“3211”挂牌标准的公司，都可以在中心挂牌；

（2）融资低费用：为企业定制的私募和直销方式发债、发股融资，节省大量保荐费、承销费、广告费、公关费；同时，还大大降低企业排队上市的机会成本；

（3）挂牌无审批：秉承“市场自治、规则公开、卖者有责、买者自负”的原则，企业只需达到中心设定的基本标准，即可申请挂牌，无须行政审批，致力营造企业家与投资者各取所需、和谐共生的良好环境；

（4）培训无止境：中心向深圳市政府申请设立“中小企业发展基金”，为创业企业量身定制系列培训课程和咨询项目，并聘请海内外一流专家授课，帮助创业企业提升管理、实现跨越。

前海股权交易中心与其他市场不同之处有以下7个方面：

（1）企业融资成本低廉；

（2）“7×24”运作，无严格的时间限制；

（3）互动、对价：交易所市场强调时间优先、价格优先，场外市场是一个互动、对价的过程；

（4）客户定制：企业可以根据需要适时、灵活地筹措资金，不必像交易所一律批量发行；

（5）大量投资标本选择：前海中心的目标是6年达到1万家企业挂牌，提供给投资者比直接走企业更为灵活的选择；

（6）保护企业核心机密：不像交易所市场实行强制信息披露制度，企业信息只需对投资人定向披露；

（7）合作共赢：场外市场不关注交易，摒弃炒作，没有严格的一、二级市场划分，也没有严格的隔离墙制度，把市场构建成一个合作共赢的部落。

前海股权交易中心还有著名的“三步走”战略：

第一步，通过组织企业挂牌展示，营造中小企业发展新的生态环境。交易所市场是为企业融资而上市，并把公司价值切割成若干股份进行交易。而大量中小企业并非一律要求为融资而上市，也并非一律接受上市交易而丧失私营模式。还有更多企业并非要求做强做大，而是期待做优做精。也有企业期待通过挂牌公开公正出售。因此，前海中心把企业挂牌与融资分开，使挂牌展示成为一个独立的市场形态，从而有利于满足中小企业的多元需求。许多中小企业挂牌展示后已经在私募融资、估值定价、并购重组、寻求合作、拓展市场、提升形象等方面产生效果。

第二步，着力开发周转性融资产品，探寻社会资本与企业发展的最佳结合点。中国的交易所市场是以股票发行并组织交易为基本方式，而中小企业规模小、变化大、未定型，一开始很难进行股权融资，更谈不上股票交易。先开发金融产品，满足企业周转性资金需求，再开发定向股权融资，筹措企业长期资本，可能是场外市场的必然路径。近一年来，前海中心为企业进行周转性融资进行了大量探索，已经基本形成了一套实现社会资本与企业发展有机结合的业务模式。经过全国10个地区的47家企业测试，前海中心已经能够在不到10分钟内做出企业周转性融资需求决定。特别值得一提的是，前海中心在传统抵押、担保和信用评级之外，逐步形成了一套既减少费用、简化程序，又能保障资金安全的新方式。相信随着测试企业的增多和融资记录的完善，未来这种融资方式可能出现爆发性增长。

第三步，通过组织培训咨询，着力提升中小企业经营管理水平。据统计，中国中小企业的平均寿命一直不超过 3 年，中小企业基本上处于一种野蛮成长、自生自灭的状态。中小企业需要资金支持，更需要智力帮助。然而当前的商学院课程、管理理论和商业案例基本上是围绕大型企业设计的，且成本高昂。前海中心把商学院的经典教程、管理理论和商业案例“碎片化、模块化”，通过“梧桐智语”的方式，每天推出免费内容向企业传播，并且开发出一套适应中小企业的培训课件。前海中心正在计划与有关单位合作，设立前海挂牌企业“案例研究中心”，每年公开选拔 100 个中小企业进行深度剖析。

2.3 北京股权交易中心

北京股权交易中心是经北京市政府批准，于 2013 年 1 月注册成立的非营利性区域股权交易市场。《北京市人民政府关于公布北京市区域性股权市场运营机构的通告》（京政发〔2017〕22 号）已明确，“北京股权交易中心有限公司是经北京市人民政府批准的全市唯一一家区域性股权市场运营机构”。北京股权交易中心有限公司是为北京市行政区域内中小微企业证券非公开发行、转让及相关活动提供设施与服务的唯一合法场所，是我国多层次资本市场体系的重要组成部分。

北京股权交易中心平台特点如下：

无财务门槛：中心对企业挂牌没有财务指标要求，着重关注企业的持续经营能力和规范运作情况；

无手续费：体谅中小企业资金紧张的境况，基础服务不收费，增值服务酌情收取一定费用；

有融资渠道：中心可以帮助企业进行包括股权质押、私募股权、私募债权等多种方式的融资，也欢迎企业在中心进行创新方式的融资；

有培育机制：中心全力培育企业规范发展，对接沪深交易所和新三板，切实完善多层次资本市场体系。

北京股权交易中心目前开展的核心业务主要包括三大类，即：挂牌交易类业务、登记托管类业务、固定收益类业务。

2.4 齐鲁股权交易中心

齐鲁股权交易中心是依据国家“蓝黄”两大经济区发展战略的政策规定，按照山东省委、省政府鲁发〔2010〕10号文件“完善发展全省性股权交易市场”的战略部署和山东省金融办“立足山东，辐射黄河中下游地区”，开展全省性股权交易市场建设试点的要求，于2010年12月正式建立的山东省非上市公司股权托管转让平台。这一平台通过组织开展非上市公司股权托管、挂牌交易，建立中小企业直接融资渠道，促进非上市公司规范运作，并通过不断地培育孵化，为更高层次资本市场输送优质上市后备资源，努力打造一个功能突出、辐射力强、具有投资价值的国内先进的区域性股权市场平台，为主板、中小板、创业板市场提供重要基础支撑。

2011年7月，山东省金融办、人民银行济南分行、山东银监局、山东证监局、山东保监局五部门联合签发《关于开展县域金融创新发展试点工作的意见》（鲁金办发〔2011〕14号），明确提出“推动齐鲁股权托管交易中心发展，尽快形成立足淄博、面向全省、交易活跃、辐射力强的股权交易市场。”

2011年9月，山东省委常委、常务副省长王仁元作出重要批示：“淄博股权托管中心运行两年，齐鲁股权托管交易中心也有近一年，要认真总结、完善、提升，特别在当前国家关注中小企业融资问题时，做好这件事更具有意义。”

2011年11月，山东省政府发布《关于加大金融财税支持力度促进小型微型企业持续健康发展的意见》（鲁政发〔2011〕43号），要求“支持小型微型企业在齐鲁股权托管交易中心挂牌交易，搭建小型微型企业股权质押融资和转让平台。积极引导小型微型企业通过引进私募股权投资、实施股权转让、利用融资租赁工具等多种方式进行融资”。

2011年11月25日，山东省政府发布《关于金融支持山东半岛蓝色经济区发展的意见》(鲁政发〔2011〕50号),明确指出“探索建立统一监管下的服务于蓝色经济区的股权场外交易市场,开展未上市股份公司转让试点,推动齐鲁股权托管交易中心向山东半岛蓝色经济区扩大辐射面,积极探索创新,为建设全省性股权场外交易市场积累经验”。

2012年3月31日,山东省省长姜大明在全省金融工作会议上着重指出:“要切实搞好全省股权交易市场建设,齐鲁股权托管交易中心作为我省场外股权交易市场试点平台,在扩大企业直接融资、引导企业规范管理、孵化上市企业等方面发挥了积极作用。下一步,齐鲁股权托管交易中心要继续完善相关制度,提升管理水平,引导更多社会资本通过这一平台支持高成长型企业发展。”

2.5 武汉股权托管交易中心

湖北区域性股权市场由武汉股权托管交易中心(以下简称“武交中心”)一家构成,于2011年8月30日经湖北省人民政府批准正式成立,截至2018年底,武交中心累计挂牌5100多家,累计托管登记企业近5800家,累计托管总股本1500余亿股,累计成交量98余亿股,累计成交额190余亿元,累计融资金额930余亿元。为服务实体经济发展做出了积极贡献。

武交中心除了与其他市场开展共同的业务外,还有以下发展特点:一是股权质押融资名列前茅,率先探索“股权质押融资”服务创新,深交所为此曾来做专题调研,并将其作为典型经验向全国区域性股权市场推广;二是深耕县域经济建设,与省内各县合作,形成10多个县域板块;三是发力科技金融创新,打造全国区域性股权市场的第一个园区科技板块——“光谷生物城板块”,首批展示企业100家;四是打造投融资对接平台,不定期组织开展融资路演推介会,为挂牌中小微企业提供融资服务。

2.6　石家庄股权交易所

2017年3月16日，河北省政府发布《河北省人民政府办公厅关于规范发展区域性股权市场的通知》，指出“石家庄股权交易所是经河北省人民政府批准设立，我省唯一一家区域性股权市场，是我国多层次资本市场体系的重要部分，是为省内中小微企业证券非公开发行、转让及相关活动提供设施与服务的场所，是省政府扶持中小微企业政策措施的综合运用平台”。

自2013年10月29日开市以来，石家庄股权交易所（以下简称“石交所”）紧紧围绕“河北省优质中小微企业集聚地”和“河北省企业上市孵化基地”的战略定位，积极打造集中小企业融资中心、信用中心、创新中心于一体的综合性金融服务平台，为促进省内中小微企业的发展壮大做出了积极贡献。

首先，企业挂牌的板块形成了一市两层多板块格局，给企业以多种选择。既可以选择股份制改造后挂牌，也可以以有限公司的身份展示。其中股改层次板块为不同体量、不同行业背景、不同地域背景的企业设计了主板和成长板，其中主板又包含了金融扶贫板和科技创新板，非股份制改造的层次称之为“孵化板”，在中国证监会称作“展示板”。企业不需要股改，自行申报就可以体验资本市场的服务，并且可以免费挂牌展示。2018年该板块升级为“行业特色板”。截至2018年10月，股改挂牌企业527家，到2018年底有望突破600家，非股改挂牌企业1266家，合计1793家，股改挂牌企业家数在全国39家区域性股权市场中排名前三位。

其次，石交所的一个重要使命就是给全省中小微企业的融资提供平台服务，让挂牌企业在平台上办理协议转让股票、备案发行和交易可转债、定向增发、股权质押等业务，切实帮助企业解决融资难的问题。石交所也多方积极帮助企业寻找合适的资金，来购买企业发行的债券，或者直接投资于企业，从而解决企业融资贵的问题。例如，在石交所备案发行的可转债票面利率为年化8%，一般期限为3年，相对于企业过往的社会融资成本低了很多。目前，全部发行债券的企业运转正常，到期的已经全部本息兑付，没有产生不良后果。企业通过定向增发能够获得新股东的支持。在石交所挂牌的企业霸州恒利家居股份公司通过两次定增使所有经销商成为股东，在2017年的年度股东大会上，股东分得的股息率达到18%，有利于集资集智做好企业。未来石交所还将会依照中国证监会及省政府的要求，研发、设计出更多的金融产品，以满足河北省中小微企业日益增长的转型、发展、进步的需要。

第三，常态化定期开展针对挂牌企业的培训活动。2017年石交所赴杭州、深圳举办了两场走进上市公司的活动，让企业家走进阿里巴巴、九阳、腾讯、华为、比亚迪等优秀企业，与企业家近距离接触、交流，开拓了挂牌企业董事长、总经理们的视野。2018年举办“河北省新时代企业家高端培训活动”，组织了8场培训，分别走进北大、西安交大以及一些著名企业，让企业家们从思想上赶上时代的潮流。

第四，对接资源。石交所利用与各种机构良好的合作关系，针对企业的需要对接资源。包括为定州市体育制品行业对接“一带一路”资源，让定州的特色产业迅速走出国门，做出品牌；通过与中国科学院的合作关系给科技型企业对接院士资源，在企业设立院士工作站，帮助企业解决科研攻关的难题；对接各类金融机构，对企业进行直接投资，未来石交所还将成立创投基金，专门投资于挂牌企业，帮助企业走向更高层次的资本市场。

2.7 大连股权交易中心

大连股权交易中心经大连市政府批准，由大连港集团、华信信托、大通证券作为主发起人，联合深圳交易所和高新园区共同发起设立，注册资本5000万元。大连股权交易中心将发挥其推动资本流动和发现企业价值的功能，通过股权、债权挂牌报价转让及私募融资等方式，为中小企业搭建一个进退顺畅、风险可控、监管到位的直接融资平台和市场化的资源配置平台，成为拟上市企业尤其是科技型企业的孵化基地。大连股权交易中心作为大连市唯一的区域性股权交易市场，定位为区域性私募市场，将为大连市的企业特别是创新型、创业型的中小企业提供股权、债权的转让和融资服务。

凡在大连市注册的非上市股份有限公司均可申请在股权交易中心挂牌。截至 2018 年底共有 2 家交易板，2 家成长板，518 家展示板，522 家挂牌展示企业。大连市、区各级政府还将出台更多的扶持政策，支持大连区域性股权市场的健康发展。

2.8　宁波股权交易中心

2017 年 6 月 29 日，宁波股权交易中心（以下简称“甬股交”）发布了 2016 宁波股权交易中心年度发展报告，这是区域性股权市场首次发布年度发展报告。

2016 年 7 月 29 日正式运营的甬股交，尽管成立时间短，却闯出区域性股权市场的“宁波特色”。开业以来，甬股交紧跟宁波经济转型升级的主要路线，搭建政府、市场双向联动的筛选机制，在全国首创了“优选板、成长板、创新板”三大基础板块。在板块定位上，优选板是首次公开募股（IPO）企业的预备板，成长板是股权融资的大平台，创新板是创新创业企业的 T 型台。此外，甬股交还与宁波市相关部委办局联合推进“3315 计划”板、青创板、“2025”制造板、科创板、文创板、现代服务业板等特色板块挂牌体系的建设。

宁波市政府金融办负责人评价，“通过区域性股权市场对中小企业进行集中展示、精准扶持、统筹孵化，不仅有助于克服宁波经济传统发展模式的不足，也有助于实现政府、市场两种资源的集聚融合，对加速宁波‘2025’智造经济崛起具有四两拨千斤的杠杆作用”。

据统计，截至 2017 年底，137 家挂牌企业先后获得近 20 亿元私募股权融资，38 家挂牌企业申请转板更高层次资本市场，11 家企业在新三板挂牌，11 家企业进入 IPO 上市辅导期，撮合各类融资近 8 亿元。截至 2018 年底，甬股交累计挂牌企业超过 1600 家，其中，创新板超过 1400 家。甬股交已成为宁波优质中小企业成长的大摇篮。

甬股交根据中小企业的发展阶段和融资特点，先后为挂牌企业量身打造了“私募汇”“挂牌贷”“金保贷”“融租易”“小贷通”“私募可转债”六大融资系列，丰富程度位居全国同业首位，为有效化解中小企业融资难题走出一条“宁波思路”。其中，与深交所联合共建的宁波科创企业路演中心 2017 年 3 月开通以来，累计帮助楷世环保、酶赛生物等 6 家企业撮合意向融资近 7000 万元，撮合成功率达 30%。

对于很多中小企业来说，资本市场高深莫测，需要先上好“预科班”，学会在资本市场“游泳的技巧”，将来才能少走一些弯路。为此，甬股交除了提供融资，还注重为中小企业提供全方位的服务，特别注重对企业负责人的培训。

依托深交所、上交所、全国股转系统和会员机构力量，宁波股权交易中心为挂牌企业打造了三大系列、100 多项课程体系，对挂牌企业进行分层轮训和重点辅导，尤其是注重举办重组并购、融资实务、IPO、挂牌等企业高度关注的培训，累计举办各类宣讲培训 200 多场次。

未来，甬股交将持续提升挂牌企业孵化质量，不断深化区域资本市场建设，力争早日进入国内区域性股权市场第一梯队。

第三章

沪深交易所、新三板、区域性股权市场三者比较

3.1 简介

3.1.1 沪深证券交易所

（1）上海证券交易所。

上海证券交易（简称“上交所”）所成立于1990年11月26日，同年12月19日开业，受中国证监会监督和管理。按照“法制、监管、自律、规范”的八字方针，上交所致力于创造透明、开放、安全、高效的市场环境，其主要职能包括：提供证券交易的场所和设施；制定证券交易所的业务规则；接受上市申请，安排证券上市；组织、监督证券交易；对会员、上市公司进行监管；管理和公布市场信息。

经过27年的快速成长，上交所已发展成为拥有股票、债券、基金、衍生品四大类证券交易品种的、市场结构较为完整的证券交易所；拥有可支撑上海证券市场高效稳健运行的交易系统及基础通信设施；拥有可确保上海证券市场规范有序运作的、效能显著的自律监管体系。依托这些优势，上海证券市场的规模和投资者群体也在迅速壮大。截至2016年底，沪市上市公司1182家，总市值28.5万亿元，全年累计成交金额50.2万亿元，日均成交2056亿元，股市筹资总额8056亿元；债券市场挂牌8077只，托管量6.2万亿元，累计成交224.7万亿元；基金市场137只，累计成交8.9万亿元；衍生品市场2016年全年累计成交431.9亿元。沪市投资者开户22485万户。

（2）深圳证券交易所。

深圳证券交易所（简称“深交所”）于1990年12月1日开始营业，是经国务院批准设立的全国性资本市场。主要职能包括：提供证券交易的场所和设施；制定业务规则；接受上市申请、安排证券上市；组织、监督证券交易；对会员和上市公司进行监管；管理和公布市场信息；中国证监会许可的其他职能。

深市市场体系完整，主板、中小企业板、创业板层次清晰、特色鲜明、功能互补。主板服务市场化蓝筹企业，中小企业板服务行业细分龙头，创业板服务自主创新企业和成长型创业企业，充分匹配中国经济多元协同发展优势，包容性强，市场化程度高，成长性突出，创业创新特色显著。截至2016年12月31日，深交所上市公司1870家，其中主板478家，中小板822家，创业板570家；总市值22.31万亿元。2016年全年，深市股票成交金额累计77.6万亿元，股票筹资额7344亿元，其中IPO融资479亿元，再融资募集资金6865亿元。

3.1.2 新三板

全国中小企业股份转让系统（简称“全国股转系统”，俗称“新三板”）是经国务院批准，依据证券法设立的继上交所、深交所之后第三家全国性证券交易场所，也是我国第一家公司制运营的证券交易场所。全国中小企业股份转让系统有限责任公司（简称“全国股转公司”）为其运营机构，于2012年9月20日在国家工商总局注册，2013年1月16日正式揭牌运营，注册资本30亿元。

全国股转公司主要职能包括：提供证券交易的技术系统和设施；制定和修改全国股转系统业务规则；接受并审查股票挂牌及其他相关业务申请，安排符合条件的公司股票挂牌；组织、监督证券交易及相关活动；对挂牌公司及其他信息披露义务人进行监管；对主办券商等全国股转系统参与人进行监管；管理和公布全国股转系统相关信息；中国证监会批准的其他职能。全国性的非上市股份有限公司股权交易平台，主要针对的是中小微型企业。

3.1.3 区域性股权市场

区域性股权市场（名称一般为股权交易中心、股权托管交易中心、股权交易所）是由省级人民政府负责监管、主要服务于所在地省级行政区域内中小微企业的私募证券市场。是区别于沪深证券交易所、新三板市场之外的资本市场板块，具有区域性、私募性、证券性、灵活性四大特征。

地方政府大力发展资本市场，为当地小微企业提供资本运作服务是大势所趋。以 2016 年 8 月 25 日统计数据为例，中国 38 家区域性股权市场上挂牌股份公司 54412 家（含展示企业），全国中小企业股份转让系统（新三板）挂牌企业 8860 家，沪深两市上市公司 2924 家。可见，区域性股权市场本质上将为更大范围的、更多数量的广大中小企业服务。

3.2 中国的多层次资本市场

3.2.1 多层次资本市场

在资本市场上，投资者与融资者由于其规模与自身特点的差异性，对于金融服务的需求也有所不同。出于对这种需求的满足，形成了面向各个层级需要的资本市场体系。

中国的多层次资本市场建设起步较晚，目前对于中国多层次资本市场的分层也有很多种说法，在这里主要采用中国现有的主流思想——“主板市场—中小企业市场—产权交易市场”模式。

3.2.2 多层次资本市场构成

主板市场：在中国体现为上海证券交易所和深圳证券交易所，是中国证券发行、上市及交易的主要场所。对于发行人的营业期限、股本大小、盈利水平、最低市值等方面都有较高的要求，上市企业大多为大型的成熟企业。

创业板、中小板：在中国体现为深圳证券交易所，是为暂时无法在主板上市的创业型企业、中小企业和高科技产业等需要融资和发展的企业提供融资途径和成长空间的证券交易市场，是对主板市场的补充。具有低门槛进入、严要求操作的特点。在上市门槛、监管制度、信息披露、交易者条件、投资风险等方面与主板市场有较大区别。

新三板：全国性的中小企业股权转让系统，为创新型、创业型、成长型的中小微企业发展服务。不设财务门槛，要求股权结构清晰、经营合法规范、公司治理健全、业务明确并履行信息披露义务；以机构投资者为主，是中小微企业与产业资本的服务媒介。主要是为企业发展资本投入与退出服务，不是以交易为主要目的。

区域性股权市场：在中国体现为新三板成立之后的各地股权交易中心，是为特定企业提供股权、债权转让和融资服务的私募市场。准入门槛无盈利和规模要求，具有快速、高效、实用的特征。区域性股权市场即场外市场、私募市场、区域市场，针对特定投资者转让，交易的方式是协议转让，不是竞价转让，股东人数不得超过200人，股份并非面向社会公开发行。

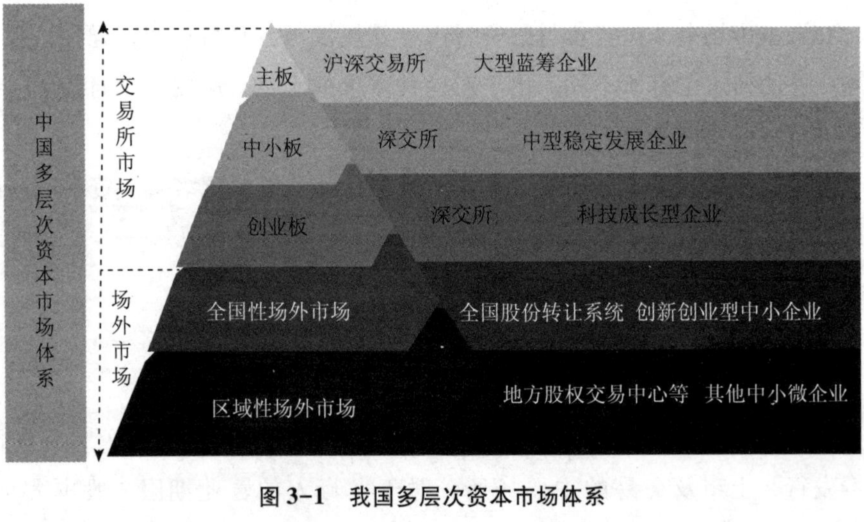

图3-1　我国多层次资本市场体系

3.3 上市（挂牌）规则

3.3.1 主板、新三板、各区域性股权市场上市（挂牌）条件比较

本书中主板市场以上海证券交易所为例。各市场上市（挂牌）条件比较见表3-1。

表3-1　各市场上市（挂牌）条件比较

名称	上市（挂牌）条件
上海证券交易所	一、发行人首次公开发行股票后申请其股票在交易所上市，应当符合下列条件： 1. 股票经中国证监会核准已公开发行； 2. 公司股本总额不少于5000万元； 3. 公开发行的股份达到公司股份总数的25%以上；公司股本总额超过4亿元的，公开发行股份的比例为10%以上； 4. 公司最近3年无重大违法行为，财务会计报告无虚假记载； 5. 交易所要求的其他条件。 二、发行人申请债券上市，应当符合下列条件： 1. 符合《证券法》规定的上市条件； 2. 经有权部门核准并依法完成发行； 3. 债券持有人符合本所投资者适当性管理规定； 4. 交易所规定的其他条件。 交易所可以根据市场情况，调整债券上市条件。 三、基金在交易所上市，应符合下列条件： 1. 经中国证监会核准发售且基金合同生效； 2. 基金合同期限5年以上； 3. 基金募集金额不低于2亿元； 4. 基金份额持有人不少于1000人； 5. 有经核准的基金管理人和基金托管人； 6. 交易所要求的其他条件。

续表

名称	上市（挂牌）条件
新三板	一、依法设立且存续满两年 1. 依法设立，是指公司依据《公司法》等法律、法规及规章的规定向公司登记机关申请登记，并已取得《企业法人营业执照》。 2. 存续两年是指存续两个完整的会计年度。 3. 有限责任公司按原账面净资产值折股整体变更为股份有限公司的，存续时间可以从有限责任公司成立之日起计算。整体变更不应改变历史成本计价原则，不应根据资产评估结果进行账务调整，应以改制基准日经审计的净资产额为依据折合为股份有限公司股本。公司申报财务报表最近一期截止日不得早于股份有限公司成立日。 二、业务明确，具有持续经营能力 1. 业务明确，是指公司能够明确、具体地阐述其经营的业务、产品或服务、用途及其商业模式等信息。 2. 公司可同时经营一种或多种业务，每种业务应具有相应的关键资源要素，该要素组成应具有投入、处理和产出能力，能够与商业合同、收入或成本费用等相匹配。 3. 公司业务在报告期内应有持续的营运记录。营运记录包括现金流量、营业收入、交易客户、研发费用支出等。公司营运记录应满足下列条件：①公司应在每一个会计期间内形成与同期业务相关的持续营运记录，不能仅存在偶发性交易或事项；②最近两个完整会计年度的营业收入累计不低于 1000 万元；因研发周期较长导致营业收入少于 1000 万元，但最近一期末净资产不少于 3000 万元的除外；③报告期末股本不少于 500 万元；④报告期末每股净资产不低于 1 元/股。 4. 持续经营能力，是指公司在可预见的将来，有能力按照既定目标持续经营下去。 三、公司治理机制健全，合法规范经营 1. 公司治理机制健全，是指公司按规定建立股东大会、董事会、监事会和高级管理层组成的公司治理架构，制定相应的公司治理制度，并能证明有效运行，保护股东权益。 2. 合法合规经营，是指公司及其控股股东、实际控制人、下属子公司（下属子公司是指公司的全资、控股子公司或通过其他方式纳入合并报表的公司或其他法人，下同）须依法开展经营活动，经营行为合法、合规，不存在重大违法违规行为。 四、股权明晰，股票发行和转让行为合法合规 1. 股权明晰，是指公司的股权结构清晰，权属分明，真实确定，合法合规，股东特别是控股股东、实际控制人及其关联股东或实际支配的股东持有公司的股份不存在权属争议或潜在纠纷。 2. 股票发行和转让合法合规，是指公司及下属子公司的股票发行和转让依法履行必要内部决议、外部审批（如有）程序。 3. 公司曾在区域性股权市场及其他交易市场进行融资及股权转让的，股票发行和转让等行为应合法合规；在向全国中小企业股份转让系统申请挂牌前应在区域性股权市场及其他交易市场停牌或摘牌，并在全国中小企业股份转让系统

续表

名称		上市（挂牌）条件
新三板		挂牌前完成在区域性股权市场及其他交易市场的摘牌手续。 五、主办券商推荐并持续督导
区域性股权市场	哈尔滨股权交易中心	1. 在黑龙江省内注册并持续经营满12个月的非上市股份有限公司或有限责任公司； 2. 股东人数在200人以内； 3. 业务独立，股权清晰，治理结构健全，运作规范； 4. 股东大会通过申请挂牌的决议，同意公司到中心挂牌、登记存管并接受监管，承诺履行有关信息披露义务； 5. 法律法规或监管部门对特殊行业的公司挂牌有限制性规定的，遵照其规定； 6. 公司不存在其他尚未消除的严重损害股东合法权益或社会公共利益的情形； 7. 无尚未处理完毕的违法违规行为； 8. 在条件成熟时，中心可以根据实际情况对挂牌公司进行分类管理。
	吉林股权交易所	一、初创板 1. 在吉林省股权登记托管中心托管； 2. 依法设立的股份有限公司，实缴注册资本低于500万元，或者依法设立的有限责任公司； 3. 企业生产经营活动符合法律、行政法规和公司章程的规定； 4. 为有自主创新能力的初创期企业、小微型新兴企业或高成长性科技企业； 5. 最近一个会计年度内无违反法律、法规行为，无不良信用记录； 6. 不存在任何可能严重影响公司资产和业务的法律诉讼案件、或有负债等事件； 7. 至少有一个具有资格的推荐机构为其提供挂牌推荐服务； 8. 股份有限公司股东人数不超过200人，有限责任公司股东人数不超过50人； 9. 能够按照吉交所相关要求履行信息披露义务。 二、展示板 1. 企业申请在吉林展示板挂牌，应当符合以下条件：①依法设立且合规经营；②已在吉林省依法设立的股权托管机构托管；③业务明确，具有持续经营能力。 2. 企业可自主申请在吉林展示板挂牌，也可委托在吉交所注册的推荐机构申请。企业申请在吉林展示板挂牌，需提交以下申请文件资料：①企业吉林展示板挂牌申请表；②企业基本信息说明；③内部决策文件；④公司章程；⑤营业执照副本；⑥由托管中心出具的托管股份查询明细。 3. 吉交所在接到企业的申请文件后，进行资料完备性核对，不进行实质性审核。核对通过后，组织企业挂牌。
	辽宁股权交易中心	一、标准板 1. 有符合《中华人民共和国公司法》规定的治理结构； 2. 最近一个会计年度的财务会计报告无虚假记载； 3. 没有处于持续状态的重大违法行为； 4. 依法设立； 5. 股权明晰，股权转让合法合规； 6. 由推荐机构推荐并持续督导；

续表

名称		上市（挂牌）条件
区域性股权市场	辽宁股权交易中心	7. 法律、行政法规、部门规章或中心规定的其他条件。 法律法规或监管部门对特殊行业的企业挂牌有限制性规定的，应符合相关规定。 二、成长板 1. 有符合《中华人民共和国公司法》规定的治理结构； 2. 最近一个会计年度的财务会计报告无虚假记载； 3. 没有处于持续状态的重大违法行为； 4. 依法设立的有限责任公司或股份有限公司； 5. 由推荐机构推荐； 6. 法律、行政法规、部门规章或中心规定的其他条件。 法律法规或监管部门对特殊行业的企业挂牌有限制性规定的，应符合相关规定。 三、创新层 1. 依法设立且存续满两年（有限责任公司按原账面净资产值折股整体变更为股份有限公司的，存续时间可以从有限责任公司成立之日起计算）； 2. 公司治理机制健全，合法规范经营； 3. 股权明晰，股票发行和转让行为合法合规； 4. 辽股交推荐会员推荐并持续督导； 5. 业务明确，具有持续经营能力。
	大连股权交易中心	一、交易板 1. 有符合《中华人民共和国公司法》规定的治理结构； 2. 经历股份制改造的股份有限公司存续满 1 年（有限责任公司按原账面净资产值折股整体变更为股份有限公司的，可以从有限责任公司成立之日起计算）； 3. 符合国家产业政策； 4. 主营业务突出，具有一定的持续经营能力； 5. 股权明晰； 6. 最近一个会计年度的财务会计报告无虚假记载； 7. 没有处于持续状态的重大违法行为； 8. 申请挂牌企业股东人数不得超过 200 人。 二、成长板 1. 有符合《中华人民共和国公司法》规定的治理结构； 2. 成立满 12 个月； 3. 主营业务明确； 4. 行业前景较好，具有较高的成长性或一定规模； 5. 股权或权属明确； 6. 最近一个会计年度的财务会计报告无虚假记载； 7. 没有处于持续状态的重大违法行为； 8. 申请挂牌的股份有限公司股东人数不超过 200 人，有限责任公司股东人数不超过 50 人。

续表

名称		上市（挂牌）条件
区域性股权市场	北京股权交易中心	一、标准板（有限责任公司） 1. 存续一个完整的会计年度以上（有限责任公司按原账面净资产值折股整体变更为股份公司的存续期间可以从有限责任公司成立之日起计算）； 2. 业务明确，具备持续经营能力； 3. 公司治理结构健全，运作规范； 4. 股份发行和历次变动合法合规； 5. 股交中心要求的其他条件。 二、标准版（股份有限公司） 1. 存续一个完整的会计年度以上（有限责任公司按原账面净资产值折股整体变更为股份公司的存续期间可以从有限责任公司成立之日起计算）； 2. 业务明确，具备持续经营能力； 3. 公司治理结构健全，运作规范； 4. 股份发行和历次变动合法合规； 5. 股交中心要求的其他条件。 三、科技创新板 1. 在北京区域内合法注册的股份有限公司或责任公司； 2. 具有较好的发展潜力； 3. 拥有高新技术企业认定证书； 4. 中心要求的其他条件。 四、大学生创业板 1. 为北京市依法注册设立并有效存续的有限责任公司或者股份有限公司； 2. 创始人、高管、核心技术人员等主要成员中具有大学生等特定人员； 3. 业务明确，具备持续经营能力； 4. 具有一定的发展潜力，业务具有创新创意特征； 5. 中心要求的其他条件。 本规则中的大学生包括：①北京地区高校在校生；②毕业未满 5 年的高校毕业生（含留学回国人员）；③在岗大学生村官；④流动发展后未满 5 年的大学生村官；⑤中心规定的其他人群。 五、孵化板 1. 合法设立并存续； 2. 中心规定的其他条件。
	天津滨海柜台交易市场	一、成长板 1. 治理结构健全，运作规范，具备风险控制能力； 2. 发行、转让合法合规； 3. 业务基本独立，具有持续经营能力； 4. 依法设立且存续满一年，最近一期期末净资产不少于 500 万元； 5. 最近一年的营业收入或净利润不存在严重依赖关联交易； 6. 公司成长性较好，财务符合一定的增长性指标。 二、科创板 1. 经天津市科委认定的科技型企业，或其他省市认定的科技型企业； 2. 依法设立的股份有限公司，治理结构健全，运作规范，具备风险控制能力；

续表

<table>
<tr><th colspan="2">名称</th><th>上市（挂牌）条件</th></tr>
<tr><td rowspan="3">区域性股权市场</td><td>天津滨海柜台交易市场</td><td>3. 股份的发行、转让合法合规；
4. 业务基本独立，具有持续经营能力；
5. 公司成长性较好，营业收入或净利润呈持续增长态势。
三、创新板
1. 具有高新技术企业认定或省（市）认定科技型企业；
2. 注册在国家自主创新示范区、国家级高新技术产业园区、国家级开发区、省（市）级示范工业园区、孵化器、众创空间；
3. 若不符合上述条件，企业必须满足以下条件：①具有人才、技术方面的创新优势；②业务明确，具有持续经营能力；③企业管理规范，依法合规经营；④具有突出的创新优势和核心竞争力。
四、众创板
符合以下二个条件之一的公司即可：①注册地在本市场众创板块管理机构内的企业；②注册地未在本市场众创板块管理机构内，但接受本市场众创板块管理机构服务和管理，同时接受其申报的企业。
五、展示直通板
1. 依法设立，合规经营，无重大不良记录；
2. 认可并遵照执行本市场直通板制度规则。</td></tr>
<tr><td>石家庄股权交易所</td><td>一、主板
申请人系依法设立且存续满一年的股份有限公司，有限责任公司按原账面净资产值折股整体变更为股份有限公司的，存续时间可以从有限责任公司成立之日起计算。符合国家产业政策，业务明确，最近两年企业未受到环保部门处罚。
二、成长板
1. 申请人为依法设立的股份有限公司；
2. 业务明确，具有持续经营能力；
3. 股权清晰，治理结构健全。
三、孵化板
1. 企业形式不限（不限于有限公司、股份有限公司、合伙制企业等）、经营体制不限、经营行业不限；
2. 依法设立；
3. 不存在重大违法违规行为或未被国家相关部门予以严重处罚。</td></tr>
<tr><td>齐鲁股权交易中心</td><td>一、主体资格
1. 依法设立且持续经营两年以上的股份有限公司，有限责任公司按原账面净资产值折股整体变更为股份有限公司的，持续经营时间可以从有限责任公司成立之日起计算；
2. 注册资本已足额缴纳，发起人及其他股东用作出资的资产的财产权转移手续已办理完毕，申请人的主要资产不存在重大权属纠纷或者重大不确定性；
3. 股权清晰，控股股东和由控股股东、实际控制人支配的股东持有的公司股份不存在重大权属纠纷；
4. 最近两年内实际控制人未发生变更，主营业务和董事、高级管理人员均未发生重大变化。</td></tr>
</table>

续表

<table>
<tr><th colspan="2">名称</th><th>上市（挂牌）条件</th></tr>
<tr><td rowspan="2">区域性股权市场</td><td>齐鲁股权交易中心</td><td>二、申请人应至少符合以下条件之一：
1. 最近两年净利润累计不少于500万元且持续盈利；
2. 最近一期净利润不低于200万元；
3. 最近一年营业收入在3000万元以上；
4. 战略投资者对企业投资额不少于300万元；
5. 拥有核心技术（其中1项以上发明专利且转化为产品成果）且存续期满12个月的企业、高新技术企业；
6. 会计基础工作规范，财务报表的编制符合企业会计准则的规定，在所有重大方面公允地反映申请人的财务状况、经营成果和现金流量，并由注册会计师出具无保留意见的审计报告。
三、规范运作及公司治理
1. 主营业务突出，其生产经营活动符合法律法规和公司章程的规定，符合国家产业政策及环境保护政策；
2. 依法纳税，享受的各项税收优惠符合相关法律法规的规定，申请人的经营成果对税收优惠不存在重大依赖；
3. 及其控股股东、实际控制人最近两年内不存在损害投资者合法权益和社会公共利益的重大违法行为；
4. 资产相对完整，业务及人员、财务、机构相对独立，具有完整的业务体系和直接面向市场独立经营的能力，与控股股东、实际控制人及其控制的其他企业间不存在损害股东合法权益的同业竞争，以及严重影响公司独立性或者显失公允的关联交易；
5. 具有严格的资金管理制度，不存在资金被控股股东、实际控制人及其控制的其他企业非法占用的情形；
6. 公司章程须明确对外担保的审批权限和审议程序，不存在为控股股东、实际控制人及其控制的其他企业进行违规担保的情形；
7. 内部控制制度健全，能够合理保证公司财务报告的可靠性、生产经营的合法性、营运的效率与效果，并由注册会计师出具无保留结论的内部控制鉴证报告；
8. 具有完善的公司治理结构，依法建立健全股东大会、董事会、监事会以及董事会秘书制度，相关机构和人员能够依法履行职责；
9. 董事、监事和高级管理人员应当具备法律、行政法规和规章规定的任职资格，了解其法定义务和责任，且未因涉嫌犯罪被司法机关立案侦查。
四、持续发展
1. 具有持续盈利能力，且不存在可能对其持续盈利构成重大不利影响的情形；
2. 不存在重大偿债风险，不存在影响持续经营的担保、诉讼以及仲裁等重大或有事项。</td></tr>
<tr><td>青岛蓝海股权交易中心</td><td>1. 成立满12个月；
2. 主营业务明确，具备持续经营能力；
3. 股权清晰，治理结构健全；
4. 股东（大）会通过申请挂牌决议，同意公司到本中心挂牌，登记托管并接受监管，承诺履行信息披露业务；
5. 在条件成熟时，中心可以根据实际情况对挂牌企业进行分类和管理。</td></tr>
</table>

续表

名称		上市（挂牌）条件
区域性股权市场	江苏股权交易中心	1. 成立满 12 个月； 2. 主营业务突出； 3. 股权清晰，治理结构健全； 4. 股东（大）会通过申请挂牌的决议，同意公司到交易中心挂牌、登记存管并接受监管，承诺履行信息披露义务。
	上海股权托管交易中心	一、N 板 1. 属于科技型、创新型股份有限公司； 2. 公司治理结构完善，运作规范； 3. 公司权属归属清晰； 4. 财务会计报告未被注册会计师出具保留意见，否定意见或无法表示意见； 5. 最近十二个月内不存在重大违法违规行为； 6. 具备下列条件之一：①公司经研发后取得明显技术突破；②公司拥有业内领先的技术；③公司获批取得特许经营资质；④最近二年每年营业收入增长率不低于 30%；⑤最近二年连续盈利，净利润累计不少于 400 万元；⑥最近一年盈利，营业收入不少于 2000 万元；⑦市值不少于 2 亿元，最近一年营业收入不少于 2000 万元，最近二年经营项活动产生的现金流净额累计不少于 200 万元；⑧市值不少于 3 亿元，最近一年营业收入不少于 2000 万元；⑨市值不少于 6 亿元，总资产不少于 6000 万元，净资产不少于 4000 万元。 二、E 板 1. 依法设立的股份有限公司且实收资本和净资产符合要求； 2. 业务基本独立，具有持续经营能力； 3. 不存在显著的同业竞争、显示公允的关联交易，额度较大的股东侵占资产等损害投资者利益的行为； 4. 在经营和管理上具备风险控制能力； 5. 治理结构健全，运作规范； 6. 股票的发行、转让合法合规； 7. 注册资本中存在非货币出资的，应设立满一个会计年度； 8. 财务会计报告未被注册会计师出具保留意见、否定意见或无法表示意见； 9. 最近 12 个月内不存在重大违法违规行为。
	浙江股权交易中心	一、创新板 创新板为具备一定创新能力的中小微企业聚集板块。入板条件如下： 1. 合法设立并有效存续的企业； 2. 所属行业符合国家和省产业政策； 3. 股权权属清晰，或投资人投资份额及权属清晰； 4. 有固定的办公经营场所，生产经营正常，主营业务基本明确、独立； 5. 不存在重大违法违规行为。 二、成长板 1. 符合创新板的挂牌条件； 2. 已完成股份制改造； 3. 企业股权清晰，且已在中心下属托管公司办理企业股权的登记托管。

续表

名称		上市（挂牌）条件
区域性股权市场	宁波股权交易中心	一、创新板 1. 符合国家产业政策导向的企业，包括：①高新技术企业；②科技型中小企业；③优秀商业服务企业；④优秀文化企业；⑤市（地）级以上农业龙头企业；⑥其他具有人才、技术、品牌、商业模式等优势的企业； 2. 依法设立并存续满 12 个月（有限责任公司按原账面净资产值折股整体变更为股份有限公司的，可以从有限责任公司成立之日起计算）； 3. 具有一定的创新优势和核心竞争力； 4. 主营业务明确； 5. 企业治理结构健全，合法规范经营。 二、成长板 1. 股份有限公司或有限责任公司； 2. 依法设立并存续满 12 个月（有限责任公司按原账面净资产值折股整体变更为股份有限公司的，可以从有限责任公司成立之日起计算）； 3. 具有较强的自主创新能力、较高的成长性或一定规模； 4. 主营业务明确； 5. 企业治理结构健全，合法规范经营； 6. 股权清晰，股权形成和转让行为合法合规。 注：完成私募股权融资的公司制企业，不受存续期 12 个月的限制（私募股权融资须经本中心认可）。 注：中心认可的私募股权融资，是指其融资来源于下列对象：①在中国证券投资基金业协会登记备案的私募股权投资基金管理人或私募股权投资基金；②上市公司及其实际控制人控制的企业，净资产 1 亿元以上的新三板挂牌企业及其实际控制人控制的企业；③累计投资 3 个以上项目，且项目完成次轮融资的投资者；④中国证券业投资基金协会备案的投资基金的合格有限合伙人；⑤经中心认定的其他私募股权投资者。
	海峡股权交易中心	一、交易板 1. 存续满一年的非上市股份有限公司； 2. 法人治理结构健全，运作规范； 3. 股权结构清晰，股份发行及转让行为合法合规； 4. 业务基本独立，具有持续经营能力。 二、成长板 1. 依法设立且持续经营 1 年以上的非上市股份有限公司、拟股改的企业； 2. 企业有明确的战略规划、盈利模式清晰，具有持续经营能力； 3. 公司经营合法合规； 4. 股权结构清晰； 5. 同意在海交中心开展股权登记托管。 三、展示板 1. 成立满一年，企业形式不限； 2. 业务清晰、有明确的营业收入及具备持续经营能力； 3. 公司经营合法合规。

续表

<table>
<tr><th colspan="2">名称</th><th>上市（挂牌）条件</th></tr>
<tr><td>区域性股权市场</td><td>厦门两岸股权交易中心</td><td>一、标准板
非上市企业存续期满一年，并且满足下列四项标准之一，即可在厦门两岸股权交易中心股权交易中心标准板挂牌：
1. 盈利指标最近 12 个月的净利润累计不少于 300 万元；
2. 营业收入+成长指标最近 12 个月的营业收入累计不少于 2000 万元，或最近 24 个月的营业收入累计不少于 2000 万元，且增长率不小于 30%；
3. 净资产+营业收入指标净资产不少于 1000 万元，且最近 12 个月营业收入不少于 500 万元；
4. 金融机构增信指标最近 12 个月银行贷款 100 万元以上，或外部投资机构股权投资达 100 万元以上。
二、孵化板
在中华人民共和国境内依法注册成立并合并存续的公司、企业或其他合法组织，并满足如下要求，可申请在厦门两岸股权交易中心孵化板挂牌：
1. 固定的办公场所；
2. 满足企业正常运作的人员；
3. 合法有效的营业执照或其他合法执业证照；
4. 不存在重大违法违规行为或被国家相关部门予以严重处罚；
5. 企业的董事、监事、经营管理人员不存在《公司法》第一百四十六条所列属的或违反国家其他相关法律法规的情形；
6. 中心认定的其他情形。
三、海外标准板
申请在中心海外板块挂牌的企业，应自成立之日起合法存续满 12 个月。有限责任公司按原账面净资产值折股整体变更为股份有限公司的，存续时间可从有限责任公司成立之日起计算。财务指标折算成人民币后应满足下列条件之一：
1. 最近 12 个月的净利润累计不少于 300 万元；
2. 最近 12 个月的营业收入累计不少于 2000 万元，或最近 24 个月营业收入累计不少于 2000 万元，且增长率不少于 30%；
3. 净资产不少于 1000 万元，且最近 12 个月的营业收入不少于 500 万元。
四、海外孵化板
境外注册成立并合法存续的企业可在海外孵化板块申请挂牌：
1. 固定的办公场所；
2. 满足企业正常运作的人员；
3. 合法有效的营业执照或其他合法执业证照；
4. 不存在重大违法违规行为或被所在国家相关部门予以严重处罚；
5. 企业的董事、监事、经营管理人员不存在《公司法》第一百四十七条所列属的或违反所在国家其他相关法律法规的情形；
6. 中心认定的其他情形。</td></tr>
</table>

续表

名称		上市（挂牌）条件
区域性股权市场	广东股权交易中心	1. 依法设立且持续经营满一个完整会计年度，有限责任公司按原账面净资产值折股整体变更为股份有限公司的，存续时间可以从有限责任公司成立之日算起； 2. 业务明确； 3. 股权清晰，股份发行、转让无重大纠纷； 4. 公司治理规范，报告期内无重大违法违规行为； 5. 最近一个会计年度营业收入不得低于 1000 万元或净利润不低于 100 万元（属于国务院规定的节能环保、新一代信息技术、生物制药、高端装备制造、新能源、新材料和新能源汽车七大战略新兴产业或文化创意产业、商业模式创新产业可适当放宽）； 6. 股东（大）会通过申请挂牌决议，同意公司到交易中心挂牌、登记托管并接受监督，承诺履行有关信息披露义务。
	深圳前海股权交易中心	一、标准版 企业存续期满一年，符合下列四项标准中任何一项即可挂牌： 1. 金融机构增信指标：最近 12 个月银行贷款达 100 万元以上，或投资机构股权投资达 100 万元以上； 2. 净资产+营业收入指标：净资产不少于 1000 万元，且最近 12 个月营业收入不少于 500 万元； 3. 营业收入+成长指标：最近 12 个月营业收入累计不少于 2000 万元，或最近 24 个月营业收入累计不少于 2000 万元，且累计增长率不少于 30%； 4. 盈利指标：最近 12 个月净利润累计不少于 300 万元。 二、孵化板 在中华人民共和国境内依法注册成立并合法存续的公司、企业或其他合法组织，并满足如下要求，即可在前海股权交易中心孵化板挂牌： 1. 固定的办公场所； 2. 有满足企业正常运作的人员； 3. 合法有效的营业执照或其他合法执业证照； 4. 不存在重大违法违规行为或被国家相关部门予以严重处罚； 5. 企业的董事、监事、经营管理人员不存在《公司法》第一百四十六条所列属的或违反国家其他相关法律法规的情形。 三、海外板 企业存续期满一年，财务指标折算成人民币后满足下列条件之一即可挂牌： 1. 净资产+营业收入指标：净资产不少于 1000 万元，且最近 12 个月营业收入不少于 500 万元； 2. 营业收入+成长指标：最近 12 个月营业收入累计不少于 2000 万元，或最近 24 个月营业收入累计不少于 2000 万元且累计增长率不少于 30%； 3. 盈利指标：最近 12 个月净利润累计不少于 300 万元。
	海南股权交易中心	一、交易板 1. 注册地在海南，且合法设立并存续经营 2 年以上的股份有限公司（有限责任制公司整体变更可连续计算）； 2. 公司主营业务明确，商业模式清晰，具有持续经营能力；

续表

名称		上市（挂牌）条件
区域性股权市场	海南股权交易中心	3. 公司治理结构健全，内部管理控制制度完善，合法规范经营； 4. 公司核心高级管理人员稳定，团队具备丰富的行业从业经验，核心竞争力突出； 5. 中心规定的其他条件； 6. 国家鼓励发展的TMT行业（科技、媒体、通信类企业），以及具有海南特色的农业、旅游业、海洋业，可适当放宽条件。 二、展示板 1. 注册地在海南，且主营业务明确； 2. 企业合法、规范经营； 3. 企业申请资料完备并保证信息真实、准确。
	内蒙古股权交易中心	一、融资板 有限责任公司、股份有限公司以及中心认可的其他类型的企业或机构，满足如下条件均可挂牌中心融资板： 1. 企业依法成立且存续期满12个月； 2. 企业经营符合国家的产业、行业政策，主营业务明确，具备持续经营能力； 3. 股权清晰，治理结构健全，不存在重大权属争议或潜在纠纷； 4. 合法规范经营，最近一年内没有重大违法违规情形； 5. 企业及企业实际控制人在商业银行无不良信用记录； 6. 企业对于融资有明确的资金用途及还款来源； 7. 法律法规或监管部门对特殊行业的企业挂牌有限制性规定的，应符合相关规定； 8. 除满足上述条件外，还需符合下列条件之一：①最近12个月营业利润累计不少于50万元；②最近12个月的营业收入累计不少于500万元，或最近24个月营业收入累计不少于500万元，且增长率不低于30%；③最近一期财务报表或审计报告的净资产不低于300万元；④最近12个月银行贷款记录良好或有专业投资机构投资；⑤拥有自主知识产权，具有核心竞争力； 9. 对国家重点鼓励发展行业中的创新型、高成长企业，可参照上述条件适当放宽。 二、孵化板 拟进行股份制改造的有限责任公司、股份有限公司满足如下条件均可申请挂牌中心孵化板： 1. 股份有限公司依法成立且存续满十二个月，有限责任公司按原账面净资产值折股整体变更为股份有限公司的，持续经营时间可以从有限责任公司成立之日起计算； 2. 企业经营符合国家的产业、行业政策，主营业务明确，具备持续经营能力； 3. 治理机制健全，合法规范经营； 4. 股权清晰，股份发行和转让行为合法合规； 5. 主办推荐机构推荐并持续督导； 6. 法律法规或监管部门对特殊行业的企业挂牌有限制性规定的，应符合相关规定。

续表

名称		上市（挂牌）条件
区域性股权市场	山西股权交易中心	一、展示板 1. 依法设立且持续经营的企业； 2. 治理结构健全，运作规范。 二、培育板 1. 在工商部门合法注册满一年； 2. 组织架构健全，依法合规经营； 3. 主营业务突出，具有持续经营能力； 4. 鼓励国家重点支持的行业中创新型、对行业内技术领先、具有重大科研成果或创新业务、高成长的企业； 5. 鼓励有政府引导基金、科技扶持基金（资金）或投资机构（PE、VC 等）资金进入（资金进入形式不限）的科技型或创新型企业。 三、晋兴板 1. 股份有限公司存续满一个完整的会计年度，有限责任公司按原账面净资产值折股整体变更为股份有限公司的，持续经营时间可以从有限责任公司成立之日起计算； 2. 主营业务明确，具有持续经营能力； 3. 股权清晰，治理结构健全； 4. 合法规范经营； 5. 推荐机构和有关专业服务机构的持续督导； 6. 经中心培育板培育满一年的企业可适当放宽条件； 7. 在中华人民共和国境内注册并合法存续的股份有限公司、有限责任公司及合伙企业等依法成立的企业法人或其他组织均可申请在中心进行挂牌展示。
	中原股权交易中心	1. 有符合《中华人民共和国公司法》规定的治理结构； 2. 最近一个会计年度的财务会计报告无虚假记载； 3. 没有处于持续状态的重大违法行为。
	武汉股权托管交易中心	1. 依法设立且存续满一年的股份有限公司，有限责任公司按原账面净资产值折股整体变更为股份有限公司的，持续经营时间可以从有限责任公司依法成立之日起计算； 2. 公司股东数量不得超过 200 人； 3. 业务明确，具有持续经营能力； 4. 股权清晰，公司股东所持有的公司股份不存在权属纠纷； 5. 合法合规经营，具有完善的公司治理结构； 6. 有在中心注册且具备推荐资质的会员机构推荐并持续督导； 7. 公司在申请挂牌前与中心签订股权登记托管服务协议，办理股权登记托管。
	湖南股权交易所	一、标准板（E1） 1. 依法设立的股份有限公司，治理结构健全，合法规范经营，挂牌前 12 个月内不存在重大违法违规行为或被国家相关部门予以严重处罚； 2. 股份的发行、转让合法合规； 3. 成立满一个完整的会计年度； 4. 业务明确，具有持续经营能力；

续表

名称		上市（挂牌）条件
区域性股权市场	湖南股权交易所	5. 对显著的同业竞争、显失公允的关联交易等行为能作出合理的解释或承诺解决期限； 6. 实缴资本不低于注册资本的 60%。 二、成长板（E2） 1. 依法设立的股份有限公司，合法规范经营，挂牌前 12 个月内不存在重大违法违规行为或被国家相关部门予以严重处罚； 2. 股份的发行、转让合法合规； 3. 业务明确，具有一定的市场竞争力； 4. 实缴资本不低于注册资本的 20%。 三、优选板（Q 板） 1. 依法设立的有限责任公司、合伙制企业、个人独资企业、社团法人等，合法规范经营，挂牌前 12 个月内不存在重大违法违规行为或被国家相关部门予以严重处罚； 2. 业务基本明确，具有一定的市场前景。
	安徽股权托管交易中心	1. 股份有限公司成立满 12 个月（有限责任公司按原账面净资产值折股整体变更为股份有限公司的，持续经营时间可以从有限责任公司成立之日起计算）； 2. 主营业务明确； 3. 股权清晰，治理结构健全； 4. 合法规范经营，最近一年内没有重大违法违规情形； 5. 股东大会通过申请挂牌的决议，同意企业到本中心挂牌、登记托管并接受监管，承诺履行有关信息披露义务。
	江西联合股权交易中心	一、标准层 1. 非上市股份有限公司，有符合《中华人民共和国公司法》规定的治理结构； 2. 股东人数不超过 200 人（因历史沿革问题导致的除外）； 3. 最近一个会计年度的财务会计报告无虚假记载，成立不足一年的，以经审计或董事会批准通过的财务报告为准（有限责任公司按原账面净资产值折股整体变更为股份有限公司的，存续时间可以从有限责任公司成立之日起计算）； 4. 公司股东大会、董事会就挂牌事项作出决议，并承诺履行相关信息披露义务； 5. 没有处于持续状态的重大违法行为，且不存在依据《公司法》第一百八十条规定解散的情形，或法院依法受理公司重整、和解或者破产申请。 二、展示层 1. 是依法设立的法人； 2. 具备合法有效的营业执照和固定的办公场所； 3. 未被工商列入异常名录或虽被列入异常名录，但在中心批准前已移出异常名录，未能及时移出异常名录的，书面承诺自提交申请之日起一个季度内移出异常名录； 4. 近三年不存在重大违法违规行为或被国家相关部门予以严重处罚。

续表

名称		上市（挂牌）条件
区域性股权市场	新疆股权交易中心	一、基础层 1. 依法设立并合法存续； 2. 业务明确、合法经营； 3. 信息披露符合股交中心对基础层挂牌企业的要求； 4. 股交中心要求的其他条件。 二、精选层 1. 依法设立并合法存续 12 个月以上； 2. 股权清晰，不存在重大权属纠纷； 3. 业务明确，生产经营符合法律、行政法规和公司章程的规定； 4. 具有较强的盈利能力或较高的成长性，或具备较强的抗风险能力； 5. 公司治理机制健全； 6. 资产不存在重大权属纠纷； 7. 经中介机构推荐并持续督导； 8. 股交中心要求的其他条件。
	陕西股权交易中心	一、交易板 1. 非上市股份有限公司成立满一个完整的会计年度，有限责任公司按原账面净资产值折股整体变更为股份有限公司的，持续经营时间可以从有限责任公司成立之日起计算； 2. 主营业务明确，具有持续经营能力； 3. 公司治理结构健全，运作规范； 4. 公司股权清晰，股份发行及转让合法合规。 二、成长板 1. 原则上成立满 1 年； 2. 业务明确； 3. 公司有固定的经营场所，无重大违法违规行为； 4. 公司股权清晰，股权发行及转让合法合规。 三、展示板 1. 企业成立满 6 个月； 2. 主营业务明确。
	甘肃股权交易中心	一、展示板 1. 甘肃省内依法设立并存续的非上市有限责任公司或股份有限公司； 2. 不存在重大违法违规行为且未被列入失信被执行人名单； 3. 有固定的办公经营场所。 二、预备板 1. 甘肃省内依法设立并存续的非上市有限责任公司或股份有限公司； 2. 不存在重大违法违规行为且未被列入失信被执行人名单； 3. 有固定的办公经营场所； 4. 企业所处行业符合国家产业政策扶持方向； 5. 除满足上述条件外，还需至少满足下列条件之一：①企业最近两个会计年度末至少有一期净资产不低于 1000 万元；②企业最近两个会计年度末至少有一期净利润不低于 100 万元；③企业最近两年获得过银行贷款或股权投资；④企

续表

名称		上市（挂牌）条件
区域性股权市场	甘肃股权交易中心	业最近两年被认定为甘肃省“专精特新”中小企业或甘肃省省级及以上农业产业化重点龙头企业。 三、交易板 1. 甘肃省内依法设立并存续两年以上的股份有限公司，有限公司按原账面净资产折股整体变更为股份有限公司的，持续经营时间可以从有限责任公司成立之日起计算； 2. 有符合《中华人民共和国公司法》规定的治理结构； 3. 最近一个会计年度的财务会计报告无虚假记载； 4. 没有处于持续状态的重大违法行为； 5. 除满足上述条件外，还需至少满足下列条件之一：①企业最近两个会计年度末至少有一期净资产不低于 2000 万元；②企业最近两个会计年度末至少有一期净利润不低于 300 万元；③企业最近三年获得过机构投资者的投资；④企业最近两年被认定为甘肃省“专精特新”中小企业或甘肃省省级及以上农业产业化重点龙头企业。
	宁夏股权托管交易中心	一、创投财富板 1. 依法设立，治理结构健全的股份有限公司； 2. 存续期满一个会计年度，有限责任公司按原账面净资产值折股整体变更为股份有限公司的，存续期间可以从有限责任公司成立之日起计算； 3. 主营业务明确，具有持续经营能力； 4. 股权和资产权属清晰； 5. 公司合法合规经营，挂牌前 12 个月内不存在未经整改的重大违法违规行为或被国家相关部门予以严重处罚的情况。 二、创新成长板 1. 符合《公司法》要求，在宁夏区域内依法设立并合法存续满一个会计年度的有限责任公司、股份有限公司； 2. 主营业务明确，具有持续经营能力； 3. 企业法人治理结构健全，合法合规经营、运作规范； 4. 股权和资产权属清晰。
	天府（四川）联合股权交易中心	天府股交中心对挂牌企业实行分板管理。根据板块服务重点功能、企业准入标准等因素，结合四川和西藏产业结构布局，设立军民融合板、一带一路板、科技金融板、双创企业板及其他特色板块，每个板块对挂牌要求具体细节有所区分，对于所有提出挂牌申请的企业，均应具备下列基本条件： 1. 依法注册设立，有符合公司法及其他相关法规的企业治理结构； 2. 最近一个会计年度的财务会计报告记载真实，没有虚假记载； 3. 依法合规经营，没有处于持续状态的重大违法行为； 4. 法律、行政法规和中国证监会、四川省和西藏自治区政府、天府股交中心规定的其他条件。

续表

名称		上市（挂牌）条件
区域性股权市场	重庆股权转让中心	一、成长板 （一）优先层 1. 股份公司存续满 1 个会计年度（有限责任公司按原账面净资产值折股整体变更为股份有限公司的，存续期间可以从有限责任公司成立之日起计算）； 2. 实收资本金额不低于 500 万元，有限责任公司整体变更为股份有限公司的，股改基准日经审计的账面净资产不低于 500 万元； 3. 满足以下财务指标中的任意一项：①最近 1 个会计年度或 1 期营业收入 2000 万元以上，或者最近 2 个会计年度累计营业收入 3000 万元以上；②最近 1 个会计年度或 1 期净利润 200 万元以上，或者最近 2 个会计年度累计净利润 300 万元以上；③最近 1 个会计年度或 1 期期末账面净资产 2000 万元以上； 4. 具有持续经营能力； 5. 公司治理结构较为健全，运作较为规范； 6. 股权和资产权属清晰。 （二）标准层 1. 股份公司，存续期不做限制； 2. 提供增值税或所得税的纳税申报资料及相关证明； 3. 公司治理结构较为健全，运作较为规范； 4. 股权和资产权属清晰； 5. 中心要求的其他条件。 二、孵化板 1. 主体及存续期不限； 2. 企业存在下列情况之一的，不得在转让系统挂牌：①无固定的办公场所；②无满足企业正常运作的人员；③企业被国家有关部门吊销营业执照或其他合法执业证照；④存在重大违法违规行为或被国家相关部门予以严重处罚；⑤企业的董事、监事、经营管理人员存在《公司法》第一百四十六条所列属的或违反国家其他相关法律法规的情形。 三、科创板 1. 主体为股份公司、有限责任公司等组织形式均可，存续期不做限制； 2. 满足下列基本条件之一：①进入重庆市科技型企业管理系统的高新技术企业或高成长性科技企业；②知识信用价值评级为 A—C 档； 3. 企业存在下列情况之一的，不得在转让系统挂牌：①企业被国家有关部门吊销营业执照或其他合法执业证照；②存在重大违法违规行为或被国家相关部门予以严重处罚（或被政府相关部门列入失信被执行人名单或涉嫌非法集资）；③企业没有进入重庆市科技型企业数据库；④企业的董事、监事、经营管理人员存在《公司法》第一百四十六条所列属的或违反国家其他相关法律法规的情形。

3.3.2　总结

相比较而言，主板、新三板市场成立时间较长，且属于全国范围，因而规则统一，上市（挂牌）条件比较明确，上市（挂牌）管理比较规范。而区域性股权市场由于成立时间较短，各项规章制度不够健全，有关部门对各个区域性股权市场尚未形成严密的考核标准，大部分评价指标还是依据挂牌企业数量的多少而定。

本书整理了各个区域性股权市场的挂牌条件，发现各个地区挂牌条件不一，使有关部门对区域性股权市场的考核失去了科学性。这督促了有关部门尽快出台相关政策，为各个区域性股权市场因地制宜地制定挂牌规则提供政策依据；也督促有关部门在对区域性股权市场进行考核时，不能仅关注挂牌企业数目，应多方面考核。

3.4 交易规则

3.4.1 主板市场交易规则

本书以上海证券交易所的交易规则为例，上海证券交易所的交易规则见表3-2。

表3-2 上海证券交易所交易规则

项目	具体内容
可交易证券类型	（1）股票； （2）基金； （3）债券； （4）债券回购； （5）权证； （6）经证监会批准的其他交易品种。
一般规定	（1）会员接受投资者的买卖委托后，应当按照委托的内容向本所申报，并承担相应的交易、交收责任。会员接受投资者买卖委托达成交易的，投资者应当向会员交付其委托会员卖出的证券或其委托会员买入证券的款项，会员应当向投资者交付卖出证券所得款项或买入的证券。 （2）交易参与人通过相关的报盘系统、参与者交易业务单元和报送渠道向本所交易主机发送买卖申报指令并按本规则达成交易，交易结果及其他交易记录由交易所发送至交易参与人。

续表

项目	具体内容
一般规定	(3) 交易参与人应当按照有关规定妥善保管委托和申报记录。 (4) 投资者买入的证券，在交收前不得卖出，但实行回转交易的除外。证券的回转交易是指投资者买入的证券，经确认成交后，在交收前全部或部分卖出。 (5) 下列品种实行当日回转交易：①债券；②债券交易型开放式指数基金；③交易型货币市场基金；④黄金交易型开放式证券投资基金；⑤跨境交易型开放式指数基金；⑥跨境上市开放式基金；⑦权证；⑧经证监会同意的其他品种。 (6) 根据市场需要本所可以实行一级交易商制度，具体办法由交易所另行规定，报证监会批准后生效。
指定交易	(1) 交易所市场证券交易实行全面指定交易制度，境外投资者从事 B 股交易除外。 (2) 全面指定交易是指参与本所市场证券买卖的投资者必须事先指定一家会员作为其买卖证券的受托人，通过该会员参与交易所市场证券买卖。 (3) 投资者应当与指定交易的会员签订指定交易协议，明确双方的权利、义务和责任。指定交易协议一经签订，会员即可根据投资者的申请向交易所交易主机申报办理指定交易手续。 (4) 交易所在开市期间接受指定交易申报指令，该指令被交易主机接受后即刻生效。 (5) 投资者变更指定交易的，应当向已指定的会员提出撤销申请，由该会员申报撤销指令。对于符合撤销指定条件的，会员不得限制、阻挠或拖延其办理撤销指定手续。 (6) 指定交易撤销后即可重新申办指定交易。
委托	(1) 投资者买卖证券，应当开立证券账户和资金账户，并与会员签订证券交易委托协议。协议生效后，投资者即成为该会员经纪业务的客户（以下简称“客户”）。投资者开立证券账户，按本所指定登记结算机构的规定办理。 (2) 客户可以通过书面或电话、自助终端、互联网等自助委托方式委托会员买卖证券。电话、自助终端、互联网等自助委托应当按相关规定操作。 (3) 客户通过自助委托方式参与证券买卖的，会员应当与其签订自助委托协议。 (4) 除交易所另有规定外，客户的委托指令应当包括下列内容：证券账户号码；证券代码；买卖方向；委托数量；委托价格；交易所及会员要求的其他内容。 (5) 客户可以采用限价委托或市价委托的方式委托会员买卖证券。限价委托是指客户委托会员按其限定的价格买卖证券，市价委托是指客户委托会员按市场价格买卖证券。 (6) 客户可以撤销委托的未成交部分。 (7) 被撤销和失效的委托，会员应当在确认后及时向客户返还相应的资金或证券。 (8) 会员向客户买卖证券提供融资融券服务的，应当按照有关规定办理。

续表

项目	具体内容
申报	(1) 交易所接受交易参与人的限价申报和市价申报。 (2) 根据市场需要，本所可以接受下列方式的市价申报：①最优五档即时成交剩余撤销申报，即该申报在对手方实时最优五个价位内以对手方价格为成交价逐次成交，剩余未成交部分自动撤销；②最优五档即时成交剩余转限价申报，即该申报在对手方实时五个最优价位内以对手方价格为成交价逐次成交，剩余未成交部分按本方申报最新成交价转为限价申报；如该申报无成交的，按本方最优报价转为限价申报；如无本方申报的，该申报撤销。 (3) 市价申报只适用于有价格涨跌幅限制证券连续竞价期间的交易，交易所另有规定的除外。 (4) 限价申报指令应当包括证券账号、营业部代码、证券代码、买卖方向、数量、价格等。 (5) 通过竞价交易买入股票、基金、权证的，申报数量应当为 100 股（份）或其整数倍。卖出股票、基金、权证时，余额不足 100 股（份）的部分，应当一次性申报卖出。 (6) 竞价交易中，债券交易的申报数量应当为 1 手或其整数倍，债券质押式回购交易的申报数量应当为 100 手或其整数倍，债券买断式回购交易的申报数量应当为 1000 手或其整数倍。债券交易和债券买断式回购交易以 1000 元面值债券为 1 手，债券质押式回购交易以 1000 元标准券为 1 手。但交易所另有规定的除外。 (7) 股票、基金、权证交易单笔申报最大数量应当不超过 100 万股（份），债券交易和债券质押式回购交易单笔申报最大数量应当不超过 10 万手，债券买断式回购交易单笔申报最大数量应当不超过 5 万手。根据市场需要，交易所可以调整证券的单笔申报最大数量。 (8) 不同证券的交易采用不同的计价单位。 (9) 据市场需要，交易所可以调整各类证券单笔买卖申报数量和申报价格的最小变动单位。 (10) 交易所对股票、基金交易实行价格涨跌幅限制，涨跌幅比例为 10%。属于下列情形之一的，首个交易日无价格涨跌幅限制：①首次公开发行上市的股票和封闭式基金；②增发上市的股票；③暂停上市后恢复上市的股票；④退市后重新上市的股票。经证监会批准，交易所可以调整证券的涨跌幅比例。 (11) 买卖有价格涨跌幅限制的证券，在价格涨跌幅限制以内的申报为有效申报，超过价格涨跌幅限制的申报为无效申报。 (12) 买卖无价格涨跌幅限制的证券，集合竞价阶段的有效申报价格应符合下列规定：①股票交易申报价格不高于前收盘价格的 200%，并且不低于前收盘价格的 50%；②基金、债券交易申报价格最高不高于前收盘价格的 150%，并且不低于前收盘价格的 70%。集合竞价阶段的债券回购交易申报无价格限制。 (13) 买卖无价格涨跌幅限制的证券，连续竞价阶段的有效申报价格应符合下列规定：①申报价格不高于即时揭示的最低卖出价格的 110%且不低于即时揭示的最高买入价格的 90%；②同时不高于上述最高申报价与最低申报价平均数的 130%且不低于该平均数的 70%；③即时揭示中无买入申报价格的，即时揭

续表

项目	具体内容
申报	示的最低卖出价格、最新成交价格中较低者视为前项最高买入价格；④即时揭示中无卖出申报价格的，即时揭示的最高买入价格、最新成交价格中较高者视为前项最低卖出价格。当日无交易的，前收盘价格视为最新成交价格。根据市场需要，交易所可以调整申报价格限制的规定。 （14）申报当日有效。每笔参与竞价交易的申报不能一次全部成交时，未成交的部分继续参加当日竞价，本规则另有规定的除外。
竞价	（1）证券竞价交易采用集合竞价和连续竞价两种方式：①集合竞价是指在规定时间内接受的买卖申报一次性集中撮合的竞价方式；②连续竞价是指对买卖申报逐笔连续撮合的竞价方式。 （2）集合竞价期间未成交的买卖申报，自动进入连续竞价。
成交	（1）证券竞价交易按价格优先、时间优先的原则撮合成交。 ①成交时价格优先的原则为：较高价格买入申报优先于较低价格买入申报，较低价格卖出申报优先于较高价格卖出申报。 ②成交时时间优先的原则为：买卖方向、价格相同的，先申报者优先于后申报者。先后顺序按交易主机接受申报的时间确定。 （2）集合竞价时，成交价格的确定原则为：①可实现最大成交量的价格；②高于该价格的买入申报与低于该价格的卖出申报全部成交的价格；③与该价格相同的买方或卖方至少有一方全部成交的价格。两个以上申报价格符合上述条件的，使未成交量最小的申报价格为成交价格；仍有两个以上使未成交量最小的申报价格符合上述条件的，其中间价为成交价格。集合竞价的所有交易以同一价格成交。 （3）连续竞价时，成交价格的确定原则为：①最高买入申报价格与最低卖出申报价格相同，以该价格为成交价格；②买入申报价格高于即时揭示的最低卖出申报价格的，以即时揭示的最低卖出申报价格为成交价格；③卖出申报价格低于即时揭示的最高买入申报价格的，以即时揭示的最高买入申报价格为成交价格。 （4）按成交原则达成的价格不在最小价格变动单位范围内的，按照四舍五入原则取至相应的最小价格变动单位。 （5）买卖申报经交易主机撮合成交后，交易即告成立。符合本规则各项规定达成的交易于成立时生效，买卖双方必须承认交易结果，履行清算交收义务。因不可抗力、意外事件、交易系统被非法侵入等原因造成严重后果的交易，交易所可以采取适当措施或认定无效。对显失公平的交易，经交易所认定并经本所理事会同意，可以采取适当措施并向证监会报告。违反本规则，严重破坏证券市场正常运行的交易，交易所有权宣布取消，由此造成的损失由违规交易者承担。 （6）依照本规则达成的交易，成交结果以交易所交易主机记录的成交数据为准。 （7）证券交易的清算交收业务应当按照本所指定的登记结算机构的规定办理。

续表

项目	具体内容
大宗交易	(1) 在交易所进行的证券买卖符合以下条件的，可以采用大宗交易方式：①A股单笔买卖申报数量应当不低于30万股，或者交易金额不低于200万元；②B股单笔买卖申报数量应当不低于30万股，或者交易金额不低于20万美元；③基金大宗交易的单笔买卖申报数量应当不低于200万份，或者交易金额不低于200万元；④债券及债券回购大宗交易的单笔买卖申报数量应当不低于1000手，或者交易金额不低于100万元。交易所可以根据市场情况调整大宗交易的最低限额。 (2) 交易所接受下列大宗交易申报：①意向申报；②成交申报；③固定价格申报；④交易所认可的其他大宗交易申报。 (3) 意向申报指令应当包括证券账号、证券代码、买卖方向等。意向申报应当真实有效。申报方价格不明确的，视为至少愿以规定的最低价买入或最高价格卖出；数量不明确的，视为至少愿以大宗交易单笔买卖最低申报数量成交。 (4) 当意向申报被会员接受（包括其他会员报出比意向申报更优的价格）时，申报方应当至少与一个接受意向申报的会员进行成交申报。 (5) 买卖双方就大宗交易达成一致后，应委托会员通过交易业务单元向交易所交易系统提出申报。 (6) 买卖双方达成协议后，向本所交易系统提出成交申报，申报的交易价格和数量必须一致。除本所另有规定外，大宗交易的成交申报、成交结果一经本所确认，不得撤销或变更。买卖双方必须承认交易结果、履行清算交收义务。 (7) 提出固定价格申报的，买卖双方可按当日竞价交易市场收盘价格或者当日全天成交量加权平均价格进行申报。固定价格申报指令应当包括证券账号、证券代码、买卖方向、交易类型、交易数量等。在接受固定价格申报期间内，固定价格申报可以撤销；申报时间结束后，交易所根据时间优先的原则对固定价格申报进行匹配成交。未成交部分自动撤销。 (8) 有价格涨跌幅证券的成交申报价格，由买方和卖方在当日价格涨跌幅限制范围内确定。无价格涨跌幅限制证券的成交申报价格，由买卖双方在前收盘价格的上下30%或当日已成交的最高、最低价格之间自行协商确定。 (9) 会员应当保证大宗交易参与者实际拥有与其申报相对应的证券或者资金。持有或者租用交易所交易业务单元的机构参与大宗交易，应当通过持有或者租用的交易业务单元提出申报，并确保拥有与申报相对应的证券或者资金。 (10) 交易所债券大宗交易实行一级交易商制度。经交易所认可的会员，可以担任一级交易商，通过交易所大宗交易系统进行债券双边报价业务。 (11) 大宗交易不纳入交易所即时行情和指数的计算，成交量在大宗交易结束后计入该证券成交总量。 (12) 交易所在每个交易日结束后通过本交易所网站公布以下交易信息：①股票和基金的成交申报大宗交易；②债券和债券回购的成交申报大宗交易；③单只证券的固定价格申报的成交量、成交金额及该证券当日买入、卖出金额最大五家会员证券营业部的名称和各自的买入、卖出金额。 (13) 大宗交易涉及法定信息披露要求的，双方应依照有关法律法规履行信息披露义务。

续表

项目	具体内容
债券回购交易	（1）债券回购交易包括债券买断式回购交易和债券质押式回购交易等。 （2）债券买断式回购交易是指债券持有人将债券卖给购买方的同时，交易双方约定在未来某一日期，卖方再以约定价格从买方购回相等数量同种债券的交易。债券质押式回购交易是指债券持有人在将债券质押的同时，将相应债券以标准券折算比率计算出的标准券数量为融资额度而进行的质押融资，交易双方约定在回购期满后返还资金和解除质押的交易。 （3）债券回购交易的期限按日历时间计算。

3.4.2　新三板交易条件

（1）转让方式。

经全国股份转让系统公司同意，挂牌股票可以转换转让方式，包括协议方式、做市方式、竞价方式或其他中国证监会批准的转让方式。

①挂牌股票采取协议转让方式的，全国股份转让系统公司同时提供集合竞价转让安排。

②挂牌股票采取做市转让方式的，须有两家以上从事做市业务的主办券商（以下简称“做市商”）为其提供做市报价服务。做市商应当在全国股份转让系统持续发布买卖双向报价，并在报价价位和数量范围内履行与投资者的成交义务。做市转让方式下，投资者之间不能成交。全国股份转让系统公司另有规定的除外。

（2）主办券商进入全国股份转让系统进行证券转让，应当先向全国股份转让系统公司申请取得转让权限，成为转让参与人。

全国股份转让系统对股票转让不设涨跌幅限制。全国股份转让系统公司另有规定的除外。

（3）投资者买卖挂牌公司股票，应当开立证券账户和资金账户，并与主办券商签订证券买卖委托代理协议。投资者开立证券账户，应当按照中国结算的相关规定办理。

（4）主办券商接受投资者的买卖委托后，应当确认投资者具备相应股票或资金，并按照投资者委托的时间先后顺序向全国股份转让系统申报。

（5）买卖挂牌公司股票，申报数量应当为1000股或其整数倍。卖出挂牌公司股票时，余额不足1000股部分，应当一次性申报卖出。

3.4.3 区域性股权市场交易条件

（1）证券发行类别及条件。

未经国务院有关部门认可，不得在区域性股权市场发行除股票、可转换为股票的公司债券之外的其他证券。

①股票：

a. 有符合《中华人民共和国公司法》规定的治理结构；

b. 最近一个会计年度的财务会计报告无虚假记载；

c. 没有处于持续状态的重大违法行为；

d. 法律、行政法规和中国证监会规定的其他条件。

②可转换为股票的公司债券：

a. 本办法规定的股票发行条件；

b. 债券募集说明书中有具体的公司债券转换为股票的办法；

c. 本公司已发行的公司债券或其他债务没有处于持续状态的违约或者迟延支付本息的情形；

d. 法律、行政法规和中国证监会规定的其他条件。

（2）发行对象。

在区域性股权市场发行证券，应当向合格投资者发行。单只证券持有人数量累计不得超过200人，法律、行政法规另有规定的除外。前款所称合格投资者，应当具有较强风险识别和承受能力，并符合下列条件之一：

①证券公司、期货公司、基金管理公司及其子公司、商业银行、保险公司、信托公司、财务公司等依法经批准设立的金融机构，以及依法备案或者登记的证券公司子公司、期货公司子公司、私募基金管理人；

②证券公司资产管理产品、基金管理公司及其子公司产品、期货公司资产管理产品、银行理财产品、保险产品、信托产品等金融机构依法管理的投资性计划；

③社会保障基金，企业年金等养老基金，慈善基金等社会公益基金，以及依法备案的私募基金；

④依法设立且净资产不低于一定指标的法人或者其他组织；

⑤在一定时期内拥有符合中国证监会规定的金融资产价值不低于 50 万元，且具有 2 年以上金融产品投资经历或者 2 年以上金融行业及相关工作经历的自然人。

（3）不属于合格投资者的情况。

在区域性股权市场发行证券，不得通过拆分、代持等方式变相突破合格投资者标准。

①以理财产品、合伙企业等形式汇集多个投资者资金直接或者间接投资于证券的；

②将单只证券分期发行的。

理财产品、合伙企业等投资者符合本办法的除外。

（4）公开方式。

在区域性股权市场发行证券，不得采用广告、公开劝诱等公开或者变相公开方式。

通过互联网络、广播电视、报刊等向社会公众发布招股说明书、债券募集说明书、拟转让证券数量和价格等有关证券发行或者转让信息的，属于公开或者变相公开方式，但符合下列条件的除外：

①通过运营机构的信息系统等网络平台向在市场开户的合格投资者发布证券发行或者转让信息；

②投资者需凭用户名和密码等身份认证方式登录后才能查看。

（5）在区域性股权市场挂牌转让证券的企业应当符合本办法股票发行的条件。

（6）交易方式。

不得采取集中竞价、连续竞价、做市商等集中交易方式。投资者在区域性股权市场买入后卖出或者卖出后买入同一证券的时间间隔不得少于 5 个交易日。

（7）符合下列情形之一的，不受本办法对合格投资者规定的限制：

①证券发行人、挂牌公司实施股权激励计划；

②证券发行人、挂牌公司的董事、监事、高级管理人员及发行、挂牌前

已持有股权的股东认购或者受让本发行人、挂牌公司证券；

③因继承、赠予、司法裁决、企业并购等非交易行为获得证券。

（8）运营机构职责。

①运营机构依法对证券发行、挂牌转让申请文件进行审查，出具审查意见，并在发行、挂牌完成后5个工作日内报地方金融监管部门和中国证监会派出机构备案。

②运营机构应当在每个交易日发布证券挂牌转让的最新价格行情。

（9）信息披露。

①证券发行人、挂牌转让证券的企业及区域性股权市场的其他参与者应当按照规定和协议约定，真实、准确、完整地向投资者披露信息，不得有虚假记载、误导性陈述或者重大遗漏。运营机构应当建立信息披露网络平台，供信息披露义务人按照规定披露信息。

②证券发行人应当披露招股说明书、债券募集说明书，并在发生可能对已发行证券产生较大影响的重要事件时，披露临时报告。挂牌公司应当在每一会计年度结束之日起4个月内编制并披露年度报告，并在发生可能对证券转让价格产生较大影响的重要事件时，披露临时报告。招股说明书、债券募集说明书、年度报告应当包括公司基本情况、公司治理、控股股东和实际控制人情况、业务概况、财务会计报告以及可能对证券发行或者转让具有较大影响的其他情况。

部分区域性股权市场交易规则见表3-3。

表3-3 部分区域性股权市场交易规则

名称	交易规则
北京股权交易中心	采取协议方式或其他中国证监会批准的转让方式。
齐鲁股权交易中心	交易双方协商定价、配号点选、网上协议转让的非标准化、非集中连续竞价模式。 网上协议转让是指投资人通过股权交易系统客户端，自主选择对手的交易行为。 股权交易为现款现货交易，不采取信用方式。 挂牌公司股权交易实行全额保证金交易，交易保证金实行银行第三方存管

续表

名称	交易规则
吉林股权交易所	（1）交易方式。 ①场内挂牌与场外协议。 ②定向转让。 （2）申报。 投资人可采用定价申报和成交确认申报进行股份转让。 ①定价申报是指投资人发出的按其指定的价格买卖不超过其指定数量股份的指令。 ②成交确认申报是指投资人拟与定价申报成交，发出的以指定价格和数量与指定对手方确认成交的指令。 （3）成交。 投资人拟与定价申报成交的，可进行成交确认申报。 ①多笔成交确认申报与一笔定价申报匹配的，按时间优先的原则匹配成交。 ②场外协商成交，以双方签署的协议为基准，由吉交所的工作人员登记成交。成交申报一经交易系统确认，不得变更或撤销，买卖双方必须承认交易结果，并通过交易系统进行股权交割和资金结算。 ③当一个挂牌公司股东达到 199 人时，符合条件的投资人、新的投资人，在受让该公司股份时，必须将一个原股东的全部股份余额一次性受让。 ④股份转让的成交确认，以当天委托成交的清算结果为准。 ⑤司法冻结股份或司法裁定过户股份，以收到司法文书的时间为准。如司法文书到达当天，冻结、过户的股份已委托、成交确认的，则在当日清算时自动废止。
辽宁股权交易中心	（1）交易方式。 投资者买卖挂牌公司股票应通过协议转让、单向竞价等方式进行。 （2）申报。 投资者可直接向中心申报，也可以向代理买卖机构委托申报。申报分为意向申报、定价申报和成交确认申报。申报当日有效。 ①意向申报是指投资者按其确定价格和数量买卖股票的意向指令，意向申报应包括证券账户号码、证券代码、买卖方向、申报数量、申报价格、联系人、联系方式等内容。 ②定价申报是指投资者按其指定的价格买卖不超过其指定数量股票的指令。定价申报应包括证券账户号码、证券代码、买卖方向、申报数量、申报价格等内容。 ③成交确认申报是指投资者买卖双方达成成交协议，以指定价格和数量与指定对手方确认成交的指令。成交确认申报应包括证券账户号码、证券代码、买卖方向、申报数量、申报价格、成交约定号等内容。 （3）交易。 ①意向申报不具有成交功能。 ②定价申报可以部分成交，多笔定价申报与一笔反向定价申报匹配的，按时间优先的原则匹配成交。 ③成交确认申报按照时间优先原则，将与该成交确认申报证券代码、申报价格相同、买卖方向相反及成交约定号一致的定价申报进行确认成交。

续表

名称	交易规则
宁夏股权交易托管中心	(1) 交易方式。 中心实行协议转让以及法律法规允许的其他转让方式，不实行集中竞价、连续竞价、做市商等集中交易方式。 (2) 委托方式。 ①定价委托； ②成交确认委托。
湖南股权交易所	为挂牌企业股份提供定价申报、协议转让以及法律法规允许的其他交易方式； 湖南股权交易所实行现款现货交易，不采取信用方式。
天府（四川）联合股权交易中心	合格投资者参与证券交易转让，应当开立证券账户和资金账户； 天府股交中心实行现款现货交易，不采取信用方式，投资者买入证券，应在确认买入前将所需资金存入资金存管账户； 天府股交中心不采取集中竞价、连续竞价等集中交易方式外，采取点选成交与协议成交等多种灵活交易方式。
青海股权交易中心	(1) 交易模式。 协议交易与拍卖竞价的交易模式，其中协议交易模式，主要含大宗权益协商交易、附加条件交易、要约交易、回购交易、点选交易等；拍卖竞价的模式不采用自动撮合，而采用拍卖和人工撮合相结合的方式进行。 (2) 交易方式。 股权交易中心为投资者提供柜台交易的方式，也可开通网上交易方式。股权交易中心的交易系统，可以开通主办商会员、交易商会员的柜台交易系统。其中开通证券公司主办商会员和商业银行金融机构主办商会员、交易商会员的柜台交易系统的具体操作规则另行制定。 (3) 交易品种。 企业股权、产权、债权、物权、林权、矿权、知识产权等。

3.5 会员规则

证券交易所主要分为会员制证券交易所与公司制证券交易所。

会员制的证券交易所是不以营利为目的，由会员自治且参与经营的会员可以参与到股票交易中去的交易所，世界上大多知名的证券交易所均为会员制。

公司制证券交易所是指以营利为目的，为证券交易提供交易场地、交易设备等服务的证券交易所。在此种交易所中，交易所不参与到证券买卖中去，主要为交易所提供服务，券商独立地进行买卖。

3.5.1　会员制交易所和公司制交易所比较

首先，介绍一下会员制交易所和公司制交易所两者各自的特点。

（1）公司制交易所的特点。

①公司的最高权力机关是股东大会，其选出的董事会为决策机构，监事会为监督机构。交易所的（股东大会休会）日常管理主要由这些部门负责。

②交易所是以营利为目的，追求利益的最大化，股东共同承担盈亏，同时交易所依然可以上市。

（2）会员制交易所的特点。

①交易所的最高权力机关为由全体会员组成的会员大会，会员大会选举产生理事会作为休会期间行使交易所管理权的机构。

②交易所不以营利为目的，往往会限制组织的利润与资金外流，交易所的利润并非以分红返还会员，而是在降低手续费上给予会员便利与优惠。

其次，介绍一下会员制交易所和公司制交易所两者各自的差异性。

（1）决策方面。会员制交易所的决策在股东大会上的形式为会员每人一票进行表决；公司制交易所在决策上采取公司制原则上的按照股权决定话语权的模式。因此，在决策上会员制的方式不仅决策成本高，且无法反映各个会员在市场上的份额等因素，是较为低效的决策。

（2）交易所本身的融资渠道方面。会员制交易所的融资渠道主要为会员所缴纳的资格费，但是由于其本身的非营利性，使得融资的效力不高；公司制交易所作为营利性的市场主体，在融资方面更加灵活高效。

（3）技术方面。有研究指出，会员制交易所适用于公开叫价技术，该技术有较强的专用性，需要较高成本；公司制交易所使用电子化交易系统，具有无中介、低成本、透明化、高效率等诸多优点。会员制交易所适合公开叫价，而公司制适合电子化交易，显而易见，公司制优于会员制。

（4）利益冲突的体现。会员制交易所因其只能够通过交易时的优惠来实现自身的利益，导致会员可能因此过分注重交易的特权价值，而不顾及交易所的利益。公司制交易所的利益冲突更为明显，因为其自身的营利性，导致股东自身利益与社会公众利益存在不协调性。例如，为了自身营利，放宽上市（挂牌）标准，导致市场的不稳定；股东可能为了自身利益，为自己的公司放松监管；等等。

（5）激励方面。会员制交易所的公共性质较为明显，不存在分红等收益性行为，所以需要更多的激励制度去保证组织的合理运行；公司制交易所则更加倾向于公司正常管理的激励，不做过多地考虑。

3.5.2 主板、新三板、区域性股权市场会员条件比较

主板、新三板、区域性股权市场会员条件的比较见表3-4，其中主板市场以上海证券交易所为例。

表3-4 各市场会员条件比较

名称	会员条件
上海证券交易所	（1）申请成为交易所会员，应当同时具备下列条件：①经批准设立、具有法人地位的境内证券经营机构；②具有良好信誉和经营业绩；③组织机构和业务人员符合中国证监会和交易所规定的条件，符合交易所对内部管理制度、技术系统及风险防范提出的各项要求；④承认并遵守交易所章程和业务规则，按规定交纳会员费用；⑤交易所要求的其他条件。 （2）具备前条规定条件的证券经营机构，在向交易所提出申请并提供相应的申报文件，经理事会批准后，方可成为交易所的会员。交易所在决定接纳会员后5个工作日内，向中国证监会报告。 （3）会员出现下列情形之一的，其会员资格将被终止：①会员提出终止资格申请，并经交易所理事会批准；②会员法人实体解散、被撤销、责令关闭、撤销全部证券业务许可或者依法宣告破产；③不符合本章程规定的会员条件；④不能继续履行正常的交易及交收义务；⑤被交易所作出取消会员资格的纪律处分；⑥应当终止会员资格的其他情形。 交易所终止会员资格的，应当经交易所理事会审议通过，并在作出决定后的5个工作日内向中国证监会报告。 （4）境外证券经营机构设立的驻华代表处，可以申请成为交易所的特别会员。特别会员可以列席会员大会、接受交易所提供的相关服务和提出相关建议，但不享有会员的其他权利。
新三板	全国中小企业股份转让系统（新三板）为公司制的股权交易市场。所以不存在对于会员的要求性规则。

续表

名称		会员条件
区域性股权市场	哈尔滨股权交易中心	(1) 申请成为中心会员，应同时具备下列基本条件：①依法设立的机构或组织；②具有良好的信誉和经营业绩；③认可并遵照执行中心业务规则，按规定缴纳有关费用；④最近 24 个月不存在重大违法违规行为，且未受到监管部门或其他部门的行政处罚。 (2) 申请成为推荐商会员，除应具备本办法所规定的基本条件外，应当为经国家金融管理部门批准设立的证券公司或为经中心认定的、具备以下条件的投资管理机构：①依法批准设立的金融机构或经哈尔滨股权交易中心认定的投资机构等；公司营业范围中含有投资、投资管理等相关业务且有独立业务部门；②有律师、会计师、证券从业资格的内核机构；③具有良好的信誉和经营业绩；④认可并遵照执行哈尔滨股权交易中心的制度规则，接受哈尔滨股权交易中心监督管理；⑤注册资本不少于 1000 万元；实收或净资产不少于 500 万元；其他条件参照《哈尔滨股权交易中心会员管理办法》；⑥具有开展公司挂牌上市、投资咨询或资信调查等尽职调查相关的工作经验；⑦具有完善的内部管理制度、操作规程和健全的内部风险控制机制、激励考核机制；⑧最近三年或成立以来没有不良记录和违反职业道德的行为；⑨依法成立一年以上；⑩哈尔滨股权交易中心规定的其他条件。 (3) 申请从事金融产品业务的推荐商会员需具备金融产品的承销、包销、定价等相关工作经验。 (4) 申请成为服务商会员，除应具备本办法所规定的基本条件外，应同时具备以下条件：①为依法设立的会计师事务所、律师事务所、资产评估机构、融资担保机构等资质证明；②具有开展业务必要的从业资格人员数量及人员从业资格证书；③机构依法设立 3 年以上；④中心要求的其他条件。 (5) 申请成为经纪商会员，除应具备本办法所规定的基本条件外，应当为经国家金融管理部门批准设立的证券公司或为经中心认定的、具备以下条件的其他机构：①注册资本不低于 1000 万元、实缴或净资产不低于 500 万元的企业法人；合伙人实缴出资总额不低于 1000 万元；②具有从事经纪业务的人员不少于 5 人；③已制定开展代理买卖业务的实施方案和业务规则；④具备必要的信息技术条件；⑤中心规定的其他条件。 (6) 对于符合条件的银行、信托、保险、基金、资产管理机构等，经中心认定，可以申请作为战略会员。申请成为战略会员，除应具备本办法所规定的基本条件外，还应当具备以下条件：①法人治理规范、内控管理制度完善（提交书面治理方案）；②具备从事中心业务相关的专业人员及信息技术条件；③具有符合中心业务发展需要的战略服务资源；④具有金融产品创新的制度保障和风险管理能力。
	吉林股权交易所	1. 机构投资人。 (1) 申请注册条件：①具有独立主体资格和投资能力的法人企业、合伙企业及其他经济组织；②实缴注册资本不得低于 100 万元。 (2) 符合下列条件的机构投资人可以申请成为活跃机构合格投资人：①注册资本不少于 200 万元；②具有完善的内部管理制度、操作规程和健全的内部风险控制机制、激励考核机制；③熟悉吉交所交易规则及业务，对股权交易市场以及挂牌公司具有较强的研究和分析能力；④设置独立的业务部门，具

续表

名称		会员条件
区域性股权市场	吉林股权交易所	有3名以上的专职人员，其中至少两名人员具有吉交所从业资格，且岗位设置合理、职责明确；⑤没有违法和重大违规行为。 2. 自然人投资人会员应满足以下条件：①具有完全民事行为能力；②公司挂牌交易前，已在公司投资入股，或个人金融资产在10万元以上且具有3年以上在上海或深圳证券交易所投资的经验；③投资知识和风险识别能力测试结果符合吉交所标准；④吉交所规定的其他条件。
区域性股权市场	辽宁股权交易中心	1. 会员类别。 ①推荐机构会员：可从事推荐企业挂牌、证券发行等业务；②专业服务会员：可为参与中心业务的企业或机构提供法律、审计、验资、评估等专业服务；③特别会员：可从事融资产品研发、投融资对接合作、代理开户、代理买卖、增信担保等相关各类合作创新等相关金融服务。 2. 推荐机构会员。 （1）符合以下条件的机构可申请成为推荐机构会员：①依法设立的机构或组织；②不存在处于持续状态的重大违法违规行为；③具有具备企业改制、尽职调查、财务顾问等工作经验的人员；④本中心要求的其他条件。 （2）具有保荐业务资格或主办券商业务资格的证券公司可优先入会。 （3）中心根据业务发展需要，可对推荐会员的从业人员实行执业资格管理。 3. 专业服务会员。 （1）符合以下条件的机构可申请成为专业服务会员：①依法设立的机构或组织；②具有有权机关颁发的业务许可证书；③不存在处于持续状态的重大违法违规行为；④中心要求的其他条件。 （2）经中国证监会认可的，可为上市公司提供法律、审计、评估等服务的机构可优先入会。 4. 特别会员应满足以下条件：①依法设立的机构或组织；②具备可与本中心开展投融资等持续合作的资源与能力；③不存在处于持续状态的重大违法违规行为；④中心要求的其他条件。 5. 中国证券业协会、基金业协会、银行业协会、保险业协会的会员、地方政府平台等，可优先入会。
区域性股权市场	大连股权交易中心	（1）依法设立的机构或组织； （2）具有较好的信誉和经营业绩； （3）认可并遵照执行股交中心各项业务规则，按规定缴纳有关费用； （4）最近一年不存在重大违法违规行为，且未受到监管部门或其他部门的行政处罚；股交中心规定的其他条件。
区域性股权市场	北京股权交易中心	（1）申请成为中心会员，应当具备下列基本条件：①依法设立的机构或组织；②具有良好的信誉和经营业绩；③不存在重大违法违规行为；④遵守中心业务规则；⑤中心要求的其他条件。 （2）申请成为推荐机构会员，是指从事向中心推荐企业挂牌、为企业承销私募类产品等相关业务的会员，除应满足本规则规定的基本条件外，还应当符合下列条件：①具有开展推荐企业挂牌上市、债券承销、投资咨询、财务顾问、孵化培育、资信调查或登记托管等相关经验；②具有财务、法律、行业分析等方面的专业人员；③中心要求的其他条件。

续表

名称		会员条件
区域性股权市场	北京股权交易中心	（3）申请成为交易经纪商会员，是指为中心挂牌公司提供股份报价转让等服务的会员，除应满足本规则规定的基本条件外，还应当符合下列条件：①为依法批准设立的证券公司、银行等金融机构或经中心认定的其他机构；②最近一年度或一期末经审计机构确认的净资产不少于1000万元；③最近一年度或一期财务报表未被注册会计师出具保留意见、否定意见或无法表示意见的审计报告；④具备健全的风险管理制度、内部控制制度和合规管理制度；⑤具有证券业从业资格的人员不少于5人；⑥已制定完善的投资者适当性管理制度以及代理合格投资者买卖证券业务的操作规程和内部管理制度；⑦具备开展业务所需的专职人员和技术系统；⑧中心要求的其他条件。 （4）申请成为专业服务机构会员，是指为在中心挂牌、发行的私募类产品等企业提供服务的律师事务所、会计师事务所、税务师事务所、资产评估事务所等会员，除应具备本规则规定的基本条件外，还应当经中心备案审查认可。 （5）申请成为其他企业会员，是指除推荐机构会员、交易经纪商会员以及专业服务机构会员外，自愿申请取得中心会员资格并参与中心相关业务的其他企业会员，应当具备本规则规定的基本条件。
	天津滨海柜台交易市场	平台参与人包括以下四类： （1）挂牌公司：具备平台板块规定相应条件的非上市公司可申请在平台相应板块挂牌。 （2）推荐机构会员：包括金融机构及符合条件的专业投资公司、私募股权投资基金、管理咨询公司等；符合一定条件的律师事务所、会计师事务所同时可作为科技板的推荐机构会员。 （3）专业服务机构会员：包括依法设立的律师事务所、会计师事务所或资产评估事务所。 （4）投资者：包括合格机构投资者和个人投资者。
	石家庄股权交易所	（1）个人投资者需满足以下条件：①具有完全民事行为能力，年满18周岁的自然人，持有效身份证件；②具有2年以上证券投资经验，金融资产不少于50万元；③公司挂牌交易前，已经在公司投资入股成为原始股东的自然人。 （2）机构投资者需满足以下条件：①具备股权投资能力的法人企业、企业及其他经济组织，注册资本总额不低于100万元；②具有固定的经营场所和必要设施；③具有健全的组织结构和严格的财务管理制度；④具有比较成熟投资经验，较高的风险识别能力和风险承受能力。
	齐鲁股权交易中心	（1）推荐机构会员应满足以下条件：①依法批准成立的金融机构或经齐鲁股权交易中心认可的其他机构等，属于其他机构的，公司营业范围应具有投资管理咨询、企业管理咨询等相关业务并且具有独立业务部门；②具有良好的信誉和经营业绩；③认可并遵照执行其股权交易中心的制度规则，接受齐鲁股权交易中心的监督管理；④注册资本不低于1000万元；⑤具有会计、法律专业及证券/基金从业资格人员不低于1人；⑥具有开展公司挂牌上市、投资咨询或资信调查等尽职调查相关的工作经验；⑦具有完善的内部管理、尽职调查、工作底稿、工作内核、持续督导制度及健全的风险控制机制。

续表

名称		会员条件
区域性股权市场	齐鲁股权交易中心	(2) 专业服务机构会员应满足以下条件：①依法设立的机构或组织；②具有良好的信誉和经营业绩；③认可并遵照齐鲁股权交易中心监督管理；④内部机构设置合理，风险防范制度健全，具有承担相关业务责任和风险的能力；⑤专业服务机构从事相关法律、审计实务的人员应熟悉股权挂牌和证券发行相关业务；⑥具有良好的职业道德和信誉，最近三年内没有受过记录处分或其他违反职业道德的行为；⑦审计机构最近三年不存在虚假审计报告记录；⑧齐鲁股权交易中心规定的其他条件。
	青岛蓝海股权交易中心	(1) 申请成为中心会员，应同时具备下列基本条件：①依法设立的机构或组织；②具有良好的信誉和经营业绩；③认可并遵照执行中心业务规则，按规定交纳有关费用；④最近24个月不存在重大违法违规行为，且未受到监管部门或其他部门的行政处罚；⑤中心要求的其他条件。 (2) 申请成为推荐机构会员，除应具备本办法所规定的基本条件外，还应为经国家金融管理部门依法批准设立的证券公司、银行等金融机构以及经本中心认定的其他机构，并同时具备下列条件：①具有会计、法律专业人员各不少于1人，通过证券从业资格考试人员不少于3人；②具有开展企业挂牌上市、投资咨询或资信调查等尽职调查相关工作经验；③营业范围应至少包含投资咨询、投资管理、投资信息咨询、财务咨询、财务信息咨询、理财咨询、财务顾问、法律顾问、法律咨询、会计咨询、会计服务、资产评估、评估咨询等其中一项；④中心要求的其他条件。 (3) 申请成为专业服务机构会员，除应具备本办法所规定的基本条件外，还应为依法成立的律师事务所、会计师事务所、担保公司、资产评估事务所以及中心认定的其他专业服务机构，并同时具备下列条件：①依法成立的从事法律、审计、资信评级、资产评估、担保等业务的相关机构；②具有业务资格的人员数量在5人以上；③内部机构设置合理，风险防范制度健全，具有承担相关业务责任和风险的能力；④最近三年不存在虚假审计报告记录；⑤中心要求的其他条件。 (4) 申请成为交易商会员，除应具备规定的基本条件外，还应为依法批准设立的具有证券经纪业务资格的证券公司及经中心认定的分支机构，或为经中心认定的同时具备下列指定条件的其他机构：①上一年度或最近一期末经审计机构审计的注册资本和净资产均不少于2000万元；②具有交易代理、投资咨询等相关工作经验；③已制定开展交易代理业务的实施方案和业务规则；④具备必要的信息技术条件；⑤中心规定的其他条件。 (5) 对于符合条件的银行、保险、信托、券商、基金公司等机构及其分支机构，经中心认定，可以申请作为战略会员。战略会员可利用中心平台从事推荐挂牌、股份或股权的报价和转让、定向增资、私募可转债承销、代理买卖、投资咨询、自营投资等两项以上的综合业务服务。申请成为战略会员的机构，中心将根据其具体情况认定其入会条件。
	上海股权托管交易中心	(1) 基本条件：①依法设立的机构或组织；②具有良好的信誉和经营业绩；③认可并遵照执行上海股交中心的业务规则并按规缴纳有关费用；④近24个月不存在重大违法违规行为，且未受到监管部门或其他部门的行政处罚；⑤上海股交中心要求的其他条件。

续表

名称		会员条件
区域性股权市场	上海股权托管交易中心	（2）申请成为推荐机构会员，除了需具备基本条件外，还需是经国家金融管理部门依法批准成立的证券公司、银行等金融机构或经过上股交认定的投资机构。同时满足以下条件：①最近一期末未经审计机构确认的净资产不少于1000万元；②最近一年度或一期财务报表未被注册会计师出具保留意见、否定意见或无法表示意见的审计报告；③具有开展企业挂牌上市、投资咨询或资信调查等尽职调查相关工作经验；④具有财务、法律、行业分析等方面的专业人员；⑤其他上海股权交易中心要求的条件。 （3）申请成为专业服务机构会员，除了应具备基本条件外还须为依法成立的律师事务所、会计师事务所或资产评估事务所。
	江苏股权交易中心	（1）申请成为交易中心会员，应同时具备下列基本条件：①依法设立的机构或组织；②具有良好的信誉和经营业绩；③认可并遵照执行交易中心业务规则，按规定缴纳有关费用；④最近一年不存在重大违法违规行为，且未受到监管部门或其他部门的行政处罚；⑤交易中心要求的其他条件。 （2）申请成为推荐商会员，除应具备本规则所规定的基本条件外，还应该为经国家金融管理部门依法批准设立的、可从事证券承销与保荐业务的证券公司及其经交易中心认定的分支机构等金融机构，或为经交易中心认定的同时具备下列指定条件的其他机构：①最近一期末经审计机构确认的净资产不少于1000万元；②最近一个会计年度财务报表未被注册会计师出具保留意见、否定意见或无法表示意见的审计报告；③具有开展企业挂牌上市、投资咨询或资信调查等尽职调查相关工作经验；④具有财务、法律、行业分析等方面的专业人员；⑤交易中心要求的其他条件。 （3）申请成为服务商会员，需要具备基本条件，或为经交易中心认定的同时具备下列指定条件的其他机构：①依法成立的从事法律、审计、资信评级、资产评估、投资咨询或投资管理等业务的相关机构；②具有业务资格的人员数量在15人以上；③上一年度业务收入不少于500万元；④机构依法设立3年以上。 （4）申请成为经纪商会员，除应具备基本条件外，还应该为依法批准设立的，具有证券经纪业务资格的证券公司及其经交易中心认定的分支机构，或为经交易中心认定的同时具备下列指定条件的其他机构： ①注册资本不低于1000万元的企业法人；合伙人认缴出资总额不低于1000万元，实缴出资总额不低于1000万元的合伙企业；②具有从事经纪业务的人员不少于5人；③已制定开展代理买卖业务的实施方案和业务规则；④具备必要的信息技术条件；⑤交易中心规定的其他条件。 （5）对于符合条件的银行、保险、信托、券商、投资公司等机构及分支机构，经交易中心认定，可以申请作为战略会员。战略会员可利用交易中心平台从事推荐挂牌、股份或股权的报价和转让、定向增资、私募债券承销、代理买卖、投资咨询、自营投资等两项以上的综合业务服务。 （6）申请成为战略会员的银行、保险、信托、券商、投资公司等机构，除应具备基本条件外，还应当具备下列指定条件：①法人治理规范、内控管理制度完善；②具备从事交易中心业务相关的专业团队及信息技术条件；③具有符合交易中心业务发展需要的战略服务资源；④具有金融产品创新的制度保障和风险管理能力。

续表

名称		会员条件
区域性股权市场	浙江股权交易中心	(1) 申请成为中心会员，应同时具备下列基本条件：①依法设立的机构或组织；②具有良好的信誉和经营业绩；③认可并遵照执行本中心业务规则，按规定缴纳有关费用；④最近24个月不存在重大违法违规行为，且未受到监管部门或其他部门的行政处罚；⑤中心要求的其他条件。 (2) 申请成为推荐商会员，除应具备基本条件外，还应当为依法批准设立的证券公司，或为经中心认定的、具备下列条件的投资管理机构等机构：①最近一期末经审计机构确认的注册资本和净资产均不少于1000万元；②最近一年度或一期财务报表未被注册会计师出具保留意见、否定意见或无法表示意见的审计报告；③具有开展企业挂牌上市、投资咨询或资信调查等尽职调查相关工作经验；④具有财务、法律、行业分析等方面的专业人员；⑤中心要求的其他条件。 (3) 申请成为战略会员的银行或信托公司等机构，除应具备基本条件外，还应当具备下列条件：①内控管理制度完善；②具备从事交易中心业务相关的专业人员及信息技术条件；③具有符合中心业务发展需要的战略资源；④具有一定的金融创新能力。
	宁波股权交易中心	1. 战略合作会员。 (1) 入会基本条件：①依法设立的机构或组织；②具有良好的信誉和经营业绩；③按规定缴纳有关费用；④认可并遵照执行中心业务规则；⑤中心要求的其他条件。 (2) 入会特殊条件：除满足基本条件外，还应是依法取得金融从业资质的银行机构、保险机构、信托机构以及中心认定的具备战略合作条件的其他机构。 2. 推荐机构会员。 (1) 入会基本条件：①依法设立的机构或组织；②具有良好的信誉和经营业绩；③按规定缴纳有关费用；④认可并遵照执行中心业务规则；⑤中心要求的其他条件。 (2) 入会特殊条件：①会员范围：证券公司，在中国证券基金协会登记的私募股权投资管理机构，具有专业胜任能力的会计师事务所、律师事务所，政府引导基金，累计投资3个以上项目且项目完成次轮融资的机构投资者；②具有开展企业挂牌上市、投资咨询或资信调查等尽职调查相关工作经验；③具有财务、法律、行业分析等方面的专业人员；④中心要求的其他条件。 3. 专业服务机构会员。 (1) 入会基本条件：①依法设立的机构或组织；②具有良好的信誉和经营业绩；③按规定缴纳有关费用；④认可并遵照执行中心业务规则；⑤中心要求的其他条件。 (2) 入会特殊条件：申请成为专业服务机构会员，除满足基本条件外，还必须为依法成立的律师事务所、会计师事务所或资产评估事务所。
	海峡股权交易中心	(1) 所有会员均需符合的条件：①依法设立的机构或组织；②具有良好的信誉和经营业绩；③认可并遵照执行海交中心相关制度和业务规则，按规定缴纳有关费用；④中心要求的其他条件。

续表

名称		会员条件
区域性股权市场	海峡股权交易中心	（2）申请成为专业服务机构会员，除应具备以上条件外，还需具备以下条件：①依法设立的律师事务所、会计师事务所、资产评估事务所及海交中心认定的其他专业服务机构；②会计师事务所必须具备相关业务从业资格和从业经验，其中从事交易板业务的会计师事务事务所必须具有证券期货相关业务从业资格；③资产评估事务所必须为福建省资产评估协会优选库成员或具有证券期货相关业务资格；④中心要求的其他条件。 （3）申请成为交易会员，除应具备所有会员均需符合的条件外，还需具备以下条件：①为依法设立的证券公司、银行等金融机构或经中心认定的交易代理机构；②具有开展交易代理、投资咨询等相关工作经验；③具有投资分析、信息技术等方面的专业人员；④具备满足和中心信息系统平台对接条件的相关设备和软件；⑤中心要求的其他条件。 （4）成为展示板推荐机构会员，除应符合基本条件外，还需具备以下条件：①具有能够为企业提供法律、会计、代理记账、咨询、培训等相关企业服务的业务人员；②内部设置专业部门和专业人员对被推荐挂牌企业的信息披露进行跟踪维护，具有健全的持续服务体系；③内部机构设置合理，风险防范制度健全；④中心要求的其他条件。 （5）申请成为股改板推荐机构会员，除应符合基本条件外，还应具备以下条件：①依法设立的律师事务所或交易板推荐机构；②内部设置专业部门和专业人员对被推荐挂牌企业的信息披露和合规经营进行督导，具有健全的持续督导管理制度；③具有培育、指导企业成长或向资本市场输送优秀企业的良好记录，其中由律师事务所作为推荐机构的，该律师事务所参与 IPO、新三板或海交中心交易板股改经验不少于 3 家；④中心要求的其他条件。 （6）申请成为交易板推荐机构会员，除应具备所有会员均需符合的条件外，还必须为经国家金融管理部门依法批准设立的证券公司、银行等金融机构或经海交中心认证的投资机构，并同时具备下列条件：①最近一期经审计机构确认的实收资本或净资产不少于 1000 万元；②具备完善的项目立项、内控内核制度；③具有开展企业挂牌上市、投资咨询等相关工作经验；④具有开展推荐挂牌业务的专门人员；⑤中心要求的其他条件。 （7）申请成为投资会员的，应符合中心合格机构投资者相关制度规定的条件。 （8）申请成为战略会员、特别会员的，中心将根据具体情况认定其人会条件。
	厦门两岸股权交易中心	（1）合格机构投资者应满足以下条件：①证券公司、期货公司、基金管理公司及其子公司、商业银行、保险公司、信托公司、财务公司等依法经批准设立的金融机构以及依法备案或者登记的证券公司子公司、期货公司子公司、私募基金管理人；②证券公司资产管理产品、基金管理公司及其子公司产品、期货公司资产管理产品、银行理财产品、保险产品、信托产品等金融机构依法管理的投资性计划；③社会保障基金，企业基金等养老基金，慈善基金等社会公益基金，以及依法备案的私募基金；④依法设立且最近一年末净资产不低于 200 万元的法人或者其他组织；⑤经中心认可的其他机构投资者。

续表

名称		会员条件
区域性股权市场	厦门两岸股权交易中心	(2) 合格自然人投资者应满足以下条件：①具有完全民事行为能力；②愿意接受投资风险，测评结果不低于71分；③近三个月内拥有符合中国证监会规定的金融资产价值不低于50万元，且具有2年以上金融产品投资经历或者2年以上金融行业及相关工作经历的自然人；前款所称金融资产，是指银行存款、股票、股权、基金份额、资产管理计划、银行理财产品、信托计划、保险产品、期货及其他衍生产品等；④中心规定的其他条件。 (3) 合格投资者提交的材料应当真实、准确、完整，不存在虚假陈述或重大遗漏。 (4) 合格投资者必须严格遵守国家法律法规以及中心业务规则进行投资活动，自觉维护市场秩序，并接受中心的监管。 (5) 合格投资者应当根据国家法律法规自行缴纳投融资活动所产生的各项税费，中心不负责相关税费的代扣代缴。
	广东股权交易中心	1. 基本条件：①依法设立的机构或组织；②具有良好的信誉和经营业绩；③认可并遵照执行中心业务规则，按规定缴纳有关费用；④最近24个月不存在重大违法违规行为，且未受到监管部门的行政处罚；⑤中心要求的其他条件。 2. 推荐机构会员。 (1) 申请成为综合类推荐机构会员，除应具备基本条件外，还必须为经国家金融管理部门依法批准设立的证券公司、银行等金融机构或为经中心认定的投资机构和其他机构。同时满足以下条件：①最近一期末经审计机构确认的净资产不少于1000万元；②最近一年度或一期财务报表未被注册会计师出具保留意见、否定意见或无法表示意见的审计报告；③具有开展企业挂牌上市、投资咨询或资信调查等尽职调查相关工作经验；④具有财务、法律、行业分析等方面的专职人员；⑤中心要求的其他条件。 (2) 申请成为创新类推荐机构会员，除应具备基本条件外，还必须为经国家金融管理部门依法批准设立的证券公司、银行等金融机构或依法设立并存续的投资机构、律师事务所、会计师事务所、资产评估机构，以及本中心认定的其他机构或组织。同时满足以下条件：①净资产不少于200万元，或机构、组织规模符合中心的要求；②具有固定的经营场所和必要的设施；③业务范围内包含财务顾问、投资咨询、投资管理等相关内容，具有相关工作经验；④具有业务开展的团队；⑤中心要求的其他条件。 3. 申请成为专业服务机构会员，除应具备基本条件外，还必须具备下列条件之一：①经国家金融管理部门依法批准设立的，具有证券经纪业务资格的证券公司；②经国家金融管理部门依法批准设立的银行；③依法成立的律师事务所、会计师事务所或资产评估事务所；④经中心认可的其他专业服务机构。 4. 申请成为自营会员，除应具备基本条件外，还必须具备以下条件之一：①经有关金融监管部门批准设立的金融机构；②注册资本不低于1000万元的企业法人；③合伙人认缴出资总额不低于5000万元，实缴出资总额不低于1000万元的合伙企业；④注册资本不低于100万元且管理资产规模不低于1亿元的投资机构；⑤经中心认定的其他机构投资者。

续表

名称		会员条件
区域性股权市场	海南股权交易中心	(1) 会员基本条件：①依法设立的机构或组织；②具有良好的商业信用；③具有完善的法人治理结构及健全的内部管理制度；④具有财务、法律、行业分析等相关方面的专业人员；⑤最近24个月不存在重大违法违规行为，且未受到监管部门或其他部门的行政处罚；⑥认可并遵照执行本中心业务规则，按规定缴纳有关费用；⑦中心要求的其他条件。 (2) 推荐业务会员除需具备基本条件外，还需满足以下条件：①设立推荐业务项目组，配备合格专业人员；②中心规定的其他条件。 (3) 保荐业务会员，除需具备基本条件外，还需满足以下条件：①设立保荐业务项目组，配备合格专业人员；②建立尽职调查制度、工作底稿制度、持续督导制度及其他推荐业务管理制度；③从业人员具有开展企业挂牌上市，投资咨询或资信调查相关工作经验；④最近一年度或一期财务报表未被注册会计师出具保留意见、否定意见或无法表示意见的审计报告；⑤中心规定的其他条件。 (4) 经纪、交易、创新业务会员，除需具备基本条件外，还需满足以下条件：①配备开展经纪、交易、创新业务必要人员；②建立投资者适当性管理制度，经纪、交易、创新业务管理制度；③具备必要的信息技术条件；④中心规定的其他条件。 (5) 承销业务会员，除需具备基本条件外，还需满足以下条件：①注册资本和净资产均不少于1000万元；②具有开展企业挂牌上市、债券承销、投资咨询或资信调查等尽职调查相关工作经验；③具备必要的专业人员和信息技术条件；④中心规定的其他条件。 (6) 服务业务会员，除需具备基本条件外，还需满足以下条件：①具有提供法律、审计、验资、评估及其他专业服务资质及相关工作经验；②具备必要的专业人员；③中心规定的其他条件。
	内蒙古股权交易中心	(1) 申请中心会员，应同时具备下列基本条件：①依法设立的机构或组织；②具有良好的信誉和经营业绩；③认可并执行本中心业务规则，按时缴纳有关费用；④最近24个月不存在重大违法违规行为，且未受到监管部门或其他部门的行政处罚；⑤如入会机构控股股东满足参与中心业务的条件，其分支机构可放宽条件申请成为中心会员；⑥中心要求的其他条件。 (2) 推荐挂牌、定向增资、可转换为股票的公司债券承销业务会员，除需具备基本条件外，还需满足以下条件：①最近一期末经审计机构确认的注册资本和净资产均不少于500万元；②最近一年度或一期财务报表未被注册会计师出具保留意见、否定意见或无法表示意见的审计报告；③具有开展公司挂牌上市、投资咨询或资信调查、债券承销、尽职调查等相关工作经验；④已制定开展可转换为股票的公司债券承销业务试点等实施方案和健全的业务规则，具备开展试点所需的专业人员和技术设施；⑤具有财务、法律、行业分析等方面的专业人员；⑥中心要求的其他条件。 (3) 代理买卖的推荐机构会员，除需具备基本条件外，还需满足以下条件：①最近一期末经审计机构确认的注册资本和净资产均不少于500万元；②具备一定的公司估值研究能力，配备不小于3名具有公司投资经验或者金融从业经验的人员；③建立风险控制体系，具备健全的风险管理、内部控制，建

续表

<table>
<tr><th colspan="2">名称</th><th>会员条件</th></tr>
<tr><td rowspan="2">区域性股权市场</td><td>内蒙古股权交易中心</td><td>立完善的信息保密与隔离制度（开展代理买卖业务）；④具有金融方面的从业资格人员不少于2人；⑤已制定开展代理买卖业务的实施方案和业务规则；⑥具备必要的信息技术条件（开展代理买卖业务）；⑦中心规定的其他条件。
（4）申请成为专业服务会员（律师事务所、会计师事务所、资产评估事务所），除需具备基本条件外，还需满足以下条件：①在我国境内依法注册成立两年以上（含两年）；②自治区内事务所原则上应为行业内管理规范、综合实力居前、具有良好品牌的事务所；③自治区外事务所原则上应从事过证券业务；④具有注册会计师、律师资格的从业人员数量在5人以上；⑤中心认定的其他专业服务机构；⑥中心要求的其他条件。
（5）申请成为战略合作会员（银行或信托公司等机构）除需具备基本条件外，还需满足以下条件：①内控管理制度完善；②具备从事本中心业务相关的专业人员及信息技术条件；③具有符合中心业务发展需要的战略资源；④具有一定的金融创新能力。</td></tr>
<tr><td>山西股权交易中心</td><td>1. 基本条件：①依法设立的机构或组织；②具有良好的信誉和经营业绩；③认可并遵照执行中心业务规则，接受中心监督管理，并按规定缴纳有关费用；④最近24个月不存在重大违法违规行为，且未受到监管部门或其他部门的行政处罚；⑤中心要求的其他条件。
2. 战略合作会员，除需具备基本条件外，还需满足以下条件：①最近一期末经审计机构确认的净资产原则上不少于2000万元；②具有财务、法律、行业分析等方面的专业人员；③具有完善的内部管理制度、操作规程和健全的内部风险控制机制、激励考核机制；④中心要求的其他条件。
3. 推荐机构会员。
（1）除需具备基本条件外，还需满足以下条件：①要求注册资本不少于500万元或净资产不少于300万元；②具备为企业提供资本市场专属服务或相应的区域资本市场挂牌承做经验；③应具有财务、法律、行业分析等方面的专业人员；④应具有完善的内部管理制度、操作规程和健全的内部风险控制机制、激励考核机制；⑤中心要求的其他条件。
（2）推荐机构会员均可承做培育板挂牌业务。推荐机构会员承做晋兴板挂牌、私募产品业务的，还要求最近一期末经审计机构确认的净资产不少于1000万元。
4. 经纪业务会员，除需具备基本条件外，还需满足以下条件：①最近一期末经审计机构确认的净资产不少于1000万元；②具有完善的内部管理制度、制定了代理合格投资人买卖证券业务操作规程和健全的内部风险控制机制、激励考核机制及客户适当性管理制度；③中心要求的其他条件。
5. 专业服务会员。
（1）会计师事务所会员，除需具备基本条件外，还需满足以下条件：①专职注册会计师不少于10人；②最近三年不存在虚假审计验资记录；③内部机构设置合理，风险防范制度健全，具有承担相关业务责任和风险的能力；④中心要求的其他条件。</td></tr>
</table>

续表

名称		会员条件
区域性股权市场	山西股权交易中心	（2）律师事务所会员，除需具备基本条件外，还需满足以下条件：①在册执业律师不少于 10 人；②从事相关法律事务的律师应熟悉证券、金融相关法律法规和中心业务规则；③内部机构设置合理，风险防范制度健全，具有承担相关业务责任和风险的能力；④中心规定的其他条件。 （3）资产评估事务所会员，除需具备基本条件外，还需满足以下条件：①在册资产评估师不少于 8 人；②从事相关评估工作的人员应熟悉股权挂牌、交易等业务；③内部机构设置合理，风险防范制度健全，具有承担相关业务责任和风险的能力；④中心规定的其他条件。
	中原股权交易中心	1. 基本条件：①依法设立的机构或组织；②同意遵守本中心管理规则及会员自律规则；③具备法律法规和中心要求的资本金、相关专业人员、营业场所和经营设施、风险控制和内部管理制度和诚信记录；④中心规定的其他条件。 2. 推荐机构会员。 （1）业务种类：推荐挂牌（交易板、展示板）、定向增资、可转债、开户代理等。 ①中心可以根据业务开展情况，增加、减少或修改业务分类，并设置开展相关业务的资格条件；②推荐机构会员、专业服务机构会员可以申请全部或部分业务资格。申请的业务对会员条件另有特殊要求的，会员单位应满足特殊要求并提交相应文件。 （2）推荐机构会员包括下列机构：①证券公司；②担保公司；③小贷公司；④经中国证券投资基金业协会登记的基金管理公司；⑤经中心认定的投资管理等类型机构。 （3）除需具备基本条件外，还需满足以下条件：①具有良好的信誉和经营业绩；②认可并遵照执行中心业务规则，按规定缴纳有关费用；③最近 24 个月不存在重大违法违规行为，且未受到监管部门或其他部门的行政处罚；④注册资本不少于 1000 万元，且最近一期经审计机构确认的净资产不少于 200 万元；⑤最近一年度财务报表未被注册会计师出具保留意见、否定意见或无法表示意见的审计报告；⑥具有开展企业挂牌上市、投资咨询或资信调查等尽职调查相关工作经验；⑦具有财务、法律、行业分析等方面的专业人员；⑧外省注册的机构应在河南省内设有分支机构或固定办公场所；⑨中心要求的其他条件。 3. 专业服务机构会员。 （1）包括下列机构：①会计师事务所；②律师事务所；③资产评估机构。 （2）业务种类包括：财务会计服务、法律服务、资产评估服务、推荐挂牌（展示板）等。 （3）除需具备基本条件外，还需满足以下条件：①具有良好的信誉和经营业绩；②认可并遵照执行本中心业务规则，按规定缴纳有关费用；③最近 24 个月不存在重大违法违规行为，且未受到监管部门或其他部门的行政处罚；④具有相应的专业人员；⑤具有开展企业挂牌上市等相关专业工作经验；⑥中心要求的其他条件。

续表

名称		会员条件
区域性股权市场	中原股权交易中心	4. 特别会员。 (1) 包括下列机构：①商业银行；②信托公司；③保险公司；④期货公司；⑤经中心认定可以成为特别会员的其他机构。 (2) 特别会员的业务范围及申请条件，中心根据发展情况另行规定。
	武汉股权托管交易中心	(1) 推荐机构会员应满足以下条件：①具有较强的投资价值研究分析能力；②推荐业务项目人员中具有至少3名通过证券从业资格考试、1名通过司法从业人员执业资格考试以及1名通过注册会计师执业资格考试的专业人员；③具有培育、指导企业成长或向资本市场输送优秀企业的良好业绩记录；④内部设置专业部门和专业人员对被推荐挂牌企业的信息披露和合规经营进行督导，具有健全的持续督导管理制度。 (2) 中介机构会员应满足以下条件：①在我国境内依法注册成立两年以上（含两年）；②从事专业服务的人员不少于10人，其中具有多层次资本市场业务经验的人员不少于1人；③内部机构设置合理，风险防范制度健全；④具有良好的职业道德和信誉，最近三年没有发生过重大违法违规行为和违反职业道德的行为；⑤上年度审计收入不低于500万元。
	湖南股权交易所	1. 推荐商会员。 (1) 推荐商会员应满足以下条件：①依法设立的机构或组织，具有良好的信誉和经营业绩；②实收资本不少于300万元；③最近一年度财务报表未被注册会计师出具保留意见、否定意见或无法表示意见的审计报告；④机构或法定代表人具有股改挂牌、企业培训辅导、投融资服务或资信调查等相关工作经验；⑤有独立的团队负责湖南股交所的相关业务。其业务部门负责人应具备投融资行业三年以上从业经历，并配备3名以上具有财务、法律、行业分析等方面的专业人员（注册会计师、律师各1名）；⑥具有比较完善的内部管理制度、操作规则和健全的风险控制机制；⑦机构及实际控制人、主要股东（持股比例10%以上）最近24个月不存在重大违法违规行为，且未受到监管部门或其他部门的行政处罚；⑧交易所规定的其他条件。 (2) 私募债券承销业务的推荐商会员应当为经国家金融管理部门依法批准设立的证券公司、银行、信托等金融机构，或经湖南股交所认定、并同时具备下列条件的投资管理机构：①最近一期末经审计机构审计的注册资本和净资产均不少于1000万元；②最近一年度财务报表未被注册会计师出具保留意见、否定意见或无法表示意见的审计报告；③具有开展推荐企业挂牌上市、债券承销、投资咨询或资信调查等相关工作经验；④已制定开展私募债券承销业务试点实施方案和健全的业务规则，具备开展试点所需的专业人员和技术设施；⑤交易所规定的其他条件。 (3) 推荐商会员（会计师事务所、律师事务所申请成为推荐企业挂牌的）应满足以下条件：①已注册成为湖南股交所专业服务机构会员；②注册以来未严重违反湖南股交所相关制度规定，且已按规定缴纳会员管理费；③有独立的团队负责湖南股交所的相关业务，且配备3名以上具有财务、法律、行业分析等方面的专业人员（注册会计师、律师各1名）；④交易所规定的其他条件。 2. 专业服务机构会员。 (1) 律师事务所会员应满足以下条件：①在中国境内依法设立三年以上，具

续表

<table>
<tr><th colspan="2">名称</th><th>会员条件</th></tr>
<tr><td rowspan="2">区域性股权市场</td><td>湖南股权交易所</td><td>有良好的信誉和经营业绩；②在册的专职律师不少于 20 人；③从事相关法律事务的律师应有三年以上从事民商法律业务的经验，熟悉股权挂牌和证券法律业务；④从业律师三年内没有受过纪律处分或其他违反职业道德的行为；⑤机构及实际控制人、主要股东（持股比例 10%以上）最近 24 个月不存在重大违法违规行为，且未受到监管部门或其他部门的行政处罚；⑥交易所规定的其他条件。
（2）会计师事务所会员应满足以下条件：①在中国境内依法设立三年以上，具有良好的信誉和经营业绩；②在册的执业注册会计师不少于 20 人；③内部机构设置合理，风险防范制度健全，具有承担相关业务责任和风险的能力；④近三年未出具过虚假审计报告，审计人员没有发生过重大违法违规和违反职业道德的行为；⑤机构及实际控制人、主要股东（持股比例 10%以上）最近 24 个月不存在重大违法违规行为，且未受到监管部门或其他部门的行政处罚；⑥交易所规定的其他条件。
（3）资产评估机构会员应满足以下条件：①在中国境内依法设立三年以上，具有良好的信誉和经营业绩；②不少于 6 名以上资产评估师；③内部机构设置合理，风险防范制度健全，具有承担相关业务责任和风险的能力；④近三年未出具过虚假评估报告，评估人员没有发生过重大违法违规和违反职业道德的行为；⑤机构及实际控制人、主要股东（持股比例 10%以上）最近 24 个月不存在重大违法违规行为，且未受到监管部门或其他部门的行政处罚；⑥交易所规定的其他条件。</td></tr>
<tr><td>安徽股权交易中心</td><td>1. 基本条件：①依法设立的机构或组织；②具有良好的信誉和经营业绩；③认可并遵照执行本中心业务规则，按规定缴纳有关费用；④最近 12 个月不存在重大违法违规行为，且未受到监管部门或其他部门的行政处罚；⑤中心要求的其他条件。
2. 推荐商会员。
（1）推荐挂牌与定向增资业务会员，除应具备基本条件外，还应当为经国家金融管理部门依法批准设立的证券公司、银行等金融机构，或为经中心认定的、具备下列条件的会计师事务所、律师事务所、投资管理公司等机构：①申请成长板推荐商会员的机构需满足最近一期末经审计机构确认的净资产不少于 1000 万元，申请培育板推荐商会员的机构需满足最近一期末经审计机构确认的净资产不少于 100 万元；②最近一年度或一期财务报表未被注册会计师出具保留意见、否定意见或无法表示意见的审计报告；③具有开展企业挂牌上市、投资咨询或资信调查等尽职调查相关工作经验；④具有财务、法律、行业分析等方面的专业人员。
（2）代理买卖业务会员，除应具备上述入会基本条件外，还应当为经国家金融管理部门批准设立的证券公司，或为经中心认定的具备下列条件的投资管理公司等机构：①最近一期末经审计机构确认的注册资本和净资产均不少于 2000 万元；②具有证券交易从业资格的人员不少于 5 人；③已制定开展代理买卖业务的实施方案和业务规则；④具备必要的信息技术条件。
（3）申请私募债券及金融产品承销业务会员，除应具备基本条件外，还应当</td></tr>
</table>

续表

名称		会员条件
区域性股权市场	安徽股权交易中心	为依法批准设立的证券公司、银行，或为经中心认定的具备下列条件的投资管理公司等机构：①最近一期末经审计机构确认的注册资本和净资产均不少于2000万元；②最近一年度或一期财务报表未被注册会计师出具保留意见、否定意见或无法表示意见的审计报告；③具有开展企业挂牌上市、债券及金融产品承销、投资咨询或资信调查等尽职调查相关工作经验；④已制定开展私募债券及金融产品承销业务试点实施方案和健全的业务规则，具备开展试点所需的专业人员和技术设施。 （4）股权报价业务会员，除应具备基本条件外，还应当为经国家金融管理部门依法批准设立的证券公司，或为经中心认定的具备下列条件的投资管理机构等机构： ①最近一期末经审计机构确认的实收资本和净资产均不少于1000万元；②最近一年度或一期财务报表未被注册会计师出具保留意见、否定意见或无法表示意见的审计报告；③具备一定的企业估值研究能力，具有开展股权、债权产品研究、投资咨询或资信调查等相关工作经验，配备不少于3名具有企业投资经验或者金融从业经验的人员，岗位设置合理，职责明确；④具有健全的风险管理、内部控制体系，建立完善的信息保密与隔离制度；⑤中心规定的其他条件。 3. 战略会员。 （1）代理买卖业务会员，除应具备基本条件外，还应当为经国家金融管理部门批准设立的证券公司，或为经中心认定的具备下列条件的投资管理公司等机构：①最近一期末经审计机构确认的注册资本和净资产均不少于2000万元；②具有证券交易从业资格的人员不少于5人；③已制定开展代理买卖业务的实施方案和业务规则；④具备必要的信息技术条件。 （2）私募债券及金融产品承销业务会员，除应具备基本条件外，还应当为依法批准设立的证券公司、银行，或为经中心认定的具备下列条件的投资管理公司等机构：①最近一期末经审计机构确认的注册资本和净资产均不少于2000万元；②最近一年度或一期财务报表未被注册会计师出具保留意见、否定意见或无法表示意见的审计报告；③具有开展企业挂牌上市、债券及金融产品承销、投资咨询或资信调查等尽职调查相关工作经验；④已制定开展私募债券及金融产品承销业务试点实施方案和健全的业务规则，具备开展试点所需的专业人员和技术设施。
	新疆股权交易中心	（1）基本条件：①依法设立的机构或组织；②具有持续经营能力和良好的社会声誉；③认可并遵照执行交易中心业务规则，按规定缴纳有关费用；④会员机构及其主要人员最近12个月不存在重大违法违规行为，且未受到监管部门或其他部门的行政处罚；⑤交易中心要求的其他条件。 （2）金融服务机构会员，除应具备基本条件外，还应为经国家相关管理部门依法批准设立的银行、信托、保险、资产管理公司、融资租赁公司、融资性担保公司、小贷公司等各类金融机构及类金融机构，并同时具备下列条件：①上一年度或最近一期末经审计机构确认的净资产不少于2000万元；②具备成为会员必要的人员、设备、技术等资源；③交易中心要求的其他条件。 （3）承销机构会员，除应具备基本条件外，同时具备下列条件：①主要业务

续表

名称		会员条件
区域性股权市场	新疆股权交易中心	人员具有金融类产品销售经验；②机构及参与业务人员不存在法律法规规定的市场禁入情形；③交易中心要求的其他条件。
	陕西股权交易中心	（1）基本条件：①依法设立的机构或组织；②具有较好的信誉和经营业绩；③认可并遵照执行股权中心各项业务规则，按规定缴纳有关费用，接受股权中心的持续监督及管理；④最近12个月不存在重大违法违规行为，且未受到监管部门或其他部门的行政处罚；⑤具有固定的经营场所和专业团队；⑥具有完善的内部管理制度和健全的风险控制制度；⑦股权中心规定的其他条件。 （2）推荐商会员，除应具备基本条件外，还应当符合下列条件：①依法批准设立的证券公司、投资公司、资产管理公司、企业咨询公司、银行等机构或经股权中心认定的其他机构；②注册资本不少于100万元；③最近一个会计年度财务报表未被注册会计师出具保留意见、否定意见或无法表示意见的审计报告（成立未满一年的除外）；④具有开展推荐企业挂牌上市、财务顾问、孵化培育或资信调查等相关经验；⑤股权中心要求的其他条件。 （3）服务商会员，除应具备基本条件外，还应当符合下列条件：①依法设立的会计师事务所、律师事务所、资产评估机构、融资担保机构等；②有从业资格的人员数量在5人以上；③股权中心要求的其他条件。 （4）经纪商会员，除应具备基本条件外，还应当符合下列条件：①依法批准设立的证券公司等股权中心认可的机构；②已制定完善的投资者适当性管理制度，以及代理合格投资者买卖证券业务操作规程和内部管理制度；③股权中心要求的其他条件。
	甘肃股权交易中心	（1）申请成为会员，应具备以下基本条件：①依法设立的机构、组织或具有完全民事行为能力的个人；②认可并遵照执行甘肃股交中心的业务规则，按规定缴纳有关费用；③最近24个月（成立不满24个月的，自成立之日起）不存在违法违规行为，且未受到监管部门或其他部门的行政处罚。 （2）会员申请从事股权业务应具备甘肃股交中心要求的资格条件。 （3）申请会员资格应向中心提出书面申请，经中心审核后方可成为会员。 （4）会员参与的股权业务包括推荐企业挂牌和融资、产品成效及相关中介服务等。 （5）会员从事股权业务，应当按照相关业务规则要求，勤勉尽责，承担相应责任。
	宁夏股权托管交易中心	（1）基本条件：①依法设立的机构或组织；②具有良好的信誉和经营业绩；③认可并遵照执行中心业务规则，按规定缴纳有关费用，接受中心的持续监督及管理；④最近12个月不存在重大违法违规行为，且未受到监管部门或其他部门的行政处罚；⑤中心要求的其他条件。 （2）推荐服务商会员应满足以下条件：①注册资本不少于500万元或中心认可的其他条件；②具有证券、基金、会计、法律、行业分析等方面的专业人员；③具有开展企业挂牌上市、投资咨询或资信调查等尽职调查相关工作经验；④具备完善的内部管理制度、操作规程和健全的内部风险控制机制；⑤人员具有良好的职业道德和信誉，最近两年没有不良记录及违反职业道德的行为；⑥熟悉中心的有关制度及相关业务规则；⑦中心要求的其他条件。

续表

名称		会员条件
区域性股权市场	宁夏股权托管交易中心	(3) 专业服务商会员应满足以下条件：①依法设立；②具有注册会计师资格、律师执业资格、资产评估师资格的人员数量在3人以上；③中心规定的其他条件。
	青海股权交易中心	(1) 股权交易中心会员主要分为四类：主办商会员、交易商会员、结算商会员、专业服务商会员。 (2) 为企业提供直接挂牌、融资挂牌、权益转让与交易，客户资金交收与结算等有关业务服务的各类机构应取得股权交易中心相关会员资格，以会员身份开展业务。 (3) 对符合证监会规定的具有保荐业务资格的证券公司、商业银行类金融机构，经股权交易中心审核后，可以接收其成为主办商会员，赋予其从事推荐企业融资挂牌、股权再融资及承销、私募债券再融资及承销、自营投资、投资咨询等业务资格。 (4) 对符合条件的律师事务所、会计师事务所、资产评估事务所、信用评级机构、担保公司等机构，经股权交易中心审核后，可以接受其成为专业服务商会员，赋予其从事相关法律、审计、验资、评估及信用评级、担保等专项服务业务的资格。 (5) 对符合条件的商业银行，经股权交易中心审核后，可以接受其成为结算商会员，从事客户资金的交收存管与结算业务的服务。对于接受证券公司作为结算商会员，从事客户交易资金结算业务的事宜，待政策进一步明确后，另行制定规则。 (6) 对于符合证监会规定的具有经纪业务资格的证券公司、银行类金融机构、投资公司、信托公司、基金公司、小额贷款公司及融资性担保机构等金融类机构，经股权交易中心审核后，可以接受其成为交易商会员，赋予其从事挂牌企业权益类产品的代理买卖、权益类产品的转让与交易、经批准的权益报价等业务的资格。
	天府股权交易中心	(1) 机构或组织会员应满足以下条件：①依法设立、合法存续；②具有良好的信誉和经营业绩；③认可并遵照执行本中心业务规则，按规定缴纳有关费用；④最近24个月不存在重大违法违规行为，且未受到监管部门或其他部门的行政处罚；⑤中心要求的其他条件。 (2) 个人会员应满足以下条件：①符合本中心合格投资者相关制度规定的条件；②认可并遵照执行中心业务规则，按规定缴纳有关费用；③中心要求的其他条件。
	广西北部湾股权交易中心	1. 合格投资者。 参与中心交易业务，须为中心认定的合格投资者。合格投资者分为合格自然人投资者和合格机构投资者。 (1) 合格自然人投资者会员应满足以下条件：①年满十八周岁，具有完全民事行为能力；②提供个人名下符合监管部门规定持有期在六个月以上的金融资产总额不低于50万元的证明；③具有2年以上的金融产品投资经验或者2年以上金融行业及相关工作经历；④理解并愿意接受中心交易风险，完成中心风险承受能力评估。

续表

名称		会员条件
区域性股权市场	广西北部湾股权交易中心	(2) 合格机构投资者会员应满足以下条件：①证券公司、期货公司、基金管理公司及其子公司、商业银行、保险公司、信托公司、财务公司等依法经批准设立的金融机构，以及依法备案或者登记的证券公司子公司、期货公司子公司、私募基金管理人；②证券公司资产管理产品、基金管理公司及其子公司产品、期货公司资产管理产品、银行理财产品、保险产品、信托产品等金融机构依法管理的投资性计划；③社会保障基金，企业年金等养老基金，慈善基金等社会公益基金，以及依法备案的私募基金；④依法设立且净资产不低于100万元的法人或者其他组织；⑤中心认可的其他机构投资者。 2. 符合以下情形的，不受上述合格投资者条件限制：①证券发行人、挂牌公司实施股权激励计划；②证券发行人、挂牌公司的董事、监事、高级管理人员及发行、挂牌前已持有股权的股东认购或者受让本发行人、挂牌公司证券；③因继承、赠予、司法裁决、企业并购等非交易行为获得证券。 3. 投资者应不存在严重不良诚信记录；不存在法律法规和中心业务规则禁止或者限制进行交易的情形。

第四章

中国区域性股权市场与发达国家（以美国为例）场外交易市场的比较

4.1 发展变迁比较

4.1.1 中国区域性股权市场的发展变迁

4.1.1.1 中国大陆地区区域性股权市场的发展变迁

中国的场外市场在发展的过程中经历了反反复复的鼓励支持与清理整顿，在场内市场不能满足国内资本融资的需求时，场外市场在受到限制的情况下仍然存在着强劲的需求。2008 年，国务院发布《国务院关于天津滨海新区综合配套改革试验总体法案的批复》，该文件明确指出："鼓励天津滨海新区进行金融改革和创新，金融企业、金融业务、金融市场和金融开放等方面的重大改革，原则上可以安排在天津滨海新区先行先试。"由此，我国第一家区域性股权市场成立，即 2008 年 9 月在天津滨海新区注册营业的天津股权交易所，天津股权交易所的成立代表着我国区域性股权市场的开始。2009 年 10 月，国务院发布《天津滨海新区综合配套改革试验金融创新专项方案》，该文件指出："支持天津股权交易所规范交易程序，健全服务网络，扩大市场规模，不断完善市场运作机制，充分发挥市场功能，为中小企业和成长型企业提供高效便捷的股权融资服务。"此后，全国各地都开始陆续设立性质类似的区域性股权市场。但是由于市场混乱和存在风险隐患等严重问题，国家决定关闭区域性质的交易平台，并且发布《国务院关于清理整顿各类交易场所切实防范金融风险的决定》（国发〔2011〕38 号）和《关于清理整顿各类交易场所的实施意见》（国办发〔2012〕37 号），这些文件中明确要求，“全国各省级人民政府需立即组建领导小组，根据法律、行政法规和本决定的要求，按照属地归管原则，对本地区各种类型交易场所进行集中清理整顿，未经批准在交易场所名称中使用‘交易所’字样的交易场所，应限期清理规范”，“各省级人民政府要对交易场所进行分类处置，该关闭的要坚决关闭，该整改的要认真整改，该规范的要切实规范。对确有必要保留的，要按照国发 38 号文件和本意见的要求履行相应审批程序”。

至此，区域性股权市场的建设进入低迷时期，一大部分性质类似的区域性股权市场和交易平台关闭整治，2009—2011 年，每年只有一家区域性股权市场成立。之后，政府政策性意见频出，促进区域性股权市场的建设。2012 年 9 月，中国证监会发布《关于规范证券公司参与区域性股权市场的指导意见（征求意见稿）》，在政策层面上首次确认中国资本市场包括四个层次：“沪深主板为一板，深市创业板为二板，新三板为三板，区域性股权市场为四板。”同时允许证券公司参与区域性股权市场的建设并规范证券公司的行为。2013 年，国务院办公厅发布《关于金融支持小微企业发展的实施意见》，把区域性股权市场列入多层次资本市场体系，体现出了区域性股权市场未来可能的中国资本市场定位。最后的结果也表明，区域性股权市场定位中国多层次资本市场的最基础部分，为不能满足进入其他市场的企业提供金融融资支持。

截至 2019 年初，全国范围内共有 34 家区域性股权市场，基本每一省份都拥有一家区域性股权市场，有的省份（如广东省）拥有多家区域性股权市场（见表 4-1）。

表 4-1　中国各地区域性股权市场设立情况

地　区	数量（家）	地　区	数量（家）
北京市	1	内蒙古自治区	1
上海市	1	新疆维吾尔自治区	1
天津市	1	宁夏回族自治区	1

续表

<table>
<tr><th>地　区</th><th>数量（家）</th><th>地　区</th><th>数量（家）</th></tr>
<tr><td>重庆市</td><td>1</td><td>山东省</td><td>2</td></tr>
<tr><td>河北省</td><td>1</td><td>辽宁省</td><td>2</td></tr>
<tr><td>安徽省</td><td>1</td><td>江苏省</td><td>2</td></tr>
<tr><td>山西省</td><td>1</td><td>浙江省</td><td>2</td></tr>
<tr><td>陕西省</td><td>1</td><td>福建省</td><td>2</td></tr>
<tr><td>河南省</td><td>1</td><td>黑龙江省</td><td>1</td></tr>
<tr><td>吉林省</td><td>1</td><td>江西省</td><td>2</td></tr>
<tr><td>海南省</td><td>1</td><td>广西壮族自治区</td><td>1</td></tr>
<tr><td>青海省</td><td>1</td><td>西藏自治区</td><td rowspan="2">1</td></tr>
<tr><td>甘肃省</td><td>1</td><td>四川省</td></tr>
<tr><td>湖北省</td><td>1</td><td>广东省</td><td>2</td></tr>
<tr><td>湖南省</td><td>1</td><td>云南省</td><td>1</td></tr>
<tr><td>贵州省</td><td>1</td><td>总　数</td><td>34</td></tr>
</table>

4.1.1.2 中国台湾地区场外交易市场的发展变迁

中国台湾地区场外交易市场起源于当局发行的公债，1949 年国民党进入台湾地区初期，为筹集资金，通过场外交易市场发行公债，在 20 世纪 50 年代，通过场外交易市场发行公营水泥、造纸等公司股票。1954 年 1 月，台湾当局制定颁布了首部证券规定“台湾证券商管理办法”，结束了此前一直没有规范的场外交易市场局面，在一定程度上抑制场外交易市场的混乱状况。为了发展场内交易市场，成立于 1961 年 10 月的“台湾证券交易所”在 1962 年正式营业，台湾当局开始禁止证券场外交易，场外交易市场进入萎缩时期，直到 1968 年，台湾当局颁布所谓的“证券交易法”，场外交易市场的发展得到转机，场外交易市取得了合法的地位，因为该“证券交易法”明确规定，台湾地区的证券市场由两部分组成：采取竞价方式成交的证券交易所的买卖和采取议价方式成交的证券商营业处的买卖。

1982 年台湾当局制定了“证券商营业处所买卖有价证券管理办法”，正式重申允许有价证券的场外交易，场外交易市场进一步得到发展，并在 1988 年，台北市证券商同业公会成立“柜台买卖服务中心”。尽管建立了规定和服务机构，但是交易制度的缺陷和市场交易的不活跃，导致投资者对这一市场不感兴趣，场外市场的发展处于缓慢的增长状态。具体的发展情况数据见表4-2。

表4-2　台湾地区上柜市场1989—1994年发展数据统计

年份	交易量（千股）	成交量（千圆台币）	上柜公司数（个）	上柜股票市值（百万圆台币）	投资人累计开户数（个）
1989	14	913	1	1352	-
1990	7455	1179533	4	8386	-
1991	13897	464048	9	10520	-
1992	19945	671232	11	9787	-
1993	19947	648646	11	9608	15285
1994	19413	568051	14	26916	15998

数据来源：台湾证券柜台买卖中心网站。

为了改善这一局面，加快区域股权的建设，1994年11月，台湾当局对原台北市证券商同业公会管理的“柜台买卖服务中心”进行改革，将其改制为由“台湾证券交易所”“台湾证券保管公司”“台北市证券商同业公会”“高雄市证券商同业公会”联合组建的独立公益财团法人性质的“台湾柜台买卖中心”，采用电子化方式进行交易。其后，不断对改制后的“柜台买卖中心”进行逐步的开发与完善，1995年正式公布柜台指数，1996年7月，允许侨资、外资投资上柜股票。对“柜台买卖中心”的定位调整，与“台湾证券交易所”形成明显的差异，“柜台买卖中心”的特色是为不能达到交易所要求的中小企业提供融资需求。“柜台买卖中心”得到迅速的发展，在“柜台买卖中心”的挂牌公司数量大幅增加（见表4-3）。

表4-3　台湾地区上柜市场1995—2000年发展数据统计

年份	交易量（千股）	成交量（千圆台币）	上柜公司数（个）	上柜股票市值（百万圆台币）	投资人累计开户数（个）
1995	170988	2796352	41	245732	45668
1996	16958730	453508819	79	833457	817535
1997	43115617	2310658648	114	1026864	2769178
1998	30680939	1198157838	176	887635	4699563

续表

年份	交易量（千股）	成交量（千圆台币）	上柜公司数（个）	上柜股票市值（百万圆台币）	投资人累计开户数（个）
1999	49052206	1899924869	264	1468443	6094641
2000	88421951	4479662958	300	1050596	7581289

选取股票交易量和股票的总市值，建立折线图来展现台湾上柜市场的发展趋势（见图 4-1、图 4-2）。

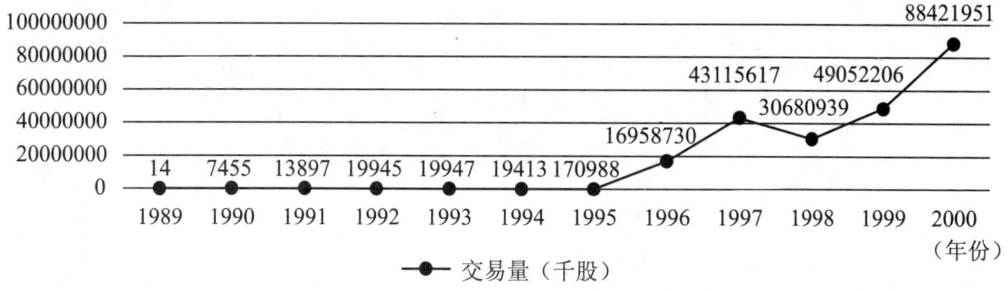

图 4-1　台湾地区上柜市场 1989—2000 年交易量统计

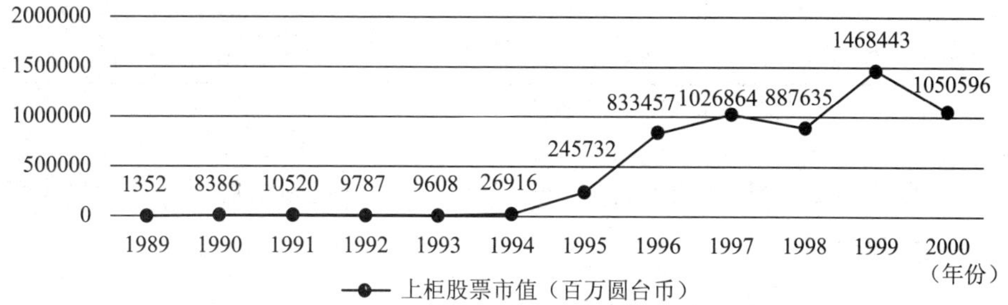

图 4-2　台湾地区上柜市场 1989—2000 年上柜股票市值统计

在 2000 年以后，台湾地区场外交易市场进一步发展，上柜市场于 2007 年达到市值顶峰，后慢慢衰落，与全球经济环境发展相同，近年来处于恢复发展的时期（见表 4-4）。

表 4-4　台湾地区上柜市场 2001—2017 年数据统计

年份	交易量（千股）	成交量（千圆台币）	上柜公司数（个）	上柜股票市值（百万圆台币）	投资人累计开户数（个）
2001	81487392	2326967467	333	1412196	8160457

续表

年份	交易量（千股）	成交量（千圆台币）	上柜公司数（个）	上柜股票市值（百万圆台币）	投资人累计开户数（个）
2002	101842418	2794724335	384	862248	8834580
2003	101056328	2059385138	423	1200781	9326263
2004	155732694	3475449011	466	1122532	9976366
2005	112192595	3166452563	503	1312463	10307718
2006	154206252	5129111879	531	1899447	10687698
2007	191276747	8537395302	547	1868770	11263182
2008	101994113	3285462800	539	772107	11638421
2009	168791922	5238959431	546	1914218	12013446
2010	155017866	5633588458	564	1984636	12609084
2011	98413656	3993036145	607	1417085	13176510
2012	77256673	2951904682	638	1737981	13595399
2013	97276723	4030894786	658	2324821	13912628
2014	122376296	6355871564	685	2680560	14308550
2015	99782347	5689177982	712	2730826	14666220
2016	86012875	5050322041	732	2722623	15013659
2017	135097856	7683524376	744	3317037	15403078

数据来源："台湾证券柜台买卖中心"网站。

选取股票交易量和上柜股票市值的数据，用折线图来展现台湾地区上柜市场的发展状况。

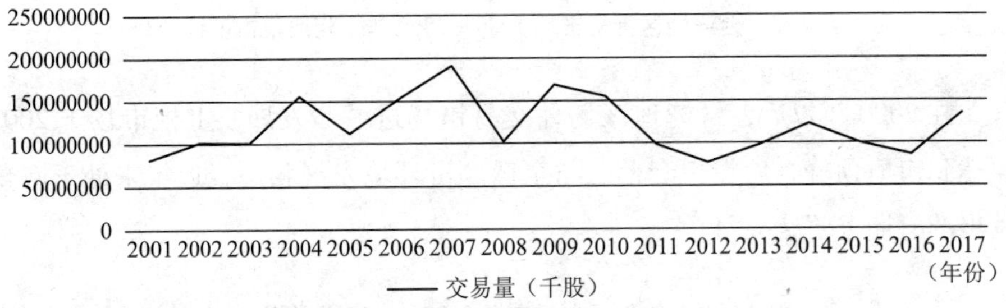

图 4-3　台湾地区上柜市场 2001—2017 年交易量统计

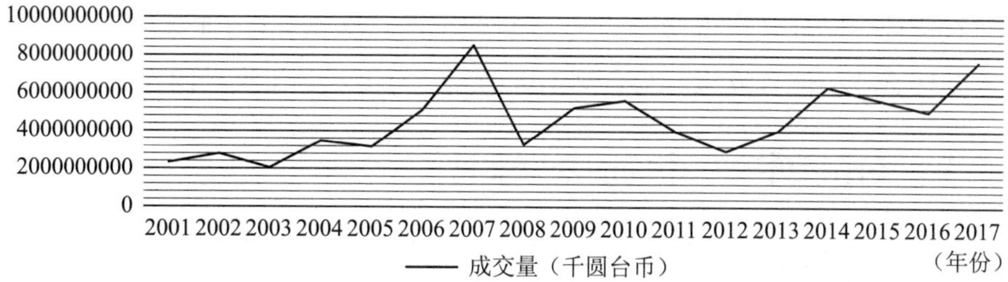

图 4-4 台湾地区上柜市场 2001—2017 年上柜股票市值统计

2002 年成立兴柜市场，作为柜台市场的一种补充，为不能达到上柜股票标准的股票提供流通场所。相比柜台市场，兴柜市场是低层级的场外交易市场，设定上柜的门槛低，交易采用经纪或自营的议价成交方式，使得市场交易十分活跃。2002—2016 年兴柜市场企业数据统计见图 4-5。截至 2017 年 12 月 31 日，兴柜市场共有企业 281 家，总资本额 236577 圆新台币，总市值 800368 圆新台币。2014 年，为了推动中国台湾地区特色产业的发展，在柜台买卖中心设立创柜板。

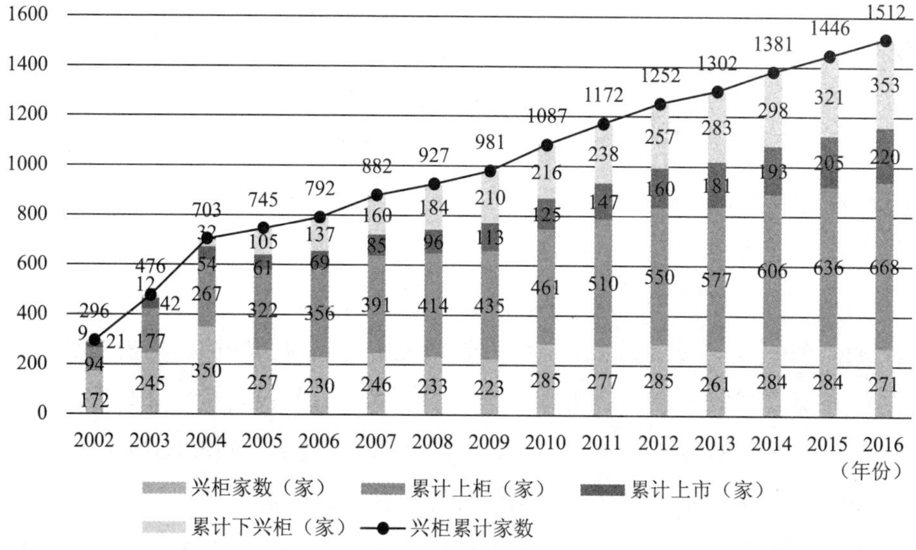

图 4-5 兴柜市场 2002—2016 年的企业数据统计

数据来源：“台湾证券柜台买卖中心”网站。

台湾地区场外交易市场经过60多年的发展，形成了自己的特色，满足了台湾地区企业的融资需求，为台湾地区的经济发展起到了推动的作用。

4.1.2 美国场外交易市场的发展变迁

美国是世界上资本市场最发达的国家，其场外交易市场在国际上也最发达。追溯美国场外交易的历史，美国的资本市场晚于英国的资本市场发展，兴起于18世纪末。证券市场始于交易由联邦政府发行的美元联邦债券以及由美国第一合众国银行发行的股票，交易在城市的街道上进行。依照现在的场外交易市场定义，此时期的证券交易完全属于场外交易——没有固定的交易时间，没有固定的交易地点，没有严格的交易规则，交易由双方自行协商或经纪人代理买卖完成。伴随着场外交易市场的发展，1790年美国第一家证券交易所——费城证券交易所建立。场外交易发展到一定的阶段，产生了场内交易，为法律的监管提供了一定的益处。

1792年5月17日，21家经纪商和3家经纪公司在华尔街68号门口的一棵梧桐树下签订了“梧桐树协议”。全文如下：“我们，在此签字者——作为股票买卖的经纪人庄严宣誓，并向彼此承诺，从今天起，我们将以不低于0.25%的佣金率为任何客户买卖任何股票，同时在任何交易的磋商中我们将给予会员彼此的优先权。”该协议标志着美国资本市场的形成，反映了场外交易是如何被集中起来进行有序、系统交易的。1793年，经纪人集会从室外转到了室内，进入华尔街一家名为“汤迪”的咖啡馆中，而这也就是纽约证券交易所的前身。1817年，美国成立美国证券交易委员会，将证券交易搬到室内进行，1863年，正式成立了纽约证券交易所，成为全国性的场内交易。随后，一些城市如波士顿、芝加哥等建立了区域性的股权交易所。此后，场外交易的发展受到场内市场的冲击，交易规模和发展速度受到较大影响。

20世纪中叶以后，互联网与信息计算机技术的发展，产生了大量以技术创新为导向的高科技中小企业充斥着场外交易市场，使得美国的场外交易市场异常活跃，但同时也产生了严重的问题。为了美国证券市场的健康发展，1968年，美国证券交易管理委员会（SEC）开始整顿市场。1971年，美国证券交易商协会（NASD）利用计算机技术，将分散在美国各地的500多个交易终端和位于康涅狄格州特兰伯尔市的计算机连接起来，成立纳斯达克（NASDAQ）系统，即全美证券商协会自动报价系统（National Association of Securities Dealers Automated Quotations）。纳斯达克市场分为三个层次结构：全球精选市场（Global Select Market）、全球市场（Global Market）和资本市场（Capital Market）。纳斯达克各层次市场之间存在畅通的升级转版渠道。纳斯达克在2006年注册为交易所，至此不再属于场外交易市场。1990年，场外柜台交易系统（Over the Counter Bulletin Board，称简OTCBB）开通，由美国证券交易商协会（NASD）和美国证券交易管理委员会（SEC）同时负责监管。OTCBB在一定程度上被认为是纳斯达克的一个交易板块，因为OTCBB市场直接使用纳斯达克的报价、交易和清算系统，并且在OTCBB挂牌交易的上市公司一旦满足NASDAQ资本市场（Capital Market）的上市条件，可以顺畅地升级到NASDAQ。OTCBB现在已成为美国影响力最大、最具代表性的场外交易市场。粉单市场（Pink Sheets）设立于1903年，由美国全国报价局（National Quotation Bureau）建设。在成立的早期阶段，美国未上市公司非公募发行的证券报价信息印制在粉色纸张上，因此得名粉单市场，现在虽已引入网络电子信息技术，搜集、整理、发布场外市场中做市商对证券的报价，但仍然采用粉单市场这一名称。粉单市场可以算是美国场外交易市场的基础性市场，存在着大量企业。

4.2　监管制度比较

4.2.1　中国区域性股权市场的监管制度

4.2.1.1　中国大陆地区区域性股权市场的监管制度

对于区域性股权市场的监管，中国银监会有明确规定，据中国银监会发布的《区域性股权市场监督管理试行办法》第六章规定：

（1）地方金融监管部门实施现场检查，可以采取下列措施：进入运营机构或者区域性股权市场有关参与者的办公场所或者营业场所进行检查；询问运营机构或者区域性股权市场有关参与者的负责人、工作人员，要求其对有关检查事项做出说明；查阅、复制与检查事项有关的文件、资料，对可能被转移、隐匿或者毁损的文件、资料、电子设备予以封存；检查运营机构或者区域性股权市场有关参与者的信息系统，复制有关数据资料。中国证监会派出机构可以采取前款规定的措施，对区域性股权市场规范运作情况进行现场检查。

（2）地方金融监管部门和中国证监会派出机构依法履行职责，被检查、调查的单位和个人应当配合，如实提供有关文件和资料，不得拒绝、阻碍和隐瞒。

（3）运营机构违法违规经营或者出现重大风险，严重危害区域性股权市场秩序、损害投资者利益的，由地方金融监管部门责令停业整顿，并更换有关责任人员。

（4）运营机构或者区域性股权市场参与者违反本办法规定的，地方金融监管部门可以采取责令改正、监管谈话、出具警示函、责令参加培训、责令定期报告、认定为不适当人选等监督管理措施；依法应予行政处罚的，给予警告，并处以 3 万元以下罚款。具体实施细则由省级人民政府制定。对违反本办法规定的行为，法律、行政法规或者国务院另有规定的，依照其规定处理。

（5）运营机构从业人员或者其他参与区域性股权市场的人员违反法律、行政法规或者本办法规定，情节严重的，中国证监会可以依法采取证券市场禁入的措施。

（6）对运营机构或者区域性股权市场参与者从事内幕交易、操纵市场等严重扰乱市场秩序行为的，依法从严查处。

（7）中国证监会派出机构发现违反本办法行为的线索，应当移送地方金融监管部门处理。

（8）地方金融监管部门未按照规定对违反本办法行为进行查处的，中国证监会派出机构应当予以指导、协调和监督。

（9）中国证监会派出机构对地方金融监管部门的监管能力和条件进行审

慎评估，加强监管培训，采取有效措施，促使地方监管能力与市场发展状况相适应。

（10）中国证监会派出机构可以对区域性股权市场的安全规范运行情况、风险管理能力等进行监测评估。评估结果应当作为区域性股权市场开展先行先试相关业务的审慎性条件。

（11）违反规定组织证券发行和转让活动，或者违反规定，擅自组织开展区域性股权市场活动的，按照《国务院关于清理整顿各类交易场所切实防范金融风险的决定》（国发〔2011〕38号）和《国务院办公厅关于清理整顿各类交易场所的实施意见》（国办发〔2012〕37号）规定予以清理，并依法追究法律责任。

（12）运营机构应当建立区域性股权市场诚信档案，并按照规定提供诚信信息的查询和公示。运营机构和区域性股权市场参与者及其相关人员的诚信信息，应当同时按照规定记入中国证监会证券期货市场诚信档案数据库。

4.2.1.2 中国台湾地区场外交易市场的监管制度

中国台湾地区证券场外交易市场实行统一的监管体系，是以台湾当局为主导的集中监管模式。台湾地区在建立场外交易市场的监管体系时，秉行着“制度先行”的原则，台湾当局先后制定60部场外交易市场监管规定，并进行了多次的修改，以充分适应台湾地区场外交易市场的发展。在早期的时候，台湾当局的“财政部”“中央银行”“中央存款保险公司”负责对台湾地区的金融业进行检查、监管、处罚等，这存在着监管混乱的状态，甚至会出现监管真空的地带。在2004年，台湾当局设立证券交易市场的统一监管机构——“金融监督管理委员会”，统一对场内交易市场和场外交易市场进行监管。

在台湾地区，台湾当局在1968年颁布的“证券交易法”中，对当时的柜台交易就进行了规范与约束。在其后发展的历程中，对“证券交易法”进行多次修订，以适应场外交易市场的发展。推出新的规定，以此来监督管理场外交易市场。1982年，台湾证券管理部门颁布了“证券商营业处所买卖有价证券管理办法”，专门对柜台市场做出了规定。依据该“证券商营业处所买卖有价证券管理办法”第七条制定了“证券商营业处所买卖有价证券业务规则”，对有价证券的买卖和证券商的管理做出了明确具体的规定。“台北市证券商同业公会证券营业处所买卖有价证券审查准则”对证券的柜台交易加以规范。

台湾地区对场外交易市场的监管采取当局管理和自律管理相结合的方式。“台湾证券暨期货管理委员会”对柜台买卖采取直接管理和间接管理的方式。“台湾证券柜台买卖中心”是台湾地区场外交易市场的主要管理者。“台湾证券柜台买卖中心”是公益性财团法人，董事会由 15 名董事组成，并设监察人 5 人。董事会为“柜台买卖中心”最高执行机构。

“金融监督管理委员会”直接对行政当局负责，对场外交易市场进行全面的监管。“金融监督管理委员会”对宏观市场进行监管，同时也参与对一线市场的监管。采用股份集中托管制度，“证券柜台买卖中心”把公司大股东以及内部人士所持的公司股权集中保管，进行锁定，且不允许在保管期间股票进行上市流通。内部人士包括公司董事和监察人，大股东是持股 10%（科技类企业为 5%）以上以及以专利权和专门技术出资而在公司任职并持有公司申请上柜时已发行股份的千分之五或 10 万股以上的股东。如果是一般类股票，上述股权的 50%保管期为 2 年以上，其余部分为 1 年。集中保管的股份最低必须达到公司资本额的 30%或者 6000 万股，若无法满足上述条件，仍需要找其他的股东凑足股数。如果是第二类股票，因为公司的规模、设立年限、获利能力等都不如一般类股票的公司，经营的不确定性更高，所以在监管上更加严格，股份的集中保管条件也更为苛刻。

台湾地区实行保荐人制度，在兴柜市场发行证券需要两家证券商推荐，推荐商及保荐人对发行人的经营、发布信息和交易行为负有监督职责，保荐人对发行人的违规行为承担连带责任。

4.2.2 美国场外交易市场的监管制度

美国对场外交易市场的监管是从立法开始的，美国的《1933 证券法》就赋予了场外交易市场的合法地位。《1934 年证券交易法》是在《1933 年证券法》的基础上进行强化和补充，《1934 证券交易法》更详细地规定了众多事项，如场外交易证券的注册、经纪人和买卖商的资格和行为规范、交易证券等问题。这两部法律是美国证券交易法律的两大支柱。根据这两部法律，1934年，创立了美国证券交易管理委员会（The Securities and Exchange Commission America，简称SEC），美国证券交易委员会是统一管理全国证券活动的最高管理机构，在组织设置上是一个独立机构，不隶属总统、最高法院或任何一个行政部门，可以独立地对证券市场实施强有力的监管而无须依赖其他行政或司法机构，集准立法、执法和准司法于一身，直接对国会负责。美国证券交易委员会对整个美国证券市场采取统一、集中监督的管理方式，其并不主要负责场外交易市场的管理，而是通过对自律性组织——美国证券交易商协会予以监督和指导，间接管理场外交易市场。

1938年，美国国会通过马德奈尔法案（Malady Act），对证券交易法做再修订，增加了第15A条，授权证券商组建自律协会。在该法案的基础上，成立了全国证券交易商协会（National Association of Securities Dealers Inc.，简称NASD）这样一个自律机构，直接负责管理场外市场交易活动。NASD通过审查，吸收符合规定的注册经济商或自营商，建立自己的会员体系制度，要求约束会员遵守NASD制定的各项规定。NASD在SEC的监督指导下，制定协会的规章制度及NASDAQ证券交易法规，监督会员的日常经营活动，确保规章制度、法规得到正确的实施。对于违反规定的会员，有直接的权利给予会员行为、职能和营业上的罚款、限制、中止或停止的惩罚，情节严重的会直接注销违规会员的资格。

2007年7月，NASD与纽交所的会员监督、执行和仲裁部门合并，共同成立了美国金融业监管局（FINRA）。FINRA具有原NASD的一切监管职能，监管范围十分宽广，从教育相关从业人员与普及投资知识到制定政策法规。对电子公告板柜台市场和粉单市场的做市商负有监管职责。私募证券市场的基本规则需经美国证券交易委员会批准，但是交易的证券不受美国证券交易委员会的监管，参与的交易机构接受美国金融业监管局的监管。

4.3 准入标准比较

上市标准是作为场外交易市场的准入门槛。准入标准的高低程度，一方面决定着场外交易市场的企业上市规模、市场活跃程度，另一方面决定了上市公司的质量、投资者利益的保护程度和监管的有效性。因此，如果市场的准入标准过高，企业的上市规模、市场的活跃程度就会严重地降低，这样的状况下，场外交易市场的发展就会受到限制；准入标准高，代表着上市的企业质量好，企业未来能够为投资者带来更大的收益，更大程度上保护了投资者的利益，降低了市场的风险程度，在一定程度上使得监管更有效。反过来说，也会发生同样的结果反转。这两方面的内容是一个矛盾的局面，不可能两全其美，只能根据场外交易市场的发展状况寻找合适的平衡点。不同的国家和区域都在场外交易市场上形成了多层次的资本体系，不同层次的资本市场具有不同的准入标准，在同一层次的资本市场中也具有不同的准入标准。

4.3.1 中国区域性股权市场的准入标准

4.3.1.1 中国大陆地区区域性股权市场的准入标准

中国区域性股权市场从第一家天津股权交易所建立，进入了新的历史发展时期。从 2008 年到 2018 年，这 10 年间中国区域性股权市场基本还处于一个发展的阶段。在准入标准方面，没有统一的准入标准，每一地区的股权交易所都有着不同的标准，我们以前海股权交易所为例来看看中国区域性股权市场的准入标准。

前海股权交易中心于 2015 年 5 月 15 日正式在深圳前海揭牌，经过短暂几年的发展，在前海股权交易中心挂牌的企业超过万家。前海股权交易中心的企业挂牌主要分为标准板、孵化板和海外板三个板块，不同板块对企业的存续期、财务状况等有着不同的标准，具体见表 4-5。

表 4-5 前海股权交易中心不同版块的准入标准

板块	标准板	孵化版	海外板
存续期要求	非上市企业存续期满一年	在我国境内依法注册成立并合并存续的公司、企业或其他合法组织	自成立之日起合法存续满12个月
准入标准	①最近12个月的净利润累计不少于300万元； ②最近12个月的营业收入累计不少于2000万元，或者最近24个月的营业收入累计不少于2000万元且增长率不低于30%； ③净资产不少于1000万元； ④最近12个月银行贷款100万元以上，或者投资机构股权投资达到100万元以上	①固定的办公场所； ②满足企业正常运作的人员； ③合法有效的营业执照或其他合法执业执照； ④不存在重大违法违规行为或被国家相关部门予以严重处罚； ⑤企业的董事、监事、经营管理人员不存在《公司法》第一百四十六条所列属的或违反国家其他法律法规的情形； ⑥中心认定的情形	①最近12个月的净利润累计不少于300万元； ②最近12个月的营业收入累计不少于2000万元，或者最近24个月的营业收入累计不少于2000万元，且增长率不低于30%； ③净资产不少于1000万元

4.3.1.2 中国台湾地区场外交易市场的准入标准

中国台湾地区场外交易市场模仿美国资本市场的设计，但也形成了自己的特色，我们以上柜市场和兴柜市场为例来说明台湾地区场外交易市场的准入标准（见表4-6）。

表 4-6 上柜、兴柜市场公司挂牌标准

项目	上柜市场	兴柜市场
公司规模	实收资本额新台币5000万圆以上	没有要求
设立年限	设立登记满2个完整会计年度（科技事业、公营事业或公营事业转民营者，不受此限制）	没有要求
盈利能力（百分比是指税前纯益占财务报告所列示股本之比率）	最近一年度为4%，且无累计亏损；或最近二年均达3%；或平均达3%，最近一年度较前一年度为佳，且最近一年度税前纯益不低于新台币400万圆（科技事业、公营事业不受此限制）	没有要求
辅导期限	不需要辅导期，须在兴柜市场交易满6个月（公营事业不受此限制）	公开发行后报送最近1个月的“财务业务及资讯公开检查表”

续表

项目	上柜市场	兴柜市场
股权分散要求	公司内部人及持股50%的法人以外，股东人数不少于300人，且持有的股份占发行股的20%以上或1000万股以上（公营事业不受此限制）	没有要求
股票强制集中保管	董事、监察人及持股10%以上的股东，特殊产业另有某种程度扩张应集保人员之范围，应将其申请书件上所载持股，扣除承销之部位后，全部提交保管，且总计不得低于股本一定比率，如有不足者，应协调其他股东补足。另加计申请日至挂牌日之应集保人员增加持股亦应全数提交保管。于上柜满6个月后，得领回“应集保部位”之二分之一；上柜满1年后，就可以将剩余的应集保部位全数领回（公营事业不受此限制）	没有要求
推荐证券商家数	两家以上，需要指定一家为主办商，其余为协助推荐证券商	2家以上，需要指定1家为主办商，其余为协助推荐证券商
股份管理	在“柜台买卖中心”所在地设有专业服务代理机构办理股票相关业务	在“柜台买卖中心”所在地设有专业服务代理机构办理股票相关业务
无实体发行	募集发行之股票和债券，都应该为全面无实体发行	募集发行之股票和债券，都应该为全面无实体发行
承销制度	①应办理对外公开承销，应提出拟上柜股份总额10%以上办理承销，惟不得低于100万股，10%若高于1000万股，则以不低于1000万股承销； ②兴柜股票柜台买卖未满2年者，提出供券商认证之股数，得自总承销股数中扣除，唯以30%为限； ③提拔上柜前公开承销之股份来源，应以新股承销，且不得部分新股、部分老股，现金增资发行之新股，发行公司应扣除相关法令规定保留公司员工承购部分之股数后，全数办理上柜前公开销售； ④推荐证券商执行稳定承销价格之过额配售； ⑤参与公共建设之民间机构，得以老股承销； ⑥公营事业申请上柜者，得免委托推荐证券商办理承销，欲承销者，得以老股承销	①挂牌前不可公开承销； ②推荐证券商应自行认购已发行股份总数3%以上且不低于50万股，如果3%超过150万股，则至少应自行认购150万股； ③推荐证券商各应认购10万股以上

兴柜股票市场专为未上市未上柜股票设立，作为较低层次的市场，其上

柜门槛比“柜台买卖中心”低很多，甚至没有门槛。凡公开发行的股份有限公司都可以在兴柜市场上柜，并对实收资本额、设立年限、股权分散程度、盈利能力等均无特殊规定。可以说唯一的要求是在该市场上柜的股票必须要有两家以上推荐券商，其中指定一家为主办推荐证券商，其余为协办推荐证券商。兴柜市场主要是通过中介机构的筛选，上柜条件限制少，包容度高，但市场风险也大。

4.3.2　美国场外交易市场的准入标准

美国的多层次资本市场十分完善，不同层次的资本市场的准入标准明确，以纳斯达克和 OTCBB 为例来说明美国场外交易市场的准入标准。

4.3.2.1　纳斯达克场外交易市场

纳斯达克市场本身也是一个多层次的资本交易市场，证券市场包括了纳斯达克精选市场、纳斯达克全球市场和纳斯达克资本市场。三个市场代表着不同的层级，层级越高，市场准入的标准就越高。精选市场标准最高，全球市场次之，资本市场标准最低。准入的标准分别有三个，只要满足其中一项就可以达到准入标准。其具体标准见表 4-7、表 4-8 和 4-9。

表 4-7　纳斯达克全球精选市场的公司挂牌标准

项目	标准 1	标准 2	标准 3
税前盈余（所得税前持续经营收益（万美元）	前三个会计年度税前盈余合计≥1100，且最近两个会计年度中每年的税前盈余≥220，且前三个会计年度中每年的会计盈余≥0	没有要求	没有要求
现金流量（万美元）	没有要求	前三个会计年度现金流量合计数≥2750，且前三个会计年度中每年现金流量≥0	没有要求
市值（万美元）	没有要求	前 12 个月平均值≥55000	前 12 个月平均市值≥85000
收入（万美元）	没有要求	上一个会计年度收入≥11000	上一个会计年度收入≥9000

续表

项目	标准 1	标准 2	标准 3
买价（bid price）（美元）	5	5	5
做市商（家）	3	3	3
公司治理	是	是	是

资料来源：纳斯达克网站。

表 4-8　纳斯达克全球市场的公司挂牌标准

项目	标准 1	标准 2	标准 3
股东权益（万美元）	1500	3000	没有要求
上市证券市值或总资产以及总收入（万美元）	没有要求	没有要求	市值为 7500 或总资产及总收入分别达到 7500
所得税前持续经营收益（最近会计年度或最近个会计年度的 2 个会计年度）（万美元）	100	没有要求	没有要求
公众持股量（万股）	110	110	110
公众持股市值（万美元）	800	1800	2000
买价（bid price）（美元）	5	5	5
股东人数（持有 100 股或 100 股以上的股东）（人）	400	400	400
做市商（家）	3	3	3
经营年限（年）	没有要求	2	没有要求
公司治理	是	是	是

资料来源：纳斯达克网站。

表 4-9　纳斯达克资本市场的公司挂牌标准

项目	标准 1	标准 2	标准 3
股东权益（万美元）	500	400	400
公众持股市值（万美元）	1500	1500	500
持续经营净收益（最近会计年度或最后 3 个会计年度的 2 个会计年度）（万美元）	没有要求	没有要求	75
公众持股量（万股）	100	100	100

续表

项目	标准 1	标准 2	标准 3
上市公股票市值（万美元）	没有要求	5000	没有要求
经营年限（年）	2	没有要求	没有要求
买价（bid price）（美元）	4	4	4
股东人数（持股 100 股或 100 股以上的股东数）（人）	300	300	300
做市商（家）	3	3	3
公司治理	是	是	是

资料来源：纳斯达克网站。

4.3.2.2　OTCBB 交易市场的准入标准

OTCBB 市场是由全美证券协会设立管理而由做市商主导的证券报价市场，相比于纳斯达克市场，企业挂牌上市的标准非常低，挂牌标准如下：满足 SEC 的申报要求（Filing Requirement）；满足 2002 年萨班斯法案的部分要求；有 OTCBB 认定资格的做市商愿意为其提供保荐和报价服务。企业只要满足以上条件，必须由至少一名以上的做市商推荐，就可向 NASD 申请挂牌。

4.4　交易方式比较

运行良好的资本市场一定具备良好的交易方式，交易方式决定了场外交易市场的发展状况。基本的交易制度有五种：做市商制度，竞价制度，以做市商制度为主、竞价制度为辅，以竞价制度为主、做市商制度为辅，协议转让制度。

中国区域性股权市场的交易方式是协议转让，中国台湾地区的兴柜市场的交易方式是做市商制度为主、竞价制度为辅的制度，美国的纳斯达克交易市场的交易方式是做市商制度。

4.4.1 中国区域性股权市场的交易方式

4.4.1.1 中国大陆地区区域性股权市场交易方式

中国场外交易市场的交易方式目前可以参考应用的是《证券法》与《公司法》等法律，但大体为一些基础性规定。参照《公司法》第138条规定："股东转让其股份，应当依法在设立的证券交易场所交易或按照国务院规定的其他方式进行。"结合国务院先后出台的《关于清理整顿各类交易场所切实防范金融风险的决定》（国发〔2011〕38号）、《关于清理整顿各类交易场所的实施意见》（国办发〔2012〕37号）及后续出台的规章文件相互印证，中国场外交易市场的区域性股权市场可以非上市公司股份提供协议转让。

对于区域性股权市场的交易方式，《区域性股权市场监督管理试行办法》（证监会令第132号）中规定：

（1）未经国务院有关部门认可，不得在区域性股权市场发行除股票、可转换为股票的公司债券之外的其他证券。

（2）在区域性股权市场发行证券，应当向合格投资者发行。单只证券持有人数量累计不得超过200人，法律、行政法规另有规定的除外。前款所称合格投资者，应当具有较强风险识别和承受能力，并符合下列条件之一：

①证券公司、期货公司、基金管理公司及其子公司、商业银行、保险公司、信托公司、财务公司等依法经批准设立的金融机构，以及依法备案或者登记的证券公司子公司、期货公司子公司、私募基金管理人；

②证券公司资产管理产品、基金管理公司及其子公司产品、期货公司资产管理产品、银行理财产品、保险产品、信托产品等金融机构依法管理的投资性计划；

③社会保障基金，企业年金等养老基金，慈善基金等社会公益基金，以及依法备案的私募基金；

④依法设立且净资产不低于一定指标的法人或者其他组织；

⑤在一定时期内拥有符合中国证监会规定的金融资产价值不低于人民币50万元，且具有2年以上金融产品投资经历或者2年以上金融行业及相关工作经历的自然人。

（3）在区域性股权市场发行证券，不得通过拆分、代持等方式变相突破合格投资者标准。有下列情形之一的，应当穿透核查最终投资者是否为合格投资者，并合并计算投资者人数：

①以理财产品、合伙企业等形式汇集多个投资者资金直接或者间接投资于证券的；

②将单只证券分期发行的。理财产品、合伙企业等投资者符合以上第（2）条中第②项、第③项规定的除外。

（4）在区域性股权市场发行证券，不得采用广告、公开劝诱等公开或者变相公开方式。通过互联网络、广播电视、报刊等向社会公众发布招股说明书、债券募集说明书、拟转让证券数量和价格等有关证券发行或者转让信息的，属于前款规定的公开或者变相公开方式；但符合下列条件的除外：

①通过运营机构的信息系统等网络平台向在本市场开户的合格投资者发布证券发行或者转让信息；

②投资者需凭用户名和密码等身份认证方式登录后才能查看。

（5）在区域性股权市场挂牌转让证券的企业（以下简称“挂牌公司”），应当符合本办法关于企业在区域性股权市场发行股票规定的条件。

（6）在区域性股权市场转让证券的，应当符合以上（1）（2）（3）（4）条的规定，不得采取集中竞价、连续竞价、做市商等集中交易方式。投资者在区域性股权市场买入后卖出或者卖出后买入同一证券的时间间隔不得少于5个交易日。

（7）符合下列情形之一的，不受本办法以上第（2）条的规定的限制：

①证券发行人、挂牌公司实施股权激励计划；

②证券发行人、挂牌公司的董事、监事、高级管理人员及发行、挂牌前已持有股权的股东认购或者受让本发行人、挂牌公司证券；

③因继承、赠予、司法裁决、企业并购等非交易行为获得证券。

4.4.1.2 中国台湾地区场外交易市场的方式

中国台湾地区的场外交易市场主要为上柜市场和兴柜市场。上柜市场采用混合交易方式。兴柜市场采用传统的做市商方式，做市商采用两种方式进行证券交易：一种是使用点选系统与受托买卖的证券经纪商或者证券自营商交易；另一种是在营业处所与客户直接交易。

本书重点介绍兴柜市场的做市商制度。兴柜市场采用的是传统的做市商制度。在兴柜市场上，推荐券商就是做市商，投资者在兴柜市场买卖股票需要通过推荐券商进行交易：10 万股以上的单笔交易，投资者可以直接与推荐券商进行议价交易；10 万股以下的单笔交易，投资者委托证券经纪商与推荐券商进行议价交易。兴柜市场交易流程见图 4-6。

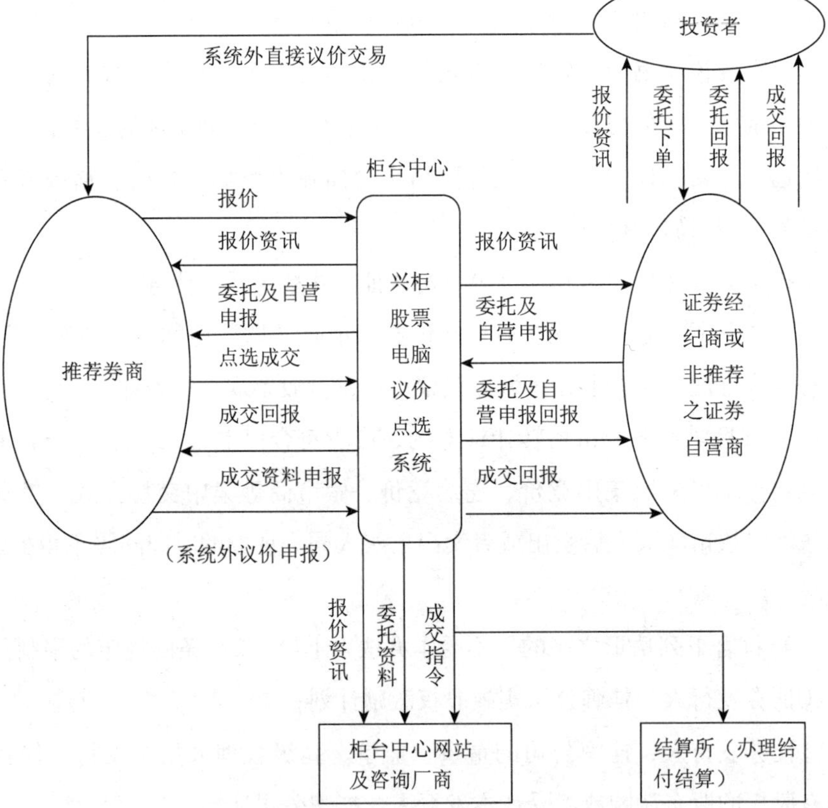

图 4-6 兴柜市场交易流程

（1）推荐券商准入与终止。

兴柜市场每一只股票的做市商至少为两家，其中一家必须为主办辅导券商。当主办辅导推荐券商变化时，应由新任辅导推荐券商继任。成为辅导推荐券商应具备：“证券承销商、证券经纪商及证券自营商的资格；为证券商业同业公会的会员；自由资本适足比率达200%以上等。”对于主办辅导推荐券商，还必须有挂牌经验和人员配备标准。发行人登陆兴柜市场期间，与发行人签订辅导协议的券商，需要担任该发行人的推荐券商。辅导推荐券商自其所推荐的股票开始柜台买卖之日起一年内不得主动向“柜台买卖中心”辞任。推荐券商有下列情形之一者，将被取消其资格：丧失证券承销商或证券经纪商或证券自营商的资格；自由资本适足比率连续三个月未达150%；受到监管部门停业以上处分或处置等。

（2）点选系统推荐券商报价规则。

每个交易日交易时间开始前，推荐券商就其推荐的股票做出一定数量以上的买卖报价，且买卖价差应在卖出报价5%范围内波动。推荐券商在交易时间内就其推荐的股票，应持续通过点选系统对一定数量以上的股票进行双向报价，如前次报价经取消或其数量在成交后不足1000股，应在5分钟内重新报价。兴柜市场做市商最低报价规模要求见表4-10。

表4-10　兴柜市场做市商最低报价规模要求

申报价格（买价或卖价）（圆新台币）	最低报价规模（股）
$P<20$	5000
$20\leqslant P<100$	3000
$p\geqslant 100$	2000

当满足成交条件的推荐券商有两家以上时，按推荐券商报价的价格优先，价格相同时按时间优先的原则自动成交。

推荐券商推荐股票的买方及卖方的委托申报价格差距达到推荐券商内部管理办法所规定的价差比率时，推荐券商应进行点选成交。

推荐券商持有的股票存货不足最低报价数量时，可不承担卖出报价的义务，但应于三个营业日内改善，并履行卖出报价的义务。

(3) 推荐券商的存货管理。

股票存货管理主要涉及两个方面：一是股票存货的来源；二是股票存货的管理。关于股票存货的来源，“证券商营业处所买卖兴柜股票审查准则”规定：“公司申请登陆兴柜市场时，应拿出其股份由辅导推荐券商认购。公司所拿出认购股份数量应为公司拟柜台买卖股份总数的3%以上，且不得低于50万股，如果公司拟柜台买卖股份数量总数过大，以至于3%的股份数量超过150万股的，则应拿出150万股以上的数量由辅导推荐券商认购。且每一个推荐券商个认购数量需达到10万股以上。”

券商可于发行人的股票开始柜台买卖届满一个月后，以书面的形式向“证券柜台买卖中心”申请加入为该股票的推荐券商，但应持有发行人股份3万股以上。该申请一旦获得同意，推荐券商在六个月内不得辞任。

主办辅导推荐券商如果更换，则新任主办辅导推荐券商在继任时，应持有发行人柜台买卖股份总数的1%以上股份，如果继任时，发行人柜台买卖股份总数的1%超过了50万股，则新任主办辅导推荐券商至少应持有发行人50万股以上。关于股票存货的管理，在兴柜市场建立初期，对推荐券商的每日库存股票作出了要求，“兴柜股票买卖办法”规定：“兴柜股票开始柜台买卖之日起两年内，其推荐证券商应维持每月平均日库存数量不低于其依前项第一款规定向本中心申报持有数量之百分之三十或三万股。”2004年12月，进一步修订的“兴柜股票买卖办法”全部删除了关于推荐券商每日股票库存的要求。但推荐券商之间已经可以通过议价点选系统成交，借助做市商内部市场解决存货失衡问题。

(4) 推荐券商监管。

台湾地区兴柜市场引入“电脑议价点选系统”，系统自动传递委托数据及回报委托成交等信息。做市商做市过程中的异常报价及成交行为，均受到实时监控，并在事后留有记录，全部进入系统数据库可供查证，对做市商违法违规行为发挥了威慑的作用。对做市商报价的监管方面，推荐券商在每个交易日开盘前，对其做市股票报价时，如果买卖价差超过卖出报价的5%，系统将发出警告信息。开盘后，推荐券商须联系报价，且报价的买卖价差应维持在卖出报价的15%之内。做市商买卖报价一旦有成交，如果成交数量达到所报数量导致该报价消失，则推荐券商应在5分钟内于同一方向重新报价，超过5分钟推荐券商在卖出或买入方向上无报价数据的，系统将出现警示信息。对做市商成交的监管方面，兴柜市场通过议价点选系统对做市商成交实行严格监管，对于未满足推荐券商报价成交条件的委托申报，可以点选成交，但不得穿价成交，即对于点选当时的委托卖出（买进）申报价格低于（高于）其所点选之卖出（买进）价格者，应全数予以成交。且应以所点选的委托申报价格，为变更后的报价价格。

4.4.2 美国场外交易市场的交易方式

4.4.2.1 纳斯达克交易市场的做市商制度

（1）做市商准入与终止。

成为NASDAQ的做市商必须满足：在美国证券交易管理委员会（SEC）注册登记为券商；是全美证券交易商协会（NASD）会员，向协会提出注册申请并获批准；净资本以及其他财务责任达到标准；必须成立一个股票选择委员会，其中包括研究、交易和销售三方面的代表；能够维持其做市证券的充分流动性。做市商注册的终止可分为主动和被动两种情况，前者是指做市商可通过撤销报价的方式对自愿终止对某证券的注册，并在生效后的20个交易日内不得重新注册。后者指做市商注册生效后，若无法在其后的5个交易日内提出报价，NASD就有可能终止其对该证券的做市业务。

（2）做市商报价规则。

按照NASDAQ相关规定，做市商需在每个交易日9：30—16：00持续地提供确定性地双向报价。报价必须满足至少有一个正常交易单位的数量。NASDAQ市场正常交易单位有三种，分别为1000股、500股和200股。小型资本市场的股票分为500股、100股两类。做市商的报价可以有显示数量和保留数量，当有保留数量时，报价的显示数量必须至少1000股。报价最小报价变动单位为1美分。做市商报价必须符合主流市场行情。报价差额差价范围由NASD规定，且不断更新。在NASDAQ市场，一般情况下做市商买卖差价范围为5%。做市商对纳斯达克市场股票1个月内买卖价差的平均值若超过其他所有做市商所报差价平均值的150%，做市商将被取消做市资格。

（3）做市商的权利。

股票市场交易活跃，做市商往往会采用经纪方式交易，而如果交易清淡，价差较大，NASDAQ允许做市商采用自营方式。无论哪种方式，做市商均需向客户表明自己的身份，否则将承担民事责任。做市商同时收到一笔买卖委托，这时就是无风险交易，做市商可以撮合两份委托，每个客户只知道其支付的佣金、加价和减价。为解决做市商在证券交易中做市需求问题，NASDAQ允许做市商自营外，还给予做市商融资融券优先权，在NASDAQ市场，有多家大型金融机构为做市商提供交易资金。如果按照正常交易税费，做市商做市行为产生的税负将是一笔不小的数目，这对于做市商压力极大，也不利于做市商的良性发展，因此NASDAQ做市商也享有税收优惠权等，以补偿提供做市服务的成本。

（4）做市商监管。

美国证券交易管理委员会（SEC）设有监控、检查和处罚三位一体的监管系统。内部分若干小组对做市商进行实时监控。做市商的做市行为受到SEC（政府组织）和NASD（自律组织）的严密监控，不得滥用做市地位，在券商同时具有做市商和经纪商双重身份的情况下，其作为经纪商为客户达成交易时必须披露自身做市商的地位。做市商之间不得合谋控制价格、数量和成交报告，做市商不得延迟提交成交报告或故意错误报告等等，否则将被限制做市行为或停止做市资格，甚至受到有关法律法规的处罚。SEC也会批准特定的评估机构对做市商的做市能力、履行做市承诺情况、信用程度等方面定期进行综合分析评估，并向投资者公布。在惩罚力度上，美国证券交易委员会强势执法，金融处罚水平很高，每年获得的罚金、赔偿金基本上都超过30亿美元。

4.4.2.2 OTCBB市场做市商制度

（1）做市商的报价规则。

做市商发布有效的买、卖两种报价，不间断的主持买、卖两方面的交易市场，对于特定的股票，有资格的做市商使用系统开始输入、更新和显示他们对一只股票的实时报价，每一条报价都必须包含做市商交易柜台的电话号码。这个系统是一个终端机，在美国东部时间 7：30—18：30 之间为 OTCBB 上国内外股票和美国存托凭证（ADRs）提供浏览和实时报价，显示 OTCBB 市场上股票等相关数据。具体内容有证券当日最高、最低成交量；证券商之间的报价；最佳报价；特定证券商所报的买卖价格；推荐证券商的电话号码。

（2）做市商的权利与义务。

OTCBB 市场是会员实时的报价系统，不提供自动交易撮合，也不具有自动交易的功能。OTCBB 市场上的证券交易通过使用 NASDAQ 工作站Ⅱ（NASDAQ WORKSTATIONS Ⅱ TM）的电脑网络输入报价及交易报告，做市商在最佳价格时按限额规定执行指令，通过人工电话完成证券的交割。成交之后，向报告机构发送成交信息。

成交报告的时根据证券成交的时间不同，有着不同的规定。一般而言，交易时间在 9：30—16：00 之间，应当在成交之后 90 秒内报告。非交易时间成交的证券，在 8：00—9：30 和 16：00—20：00 成交，也应当在成交之后的 90 秒内报告；午夜到 8：00 的成交，应当在成交日（T 日）8：00—9：30 内报告；20：00 到午夜的成交，应当在次日（T+1 日）的 8：00—9：30 内报告。直接私募计划的成交应当在次日（T+1 日）的 8：00—9：30 内报告。

成交报告的主体根据成交双方的身份不同有不同的规定：两名做市商之间的交易，由卖方承担成交报告义务；做市商与非做市商之间的交易，由做市商承担成交报告的义务；两名非做市商之间的交易，由卖方承担成交报告义务；会员与投资者之间的交易，会员承担成交报告义务；通过电子通信网络（ECN）的成交，按照相关规定办理。

4.5　信息披露比较

证券市场信息披露制度是指证券市场上的证券发行和交易主体在证券的发行、上市、交易等一系列环节中，必须按照相关法律法规的规定将与证券有关的信息资料真实、完整、准确和及时地向投资者公开，以便投资者依据这些信息评估证券的价值和价格趋势，预测风险和收益，从而做出正确投资策略的一种法律制度。

信息披露依据不同的标准可以进行不同的分类。依据披露人的行为是否主动，信息披露的内容可以分为自愿披露的信息和法定披露的信息。依照信息披露的性质，信息披露的内容可以分为财务信息和非财务信息。依据时态区分可以划分为两类：一类是首发信息披露，如招股说明书、上市公告书等；一类是持续信息披露，如年度报告、半年度报告、季度报告，以及可能影响股票交易价格和投资者投资判断的重大事件的临时报告。

信息披露制度的基本原则主要有：真实、准确、完整性原则、及时性原则和公平性原则。

信息是信息披露制度的核心概念，信息披露的具体制度安排都是围绕着信息这一客体展开的。信息是公司的一项重要资源，蕴含着公司与股东的利益，就某一投资者而言，投资效率与其获得公开信息的程度有密切关联。然而信息披露不可避免地蕴含着公司与投资者之间的利益冲突，过多的信息披露有可能泄露公司的商业秘密，也会造成公司信息披露的成本高昂。场外交易市场中的交易主体主要是处于初创阶段的具有高成长性的公司以及不满足上一层次交易市场要求条件或从证券交易所退市的公司，这些公司的规模小，资金匮乏，多属于中小型公司。场外交易市场的信息披露制度相比于证券交易所是宽松的，要求不是那么的严格，在不同层次的场外交易市场中，具有不同层次要求的信息披露制度。

4.5.1 中国区域性股权市场的信息披露

4.5.1.1 中国大陆地区区域性股权市场信息披露规定

中国区域性股权市场的信息披露在法律基础上有《证券法》和《公司法》两大法律，这两部法律是中国资本市场上的根本法律。1998 年颁布的《证券法》第三十二条规定：“经依法核准的上市公司交易的股票、公司债券及其他证券，应当在证券交易所挂牌交易。”这一版的《证券法》没有为证券的场外交易预留法律空间。随着中国证券资本市场的发展，2005 年对《证券法》进行了修改，第三十九条规定为：“依法公开发行的股票、公司债券及其他证券，应当在依法设立的证券交易所上市交易或在国务院批准的其他证券交易所转让。”为场外交易市场确立合法的地位。

《证券法》规定：公司公开发行新股，应当向国务院证券监督管理机构报送募股申请和相关文件；证券发行申请经核准，发行人应当依照法律、行政法规的规定，在证券公开发行前，公告公开发行募集文件，并将该文件置备于指定场所供公众查阅；发行证券的信息依法公开前，任何知情人不得公开或者泄露该信息，发行人不得在公告公开发行募集文件前发行证券。《证券法》关于信息披露内容的规定基本是发行信息披露的强制性规定，必须遵守。《公司法》规定了发行人发行新股时需提交招股说明书要载明的事项以及发行人对于新股招股说明书和财务会计报告的披露义务。《公司法》对场外市场交易关于信息披露的规定，也是限于对发行信息的披露。

各地方政府对信息披露制定了更为详细具体的规定，规定出让方和受让方在申请转让时应当提交文件，对于所提交文件的公告、公司定期报告、交易信息的披露方面通常没有明确的规定。

以天津滨海柜台交易中心为例，其对信息披露规定见本书附录。

4.5.1.2　中国台湾地区场外交易市场的信息披露

台湾当局制定并颁布的“财团法人中华民国证券柜台买卖中心对有价证券上柜公司信息申报作业办法”对上柜市场的信息披露做出了明确的规范，2000年，制定了专门针对兴柜市场的信息披露规定——“财团法人中华民国证券柜台买卖中心证券商营业处所买卖兴柜股票审查准则”。这两个规定解决了台湾地区“证券法”不能处理的问题，是台湾地区场外交易市场信息披露的重大完善，为台湾地区场外交易市场的安全发展提供了有力的保障。

在上柜市场关于信息披露的制度是以美国的场外交易市场为蓝本建立的，同时结合台湾地区的情况，形成了完整的台湾地区上柜市场的信息披露制度。上柜市场信息披露要求包括的内容如下：第一，定期报告，挂牌企业必须在规定的时间内披露经审计的年报、半年报和季报；第二，临时性报告，柜台买卖中心列出了出具临时报告的39类事项，包括业务变动、财务变动、重组及关联交易等信息，这些都以临时报告的形式进行披露。

兴柜市场的信息披露相对于上柜市场要求要低一些。兴柜市场与上柜市场基本一致，只是没有针对季度财务报告的要求。兴柜市场和上柜市场都是通过公司自行将披露的信息输入柜台中心股市观测系统，以供投资者和做市商等公众查看。

4.5.2 美国场外交易市场的信息披露

在美国的信息披露制度中，《1933 年证券法》和《1934 年证券交易法》是信息披露制度的基石，为美国信息披露制度奠定了基调。这两部法律从静态信息披露和动态信息披露两个方面规定了美国的信息披露制度，对信息披露进行了明确具体的规范。随着美国场外交易市场的发展，又陆续出现不同的法律法规对场外交易市场进行信息披露的规范。这里以纳斯达克市场、OTCBB 市场和粉单市场为例，详细说明美国场外交易市场三个主要层次的信息披露内容。

4.5.2.1 NASDAQ 市场信息披露

（1）首次信息披露。

首次信息披露制度是指证券发行人在公开发行证券时，根据法律、法规的规定，公开与证券发行有关的重要信息的一项法律制度。首次披露主要以招股说明形式披露，招股说明书是含有股票发行条件的法律文件。美国证券法和纳斯达克交易所对招股说明书的格式和内容都有明确的规定。以《1993 年证券法》的规定，招股说明书包括 21 项内容：①封面信息，包括发行人名称、公司标志、发行的证券名称、发行证券的总价值及数量、配售计划表以及预售公开发行价格、承销商的折扣与佣金、预计发行净收入招股说明书日期、承销商名称等；②封底信息，封底通常是目录以及关于对发行价的提示和对招股说明书分发的说明；③招股说明书概要，通常是对公司业务、产品或服务的简要描述，其中也可以包括对资金投向、风险因素、财务数据摘要和即将发行证券的描述；④公司的详细资料信息，包括公司的历史情况介绍；⑤风险因素说明，要求公司充分披露公司经营过程中潜在的各种不确定因素；

⑥募集资金详细用途；⑦分配政策信息，包括公司以往的红利记录、未来的分配方案以及对红利分配政策的限制说明；⑧股权摊薄情况，披露现有股东得到原始股权时的成本、新股东要支付的每股价格以及两者之间的区别；⑨资本化情况，要求用表格形式注明公司资本结构在发行前和发行后的变化情况；⑩财务数据摘要，要求登记公司注册以来的财务数据，包括销售额或营业收入、经营中的盈利或亏损、总资产、长期负债等；⑪对公司财务状况和经营业绩的回顾和分析；⑫经营信息，主要内容是向投资者介绍公司的发展历史和一般情况、公司的产品或服务、所在行业的优势或劣势；⑬不动产情况，要求公司披露所拥有的或租赁给他人的不动产的位置等有关情况；⑭法律诉讼情况，主要指与公司有关的正在进行或悬而未决的诉讼案；⑮管理层信息，主要包括公司董事及主要职员的资历、报酬情况，持股超过5%的大股东信息，关联交易情况；⑯对所注册证券的介绍，包括各种细节信息，关于对投票权的特别规定以及关于公司过户代理机构的资料；⑰承销计划说明，除具体介绍承销商、承销方式，还应包括公司与承销商的协议、佣金、认证股权以及分配给每个承销商的佣金和其他有关费用；⑱法律事项，包括对公司法律顾问的介绍和法律顾问对此发行有效性所作的声明，如果法律顾问持有公司的股份，也应作披露；⑲专业人士资料，一般是指注册会计师，该部分还应说明注册会计师因出具审计意见而获得的报酬情况；⑳财务报告及注册会计师出具的审计报告；㉑根据SEC的要求所提供的一些其他信息。

在纳斯达克上市的企业除了招股说明书以外，还需要准备注册说明书和初次招股说明书。注册说明书不要求向公众披露，但是需要在SEC备案，其主要内容包括发行和销售的各种费用，对管理层及董事信誉的保证及保证文件，最近三年内销售的未经注册登记的证券的一些其他资料如附属子公司的名单、承销协议、公司章程及其细则、财务报表的日期、重要合约的复印件等。在初步招股说明书中，必须用红墨印刷一段提示性信息，向公众说明与此次发行证券相关的注册登记说明书已呈交给SEC，但还未生效，这份文件所包含的信息还有待进一步完善和修正。在注册登记说明书生效之前，不允许发行证券或对证券进行其他买卖活动。

在注册登记说明书呈送给SEC但还未生效期间，以及注册说明书生效后但在未正式发行和上市前，发生了与所注册证券发行有关的信息，公司还必须不断地以补充资料的方式更新或修正说明书中的有关内容。

（2）持续信息披露。

持续性信息披露是指证券发行人、证券发行人主要股东和有关当事人披露与证券交易和证券价格有关的一切重大信息。持续性信息披露可以分为两种，一种是定期披露信息，即信息披露是在可以预见的固定时间间隔内做出，包括年度、半年度、季度报告等定期披露信息。另一种是不定期披露信息，包括发生重大变动公司所进行的临时披露和为执行证券交易所及时公开政策而公开的各类报告文件。

《1933年证券法》和《1934年证券交易法》都涉及信息披露的规定，《1934年证券交易法》是《1933年证券法》的进化版本，在《1934年证券交易法》中关于持续性信息披露的规定为第13节中的“定期报告和其他报告”。法案规定了所有准备在美国上市的证券必须在发行时向监管当局和市场公布财务状况和经营方面的重要信息。1964年《证券修正案》对《1934年证券交易法》进行了完善，法案扩大了信息披露的范围，要求所有准备在市场（包括柜台市场）上流通的证券都必须向市场公布信息。除此之外，1968年颁布的《威廉姆斯法》对收购上市公司过程中收购方的信息披露义务也做出了明确的规定。

SEC对信息披露的规则主要是《财务信息披露内容与格式规则》（简称《规则S-X》）和《非财务信息披露内容与格式规则》（简称《规则S-K》）。《规则S-X》共12条106款，包括财务报表介绍、财务报表的分类和汇总、期中财务报表、剥离财务报表明细表的内容和格式等，为上市公司信息披露的内容和格式做出了规范。《规则S-K》共9条46款，主要规定了企业概况、证券发行登记、财务信息披露、公司高级管理人员及其持有证券情况、申报上市登记表及招股说明书等。

（3）定期信息披露。

定期报告是股票发行人定期向投资者披露其经营业绩和财务状况的法定形式，纳斯达克的定期报告包括年度报告、季度报告和中期报告。

①年度报告。年度报告必须在公司召开股东大会之前提供给股东，并且

在向股东发放的同时送交给纳斯达克。年度报告一般采用10-K表格，小公司使用10-KBS表格。年度报告包括四个部分：第一部分是关于公司一般情况的介绍，由公司发展目标和经营管理情况构成；第二部分是关于公司的重要财务数据摘要；第三部分是关于董事、高级管理人员的报酬标准及持股情况；第四部分是财务报告及审计报告和会计报表附注。

②季度报告。季度报告针对每年财政年度的前三个季度，一般要求在季度结束后的45天内发表，第四个季度不必另行申报。季度报告主要由两部分组成：第一部分要求披露的基本内容包括损益表、资产负债表、现金流量表（上述报表不需要经过审计），管理层对季度收入的分析特别是对一些重大变化的分析，公司资本化资料及其变化情况，股东权益及其变化情况；第二部分披露的主要内容包括与公司有关的诉讼案，股本结构变化，所注册登记证券的变动，如公司决定回购部分股份，就必须在报告中说明准备回购股份的数量，流通股、债务的增加或减少，提交股东大会审议的事项，在本季度递交8-K表概要及有关情况。

③中期报告。对于不需要执行SEC规则13a-13规定，但是必须向SEC或另一个联邦或州监管当局提交主要是与经营和财务状况相关的期中报告的上市公司，纳斯达克规定该公司应当向股东提供反映这些中期报告信息的报告。这类报告提供的时间没有特别强制性的要求，可以在公司向相关的监管机构提供之前提供，也可以按实际情况在向相关的监管机构提供之后尽快提供。如果股东提供的中期报告形式不同于向监管机构提供的中期报告，上市公司除了根据规则4310（C）（14）规定向纳斯达克提供一份监管机构提供的报告外，还必须向纳斯达克提供一份向股东提供的报告。中期报告的内容与年度报告的内容相似，主要公开该年度前6个月营业与财务状况，并向投资者提供预测该营业年度业绩的资料。

（4）临时信息披露。

临时信息披露可以弥补定期信息披露的不足，提高证券市场的透明性，防止内幕交易和股价操纵的发生。临时报告的披露标准主要有两个：重要性标准和及时性标准。重要性标准规定了上市公司在什么样的情况下需要进行信息披露，及时性标准规定上市公司在发生重大事项时应在何时进行披露。

重要性标准的确定有两个：一个是影响投资者决策标准，即事项是否重要取决于其是否对投资者的决策产生影响；另一个是股价敏感标准，即事项是否重要取决于其是否会影响上市证券价格。美国对重要性标准采用比较宽泛的双重标准，即同时将“影响投资者决策”和“影响上市证券价格”并列为判定信息重要性标准，二者之间只要符合其中的一项，就可以构成重大事项，产生信息披露的责任。

①重大事件披露。

根据美国证券法，上市公司须在发生可能影响投资者决策的重大事件时提交报告。报告应于事件发生后5—15天内以8-K表格（外国发行人使用6-K表格）的形式提交。重大事项主要包括：公司控制权发生变化；重要资产的购买或出售；公司破产；公司在更换独立审计师和有董事辞职时（5日内需提交有关报告）；直接或间接持有公司任何种类股票的10%以上或某一股票的5%以上的人士和发行公司的董事及高级职员在发行公司证券注册时，或在成为发行公司的股东、董事、高级职员后（10日内应向SEC报告其持股情况，并在持股情况发生变化的月度结束后10日内报告变化情况）；发行人在决定购回所发行的证券时（必须公开披露其回购原因、购回数量、回购资金来源、回购价格、回购方式等信息）。

纳斯达克市场规则IM-4120中列举了有可能影响上市公司证券价值或影响投资者决策的重要信息，包括：兼并、并购或合资企业；分股或派发红利；不正常的利润或红利；获得或失去重要订单；重要的新产品或新发现；控股变化或管理层的重大变化；证券赎回要求；公告开或私下出售大量额外证券；购买或出售重要资产；重大的劳务纠纷；制定购买上市公司股票的计划；收购其他上市公司证券的股权；需要根据有关法案规定提交现行报告事件等等。纳斯达克市场上市公司在通过有关报刊资料向社会披露有关资料信息前，必须向监管部门报告，监管部门可以考虑是否暂停股票交易。暂停交易的目的是为了让信息能够充分地传递，使投资者都能够获得相同的机会。暂停交易通常是在网上发布信息以后，暂停交易30分钟，以使信息得到充分的传递。如果信息没有得到充分的释放，暂停交易的时间可能还会更长。

②及时性信息披露。

根据 4310（d）（1）或 4320（e）（14），即使上市公司发生不需要公开披露的重大事件，仍有义务披露该方面的信息。纳斯达克监管部门会根据事件发生的情况及上市公司对披露信息在商业方面是否可取的看法，与上市公司配合以便选择适当的时机发布信息。

根据纳斯达克的规定，每个上市公司必须征集代理人意见并向股东大会提供代理委托书，将代理人意见报告给纳斯达克。证券法对征集代理人的信息披露进行了规范，规定不管是由公司管理层还是由少数派团体发出的代理人委托书征集，均应列出与请求股东投票事项相关的重要事实。

4.5.2.2 OTCBB 市场信息披露

OTCBB 本身可以说就是一个股票报价和成交信息披露系统。为了改变证券场外交易市场不规范的状况，1990 年美国国会通过了《1990 年分值股票改革法》（*Penny Stock Reform Act of 1990*），提高市场的透明度。该法案规定场外交易市场必须用一个新的电子信息系统把分值股票过去不规范的报价和交易信息统一显示出来，并且要求做市商必须在股票交易后的 90 秒内向市场报告股票的成交信息，为投资者和参与者提供透明的市场交易信息。

（1）首次转让前的信息披露。

要在 OTCBB 市场挂牌交易的证券发行公司，除非申请豁免，必须由做市商按《证券交易法》的规定填写 211 表格，并将所提交的相关表格通过电子化数据收集、分析及检索系统（EDGAR）进行电子登记。从全国性证券交易所退市的发行公司要在 OTCBB 报价，如果符合以下一个条件，应由做市商提交 15c2-11 豁免表格，而非 211 表格：是合格的证券；是可流通的证券；公司未破产；已向美国证券交易委员提交过财务报告；符合证券法规第 12 章要求。

（2）定期报告与临时报告。

1991 年 1 月 4 日，SEC 通过了《柜台交易市场合格规定》（*OTCBB Eligible Rules*），对信息披露做出了明确的规定，要求在 OTCBB 市场挂牌交易的公司须由做市商向 SEC 提交以下内容：财务季报表 Form10-Q，披露公司的季度运行状况；财务年报表Form10-K，披露公司的年度运行状况；重大事件披露表Form8-K，披露公司发生的重大事件。《柜台交易市场合格规定》公布之后，SEC规定了30~60天的宽限期，如果在OTCBB市场挂牌交易的公司不愿意按照要求提交财务报告，将会在宽限期满后从OTCBB市场摘牌。所有在OTCBB报价的股票发行人还应定期向SEC或其他监管机构履行披露职责，发行人应及时报告公司的重大事项，包括合并、收购、更换名称以及所有重大事项和细节和相关文件。发行人必须提前10天向OTCBB协调人报送关于股票拆细、并股分红送股或其他分配信息。

在OTCBB市场上，信息披露的重点是做市商报价信息的披露和对市场交易信息的持续性披露。做市商发布有效的买、卖两种报价，每一个合格的OTCBB股票至少显示两个做市商的报价。根据美国NASD规则6620条规定，在OTCBB交易的做市商应该在每笔交易成交后90秒内通过自动确认成交服务系统（Automated Confirmation Transaction Service）将最后成交情况回报。交易信息的报告主体的要求为：第一，两名做市商之间的交易，由卖方承担成交报告义务；第二，做市商与非做市商之间的交易，由做市商承担成交报告义务；第三，两名非做市商之间的交易，由卖方承担成交报告义务；第四，会员与投资者之间的交易，会员承担报告义务；第五，通过的成交，按照相关规定办理。

4.5.2.3 粉单市场信息披露

粉单市场是一个报价服务系统，不提供自动交易撮合，不执行自动交易指令，其实质是一家私人公司，为股票交易提供互联网电子报价服务。所以粉单市场不受SEC注册要求的限制，不必向SEC提交季报、年报等。但是在粉单市场交易公开发行的股票，需要依照SEC对公开发行股票的信息披露要求提交相关表格。粉单市场属于场外交易市场，采用做市商的报价交易机制，所以需要受到来自NASD的严格监管。

粉单市场采取自愿信息披露的原则，建议股票发行人阶段性的为投资者提供公司的财务状况信息。粉单市场的股票交易也是以自愿的原则向SEC提交报告。如果提交报告，格式必须按照《柜台交易市场合格规定》

所规定的标准，按时提交年报、半年报、季报定期报告和重大事件报告。在粉单市场上没有强制性的信息披露规定，采用风险警示制度，给证券分为不同的等级。符合上市规模的公司所发行的证券，由于其具有极高的可信度，为 Trusted 等级，标计符号为 OTCQQX；同时在 OTCBB 交易的证券，或者只在粉单市场交易但信息披露充分的证券，可信度相对较高，为 Transparent 等级，标计符号为 PB、BB 和 PS；信息披露不充分的证券，为 Distressed 等级，标计符号为 YIELD；没有信息披露，或者披露的是六个月以前信息的证券，为 Dark/Defunct 等级，标计符号为 STOP；发行公司极为可疑的证券，为 Toxic 等级，标计符号 CAVENT EMPTOR，对于此类证券，粉单市场将阻止其进行报价。

4.6 转板机制比较

转板机制是指企业在不同层次资本市场之间迁移的机制，或者在同一层次资本市场内部之间的迁移机制。根据转板的方向是由上至下还是由下至上，可以把转板机制分为升级转板机制和降级转板机制。

升级转板机制是指在较低层次资本市场挂牌之后，符合更高层次资本市场的挂牌标准时，允许进入更高层次的资本市场挂牌的制度。升级转板既可以在两个相邻层次资本市场之间转板，也可以跨越层级向更高层次资本市场申请挂牌转板，如台湾地区兴柜市场上的公司既可以向上柜市场提交申请，也可以向台湾证券交易所提交申请，完成企业的升级转板。在升级转板的过程中，监管部门或者交易所简化审核批程序，使企业转板时节省成本和时间，提高企业进入资本市场的效率，增加企业融资的效果。

降级转板机制是指当企业不满足某一层次资本市场挂牌的标准或条件时，监管部门或交易所使其迁移至较低层次的资本市场挂牌交易。这样做是为了维护高层次资本市场的信誉和投资者的权益。降级转板同升级转板一样，既可以在相邻层次的资本市场进行转板，也可以在不相邻层次的资本市场转板。

同一层次的资本市场也存在转板机制，当某一层次资本市场内部存在不同的层次，证券发行人可以在该层次市场内部进行转换证券交易市场。如美国的纳斯达克市场，内部被细分为三个层次：全球精选市场（Global Select Market）、全球市场（Global Market）、资本市场（Capital Market）。这三个层次供不同的企业选择挂牌，企业在三个板块之间有畅通的转板机制。

4.6.1 中国区域性股权市场的转板机制

4.6.1.1 中国大陆地区区域性股权市场转板机制

中国现阶段区域性股权市场没有明确的转板机制，公司进入另一层级的资本市场需要经历和其他未在区域性股权市场挂牌的公司一样，经过同样的审查进入资本市场。

以天津股权交易所为例，天津股权交易所对于自身内部的三大板块有转板制度。天津股权交易所设立了创业板、成长板和主板。三大板块的设计主要针对企业的不同发展时期：创业板主要针对处于初创时期的企业，其规模较小，融资能力不强，创业板对投资人的要求高，因为挂牌企业的准入标准低，风险大；成长板主要为具有一定规模但仍处于成长期的企业设立，挂牌准入标准介于创业板和主板之间，风险适中；主板为成熟的企业服务，风险是三大板块最低的，其门槛也就相应最高，适合所有的投资人（见图 4-7）。

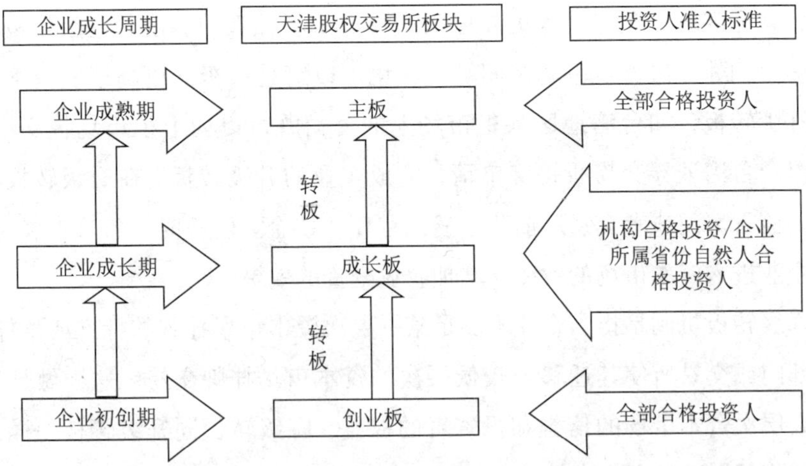

图 4-7 天津股权交易所三大板块

4.6.1.2　中国台湾地区场外交易市场的转板机制

中国台湾地区的场外交易市场主要为上柜市场和兴柜市场，在升级转板机制上存在上柜市场交易的股票转向台湾证券交易所，以及兴柜市场的股票转向上柜市场或台湾证券交易所。

（1）“柜台买卖中心”的上柜市场向“台湾证券交易所”转板。

2000年“台湾证券交易所”颁布“上柜公司申请上市审查准则”，该准则详细制定了上柜市场的转板条件和主管部门的审查程序。但在2005年4月，主管部门废除了该项法规，这导致了上柜市场上的公司在转板至台湾证券交易所时，上市条件的审核程序和一般企业的上市程序基本相同。2007年，“台湾证券交易所”修改了与上市审查有关的规定，简化了转板上市的相关规定，降低了准版上市的成本。

在实际操作的层面上，对“证券柜台买卖中心”已审查过的数据不再进行审查，减少一些审查程序，缩减审查的时间，更高效率地完成公司在证券交易所上市的目标。

上柜市场向“台湾证券交易所”转板上市的条件如下：第一，符合上市审查准则的规定；第二，在上柜市场挂牌交易一年以上；第三，无违规操作现象；第四，对科技公司、公益事业享有上市审查的豁免权。满足这些条件，企业就可以申请转板至“台湾证券交易所”交易。

当企业不符合上柜市场持续存在的要求之后，就会面临着下柜的局面。上柜市场下柜的条件如下：第一，愿意为公司做市的券商少于两家；第二，未按规定披露年度或半年度财务报告；第三，未按规定披露重大事项且期限未改者；第四，违反市场重大法律法规。

1994—2016年台湾地区上柜市场企业累计上市和累计下柜数量统计见图4-8。

（2）兴柜市场上的公司转板至上柜市场或“台湾证券交易所”。

兴柜市场是“台湾证券交易所”和上柜市场的重要基础。台湾地区相关部门规定：台湾地区的企业不可以直接在“柜台买卖中心”或“台湾证券交易所”上市，必须先在兴柜市场挂牌交易6个月，若符合“柜台买卖中心”

和“台湾证券交易所”的相关标准才可以申请转板。兴柜市场上的公司向“台湾证券交易所”和上柜市场转板并没有严格明确的优惠措施，需要严格遵守“台湾证券交易所”和上柜市场准入的审核程序。

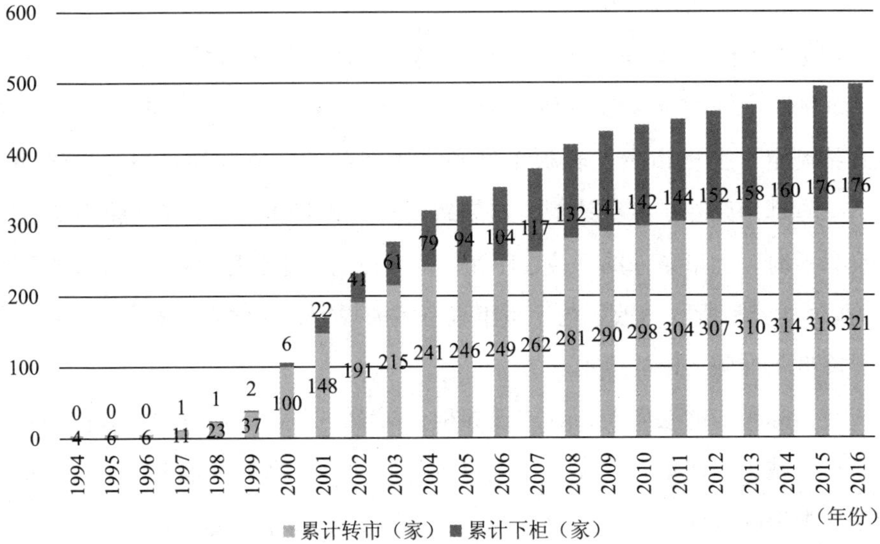

图 4-8 1994—2016 年台湾地区上柜市场企业累计上市和累计下柜数量

数据来源：“台湾证券柜台买卖中心”网站。

兴柜市场申请转入“柜台买卖中心”的转板条件如下：第一，交易满 6 个月；第二，具有两家以上券商推荐；第三，存续两个会计年度，实收资本不低于新台币 5000 万圆；第四，最近 1 年税前净利润不低于新台币 400 万圆，且最近 1 年税前利润率不少于 4%，或近 2 年税前利润率均达 3%（不包括科技和公益事业）且无累计亏损；第五，社会股东人数不少于 300 人，且所持股份占总股份的 20%以上；第六，董事、监事及高级管理人员等相关人员按照相关规定办理股权托管手续；第七，满足承销制度的要求等。

通常情况下，公司在兴柜市场挂牌运作满 6 个月之后，公司可以根据自己的意愿、自身的发展状况向“台湾证券交易所”或上柜市场提交上市、上柜的申请文件，“台湾证券交易所”、上柜市场的主管部门对文件内容进行实质性的审查。根据以往的审查历史，一般至少需要半年的时间才可能完成审批工作。公司在兴柜市场挂牌交易，如果符合“台湾证券交易所”或上柜市场的财务标准，同时又在兴柜市场交易满 6 个月期限，就可以向“台湾证券交易所”或上柜市场提出转板申请，在取得主管部门签发的核准文书后，公司就可以在“台湾证券交易所”或上柜市场开展交易活动。兴柜市场企业转板至上柜市场的流程见图 4-9。

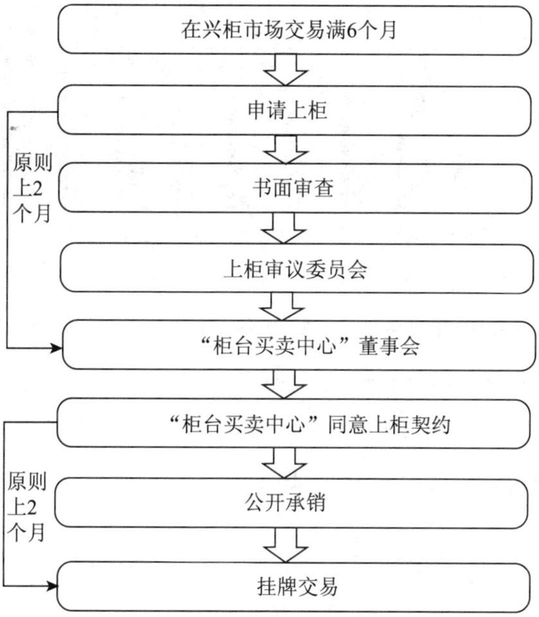

图 4-9　兴柜市场企业转板至上柜市场的流程

当企业违反了兴柜市场的相关要求后，就会面临从兴柜市场退市的局面。兴柜市场退市的条件如下：第一，股票已经在证券交易所上市或柜台买卖中心上柜；第二，按规定已暂停交易 3 个月，且暂停交易的原因未消除；第三，无推荐券商或撤销辅导契约；第四，法院宣告破产、重整或重整申请被驳回；第五，兴柜市场认为有重大事项需终止其股票买卖。

2002—2016 年台湾地区兴柜市场企业累计上市、上柜和累计下柜数量见图 4-10。

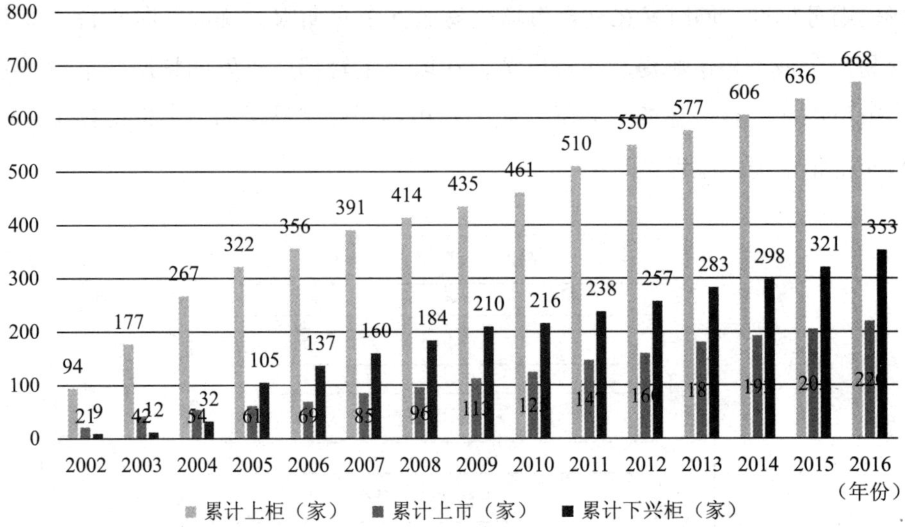

图 4-10　2002—2016 年台湾地区兴柜市场企业累计上市、上柜和累计下柜数量

数据来源：“台湾证券柜台买卖中心”网站。

4.6.2　美国场外交易市场转板机制

美国的场外交易市场发展十分成熟，形成了不同层次的资本市场，这些不同层次的资本市场之间有着成熟的转板机制。

4.6.2.1　纳斯达克市场转板至纽约证券交易所的转板程序

证券发行人根据相关法律和交易所规则向纳斯达克市场发出书面退市通知，详细具体地说明退市原因以及相关的重大事项。交易所收到通知时，必须在下一个交易日内在官方网站发布证券发行人的退市意图。与此同时，证券发行人按照相关要求向 SEC 递交退市和撤销注册的申请。该申请在递交 90 天内或者在 SEC 认为合适的短期内生效。

证券发行人向纽约证券交易所提交能够证明其符合上市条件的材料，交易所在收到材料后的两周内，保密完成对申请公司的资格审查。如果是初步审查合格的，交易所会书面通知发行人提交正式的上市申请报告，但是必须在 6 个月内递交正式的上市申请。交易所在收到发行人的正式申请之后，在其后第一个周五所出的《纽约证券交易所每周概览》上公布该条消息。在两周后，交易所承认收到所有上市申请所必需的文件，并向 SEC 通知这一情况。再过两周之后，交易所会接受申请公司证券上市交易的申请，并要求发行人签署一份同意接受交易所管理规则的协议。与此同时，证券发行人也需要按照相关要求向 SEC 递交上市注册的申请。交易所将发行人上市申请被批准的情况通知 SEC，上市注册在 SEC 收到通知 30 天后或者 SEC 认为合适的短期内生效。

4.6.2.2　纳斯达克市场转板至 OTCBB 市场的转板程序

当在 NASDAQ 挂牌企业的股票连续 30 个交易日的交易价格低于 1 美元，给予警告 3 个月后仍未能使股票的价格抬升至 1 美元以上，企业将会降至 OTCBB 市场进行交易。在 NASDAQ 摘牌的企业并不能自动在 OTCBB 市场挂牌交易，如果想在 OTCBB 市场进行交易，企业必须寻找到做市商为其做市报价。

纳斯达克市场强制证券发行人退市，强制退市的程序可以分为三个阶段，给予公司充分的缓冲机会。交易所会在合理的期限内按照相关要求向 SEC 递交退市和撤销注册的申请，申请会在递交后的第 10 天内生效。

第一个阶段是退市预警阶段。交易所上市资格部或上市调查部发现公司不符合持续性上市标准时，会做出终止上市公司股票交易的决定，并在 7 天内通知该公司。上市公司在接到通知后的 7 天内向交易所上市部门做出答复，在答复中提出应对措施或者可以要求临时豁免。交易所会在 7 天内通知上市公司能否取得临时豁免权，如果不允许上市公司豁免，就会进行摘牌处理操作。

第二个阶段是退市整改阶段。上市公司在 7 天内以口头或书面方式向交易所上市资格部提出听证申请，听证会在接到申请后的 45 日内举行。在上市资格小组做出书面决定之前，暂缓摘牌。上市资格小组在听证前对有关的所有书面记录进行复审，通过听证，若上市资格小组对上市公司重新达到持续上市条件的计划满意，将作出给予 60~90 日豁免的决定，到期仍然不符合上市条件，予以摘牌；若不满意，就可以做出拒绝临时豁免的决定。

第三个阶段是退市申诉阶段。公司对拒绝豁免决定不满意，可以自接到通知之日起 15 日内向交易所上市资格小组与听证审查委员会申请复审，上市资格小组与听证审查委员会在 45 日内对决定进行复审，对上市公司作出终止或给予临时豁免的决议。如果公司未申请复审，交易所在 5 日内根据上市资格小组的决定终止股票上市。上市公司对最终决议如果不满意，可以向 SEC 提出复审请求。如果上市公司对 SEC 的决议仍不满意，可以向法院提起诉讼。

4.6.2.3 纳斯达克市场内部转板机制

在每年的 10 月份，NASDAQ 对所有在全球市场上市的公司证券进行资格审查，任何在审查时满足在 NASDAQ 全球精选市场上市标准的公司证券，只要在下年 1 月份仍符合全球精选市场的持续性市场标准，就可以被转板至全球精选市场。此种转板，证券发行人不需要递交任何申请，也不需要缴纳任何费用。

在任何时候，在 NASDAQ 全球市场上市的证券发行人都可以申请至全球精选市场。只要公司的证券符合全球精选市场的初始上市标准，证券发行人的申请很快就会得到批准和实施，在申请的过程中，证券发行人通常是不需要缴纳任何费用的。

在任何时候，在 NASDAQ 资本市场上市的证券发行人都可以转板至全球市场。只要公司的证券符合全球市场的初始上市标准，证券发行人的申请很快就会得到批准和实施。同 NASDAQ 全球市场转板至全球精选市场一样，证券发行人在申请的过程中，通常也不需要缴纳任何费用。

4.6.2.4 OTCBB 市场和粉单市场的转板机制

企业在 OTCBB 市场上逐步的成长，经过 OTCBB 市场的培育，发展达到纳斯达克市场的标准就可以进入纳斯达克市场进行证券交易。

OTCBB 市场的企业升板至 NASDAQ 资本市场的条件：第一，资产净值在 400 万美元以上；第二，总市值在 5000 万美元以上；第三，前一年度会计利润在 75 万美元以上；第四，股价不低于 4 美元；第五，股东人数不少于 300 人；第六，至少有 3 个做市商。

OTCBB 市场的企业升板至 NASDAQ 全球市场的条件：第一，公司净资产达到 1500 万美元、公司税前利润达到 100 万美元、流通股市值 800 万美元，或公司净资产达到 3000 万美元、流通股市值 1800 万美元；第二，最低市场流通股 110 万股；第三，股东人数超过 400 人；第四，每股股价高于 5 美元；第五，有 3 家以上做市商。

OTCBB 市场的企业升板至 NASDAQ 全球精选市场的条件：第一，税前利润最初三年合计大于 1100 万美元、最近两年每年大于 220 万美元，或现金流量最初三年累计大于 2750 万美元、市值最初 12 个月均值大于 55000 万美元、营业收入上一年度大于 11000 万美元，或最初 12 个月均值大于 85000 万美元、上一年度营业收入大于 9000 万美元；第二，每股股价高于 5 美元；第三，有 3 家以上做市商。

在 OTCBB 市场挂牌的企业满足这些基本条件之后，经过 SEC 的审查，就可以向 NASDAQ 申请转板至 NASDAQ 内部的三个市场。转板至 NASDAQ 市场，原则上花费 3 个月的时间就可以完成相关工作，整个过程相对简单、高效。

在 OTCBB 市场报价交易的公司没有按照相关规定向 SEC 提交经过审核的财务报表或者做市商全部放弃为其做市时，那么该公司就会被强制摘牌退至粉单市场进行报价交易。

在粉单市场表现优异的公司可以通过双重报价或直接进入 OTCBB 市场进行交易。表现优异体现在：公司净资产不少于 200 万美元，公司近 12 个月的营业收入不少于 1000 万美元；净利润不少于 200 万美元；公司在过去两年的收入与盈余增长率不低于 20%。如果公司可以满足这些条件，那么公司可以顺利进入 OTCBB 市场。整个转板流程相对简单，成本低，原则上只需要花费 6 个月的时间就可以完成这一过程（见图 4-11）。

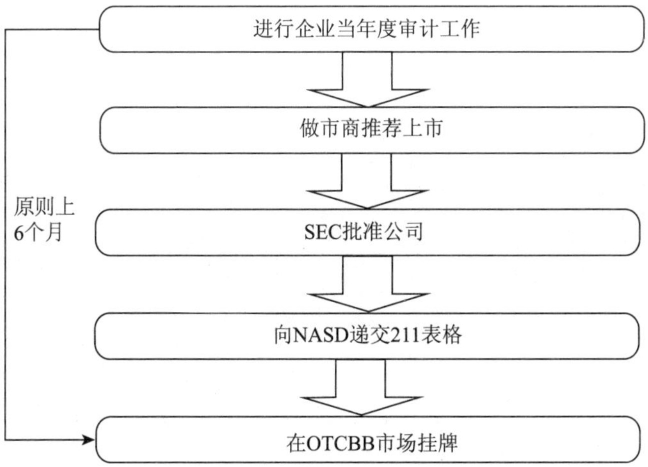

图 4-11 粉单市场升板至 OTCBB 市场的程序

第五章

监　管

5.1 监管概述

5.1.1 监管含义

监管，意指监督管理、监视管理。监管一词在英文中通常翻译为“regulate”，代表通过有体系、有制度的管理，从而使被监管方合乎规则或者符合标准。证券监管的意义是指在确定监管目的的前提下，依据法律法规来保证证券市场的良好运行状况，从而保护投资者合法权益同时促进证券市场的不断发展。证券监管主要包括证券监督与证券管理两个方面。证券监督是由证券监管部门负责开展的经常性检查行为，其内容主要包括两个方面：一是对于证券的发行交易等市场行为的检查；二是对于市场参与主体的监管。证券管理是指除对证券发行交易与市场参与主体的监管外，在组织、领导、协调与控制等方面发挥更多的管理职能。证券监管是证券监管机关依法对证券的发行、交易等活动和参与证券市场活动的主体实施监督管理的一系列活动的总称。证券的监督偏向于复杂的日常行为，而证券的管理更加偏向于具有统一规范标准的行为。证券监督管理体制也称证券市场监督管理的组织制度，具体而言是指规范证券市场监督管理主体的机构设置和管理权限划分的制度安排。良好的监管体制会推动市场的高效运行，同时对于促进市场长远健康发展有重要意义，所以监管活动是证券市场不可分割的重要组成部分。

5.1.2 区域性股权市场监管的必要性

（1）有利于促进我国区域性股权市场的健康发展。

证券市场是市场经济金融体系中非常重要的组成部分，能够满足不同层次市场主体的金融服务需求。区域性股权市场作为多层次资本市场中最基础的组成部分，承担了中国资本市场中普惠金融的功能。但是，区域性股权市场也是最薄弱、最脆弱的组成部分，其面对的是处于初创时期和成长时期的中小微企业，并且该市场发展时间较短，法律法规尚不健全，对于企业的信息披露等方面内容要求较低，信息不透明程度高，存在着很大的不确定风险。同时，一些处于发展初期的中小微企业在内部治理结构方面存在着不规范、不健全等问题。因此，证券市场的监管活动对于规范企业市场行为、保护投资者合法权益、促进区域性股权市场的健康发展有着重要意义。

（2）有利于实现区域性股权市场功能定位。

区域性股权市场除了为中小微企业提供孵化培育、展示培训、规范发展、募集资金、资源配置等功能的平台外，还可以作为证券交易所和“新三板”上市、挂牌的准备场所和退出场所。区域性股权市场作为区域性的场外市场被称为场内市场的“蓄水池”，通过为不能达到挂牌、上市条件的企业提供资金支持，规范其财务结构及公司治理结构，最终将符合挂牌、上市条件的企业输送进场内市场上市。同时，区域性股权市场也是接收挂牌、上市公司退市的场所，有效保护退市后投资者的利益，并具有重新发现价格的作用。该功能的实现则需要对区域性股权市场进行高水平的监管，一个有序、健康的市场才能对该市场内的挂牌企业起到孵化、培育、规范作用，同时优化资源的配置。

（3）有利于防范区域性股权市场高风险性。

区域性股权市场的高风险因素主要来源于三个方面：

第一，挂牌企业股改的质量不同，信息披露不规范，可转债、定向增发或私募股权等融资方式导致的信息严重不对称。由于各地方的区域性股权市场运营机构对企业挂牌的标准不一，对企业的规范程度不同，没有统一的要求，因此各地挂牌企业的质量参差不齐，企业在融资的时候风险较高。

第二，市场规模小、协议交易模式、投资者适当性要求带来的流动性不足。依据中国证监会的要求，对于区域性市场的股权交易有着严格的限制，但是却阻碍了流动性，因此也给投资人带来了较高的风险。

第三，区域性股权市场中的金融衍生产品的高杠杆率使得市场风险被加倍放大。区域性股权市场的运营机构的创新氛围首屈一指，但是往往忽视了风险的产生。

此外，随着中国区域性股权市场的发展，风险积聚和传递所导致的副作用也随之扩大。因此，只有建立一套完善的监管机制，对区域性股权市场实行持续有效监管，使企业融资、股权交易在规范的市场环境中运行，才能将风险控制在合理的范围之内。

5.1.3 监管理念

中国区域性股权市场是多层次资本市场的重要组成部分，其市场监管理念的实质其实是市场监管活动的指导思想和实践原则，与资本市场的监管理念是一致的，同时市场监管理念也必然要贯穿市场监管活动的整个过程，是监管的核心思想和灵魂的体现。根据区域性股权市场持续健康的发展要求，明确和订立与之相称的监管理念，是建立完善市场监管制度的首要步骤，也是监管政策在执行过程中重要的运行基础。因为法律有其局限性，特别是在重视法律条文的国家，受文字表述准确性的影响，许多法律条文在运用时需要进一步解释和理解。这样的理解不是随性的，而是需要遵循一定的规则，首要考量的就是原则和理念。因此监管理念的确定显得非常重要，当其被法律所确定为一项基本原则后，其效力和效用也是不言自明的。

（1）规范监管是首选。

在业务层面，区域性股权市场受中国证监会和地方金融监管部门共同监管，但是作为一个服务于中小微企业的创新市场，虽然经历了 10 年的发展，仍不够成熟和稳健。需要政府监管部门的帮助和支持，协助区域性股权市场运营机构建立起合规、高效的市场运行机制，以规范、科学的监管行为管理市场主体，严格约束市场主体的违法违规行为，不断激励市场主体加强自律建设，自觉地规范和调整其在市场中的行为，以提高自身的质量，发挥市场功能，保障企业的发展的空间，树立投资者的信心，保证不出现系统性的金融风险。

（2）全程监管要贯彻。

对市场的监管应通过监管机构、区域性股权市场运营机构和参与主体的共同参与来实现，而且是从企业挂牌到摘牌的全程监管。监管不仅仅是对市场参与各方关系的疏导，还要帮助企业融资、培育企业，鼓励和支持市场中合法的、自律的行为，监控交易过程，坚决打击、果断处置市场中违法、违规的行为。

（3）公开透明是重点。

我国在法律上有重实体、轻程序的传统，因此，在建立场外交易市场的监管制度时，应着重建构市场监管的程序步骤，提升市场监管的高透明度，保障监管体制本身的高效运转。在政府监管部门依照法律法规行使监管职权的同时，以人工智能、大数据、区块链、云计算等新科技为技术支撑，着力建构科学的、具体的、切实可行的动态信息披露系统。区域性股权市场应以市场层次的不同特点为出发点，多管齐下、突出重点、分步推进、加强合作，逐步建立起便于操作、公开透明的监管制度，使被监管者能享受公开、公平、公正的待遇。

（4）低成本实现高效率。

根据我国资本市场监管的现状，区域性股权市场的监管应该实现低成本、可持续的监管体制，避免资源的再浪费。而且作为创新的资本市场，各方投入的资源都十分有限，区域性股权市场自身发展刚刚起步的特点也决定了必须严格控制监管的成本，实现更为有效的市场监管。因此，在构建市场监管体系时，应根据市场发展的实际情况突出监管重点，选择合适的监管模式和监管手段，运用低成本的监管措施，达到提高市场监管水平和监管效率的目的。

5.1.4 监管原则

证券市场法律监管的基本原则是贯穿始终的、对区域性股权市场法律规范起统帅作用的基本准则。它体现的是区域性股权市场监管的基本精神和理念，是区域性股权市场监管立法的目的和宗旨。由于它的抽象性、宏观指导性和基础性等特点，区域性股权市场监管的基本原则应当主要包括公开、公正、适度和高效四项基本原则。

（1）公开原则。

公开是证券市场监督与管理的有效办法，是证券监管的重点所在。公开原则有两层含义：一是指国家证券监管机构应当依法保证证券发行人的资格及其基本经营情况、证券的性质和发行数量等各种详细信息的公开，同时，各类证券的发行信息要进行完整的信息公示，使得市场能够充分掌握不同发行者发行的不同证券的相关信息，证券监管部门还应确保区域性股权市场各种信息的真实性，防止欺骗行为，区域性股权市场监管部门必须保证发行公开、上市公开与信息持续公开管理办法的有效执行，只有这样，才可以使各方市场参与者依据完整、准确的投资信息进行投资决策，同时防止内幕交易行为的发生；二是指区域性股权市场监管法律法规和政策的及时公开以及司法执法活动的公开，因此，公开原则不但是市场主体及行为的公开，也是法律政策和执法活动的公开。

（2）公正原则。

公正一词，具有正当，公平的含义。公正原则主要是针对区域性股权市场的监管者和执法者而言的，是对执法者权力或职责的赋予与约束。公正原则既是实现公开原则的保障，也是公平价值得以实现的前提。区域性股权市场监管活动的有序开展，所依靠的不仅是完善的法律法规等制度，而且是以相关法规为依据的有效执行。所以，公正原则要求区域性股权市场的监管者和执法者在监管活动中需要依法监管、守规合章，从而保证法律法规在实践中得到有效公平的执行。

公正原则主要包括三方面内容：一是区域性股权市场的监管者在履行职责时要根据法律赋予的权限，不能越权；二是监管者对被监管对象都应给予公正待遇，适用法律上人人平等，做到不偏不倚，区域性股权市场监管机关在审批、备案或核准股票、债券发行时，应严格按照法定条件和程序，秉公执法，不徇私情，不得暗箱操作；三是限制监管者行政权力的扩张，法律制度的存在，对于执法者的权力进行了限制约束，并且对于权力无条件的运用进行禁止，从而维护了证券市场监管者与被监管者的平衡状态，因此，公正原则必须对监管者的权力进行制约，防止其过度膨胀和滥用。

（3）适度原则。

政府对市场的干预程度主要有三种情况：一是“过多”干预，二是“过少”干预，三是“适度”干预。适度原则要求将区域性股权市场监管严格限制在证券市场可能失灵的范围内。由于市场自身缺陷，在区域性股权市场上容易发生过度投机、操纵行情、内幕交易以及欺诈等扰乱市场的行为。对此，区域性股权市场监管机关应当以决策者的身份对其实施严厉监管。而对于区域性股权市场能自行调节好的经济活动，政府就无须深入插手。适度原则要求监管者应避免直接微观管制区域性股权市场的运营机构。另外，要做到适度原则还必须充分发挥证券业自律机制和社会中介机构的作用。因为证券业协会等自律机构对证券监管目标的实现具有很大作用，而律师事务所、会计师事务所、信用评级机构等社会中介机构，则可以起到社会监督作用，有利于监管目标的实现。

（4）高效原则。

证券业是为市场经济提供服务的、为产业和经济部门筹集资金的金融业分支行业，其最直接的目的就是促进社会资金的高速流动和高效利用。高效监管不仅仅是指监管者要以价值最大化的方式来实现场外证券监管的目标、降低监管成本，而且要通过监管来促进证券业的高效发展。“没有合适的法律和制度，市场就不会体现任何价值最大化意义上的‘效率’”，高效原则贯彻于场外证券监管的始终。高效原则要求监管机构既要对区域性股权市场进行必要的监督与管理，又不能约束区域性股权市场的应有活力。证券业是一个充满各种因素的行业，既有积极的因素，也有消极的因素。证券监管就是要通过保护合法的证券行为、制止非法的证券行为，促进整个证券业的高速运转。

5.2 监管的理论基础

一般来说，证券市场监管属于经济行业监管的一个分支，因此，关于证券市场监管以及区域性股权市场监管的基础理论主要源于经济行业监管相关的研究成果。在所有理论中，有以下几种观点相对成熟也较为流行，它们分别是：公共利益论、俘获论、监管经济学、法律的不完备性理论和成本收益理论。

（1）公共利益论。

“公共利益论”在很长一段时期内被经济学家们普遍接受并被视为有关监管的正统理论。该理论认为，监管的目的是政府为了消除市场失灵，通过提高资源配置效率，增进社会福利，并且假定政府专一的追求这一目标。公共利益论是目前关于监管方面的一个较为成熟和规范的理论。

（2）俘获论。

“俘获论”产生于20世纪70年代中后期，尽管公共利益的观点仍然是监管理论的主流，但是，“监管者是否做到了它应该做的却越来越引起人们的怀疑”。俘获论的学者认为，随着时间的推移，监管机构会逐渐为监管对象支配，监管者会越来越迁就被监管者的利益而不是保护所谓的“公共利益”。它的积极意义在于将人们的注意力从以往的仅仅从经济学理论出发对监管进行研究，转向对监管者实际行动和动机的考察，探讨究竟是什么原因导致了对监管的需求。

（3）监管经济学。

监管理论的最新发展是所谓的“监管经济学”（或称“监管新论”）。监管经济学是在公共利益论和俘获论的基础上发展起来的，它既保留了公共利益论关于市场失灵的假设，也利用了俘获论关于监管需求原因的观点。由于“政府失灵”的存在，就不能通过政府监管去解决所有由市场失灵带来的问题，因此，监管并不是一种简单和包治百病的万灵药。

（4）法律的不完备性理论。

“法律的不完备性理论”是由伦敦经济学院许成钢教授和美国哥伦比亚大

学法学院皮尔斯在2002年正式提出的。法律的不完备性是指法律不可能实现最优设计，也就是说立法者不可能将所有可能的行为都考虑到，并将所有可能的有害行为都用明确的量刑或标准加以限制。因此，在实际中，法律不论设计得多么精细，总有法律条文不能直接处理的案例存在。

以股票市场为例，“如果仅仅是几个股东在进行欺骗，这不会削弱金融市场的发展能力，但是，如果股票市场欺诈过于普遍，就会削弱投资者对证券市场的信心从而损害经济”，“金融市场的法律历史证明，市场参与者确实诡计多端，他们策划的那些欺诈投资者的阴谋，已再三被证明超出现有法律能力所及。试图仅仅依靠提高法律的完备性对这类行为进行阻吓，已证明是不成功的，因为法律总是滞后于新的市场发展，包括滞后于那些欺骗投资者的新方法。立法者仅仅依靠制定更完备的法律，是无法预防未来的损害行为的，最终不得不让位于监管者的出现——监管者最早以证券交易所形式出现，后来又以政府监管者形式出现”。

与监管经济学相比，法律的不完备性理论关注到了监管者的一些关键职能和特征。例如，监管者主动性执法和持续性立法的特征及其在法律制度框架中特殊的作用。因此，法律的不完备性理论能很好地解释为什么行政监管在有的领域（产品市场和劳动力市场）出现放松或走向衰弱，而在另外的领域却在巩固和加强。

（5）成本收益理论。

所谓“成本收益理论”，是指行使经济监管职能是应符合经济学上的净收益原理，即监管成本应当小于监管收益，否则政府的监管行为是不经济的。也就是说，判断政府干预最优接线的办法在于对市场监管与市场自治进行“成本—收益”比较。市场是否应该被介入市场监管、应当被介入到什么程度取决于成本和收益比较的结果。只有当外部监管者的监管收益大于成本，且同时大于市场自发解决问题的成本时，外部监管者才可以通过制度安排介入市场，否则，则应当由市场“自行了断”。这里所说的成本既包括监管者试监管所付出的成本，如制度成本、监督成本、信息成本等，也包括被监管者（市场主体）接受监管所付出的成本，如自治权的让渡成本等。

5.3 主要国家和地区场外交易市场监管体系

5.3.1 全球场外交易市场的四种监管模式

在国际上没有区域性股权市场这样的提法，因此本书选取了主要国家和地区的场外市场的监管作为研究对象。

全球场外交易市场的监管在长期的演绎过程中，逐渐形成了四种监管模式：自律型监管、集中型监管、混合型监管和综合型监管模式。这四种监管模式都受到上述因素影响而逐渐形成，但形成并不代表固定，也不意味着孤立。这四种监管模式各有千秋，各个国家和地区都选择了适合自身当前经济状况的监管模式，但随着全球经济的发展，这四种模式之间逐渐有融合的趋势，最终随着经济的全球化，有可能形成一个全球统一的证券监管模式。我国区域性股权市场的监管尚未完善，因此，有必要借鉴全球的场外交易市场的监管模式，为发展我国区域性股权市场的监管做好理论准备。由政府部门进行的监管属于行政监管，而自律监管是指由金融自律组织或机构自发形成的，通过行业协会等自治组织进行的自主管理监管的模式和行为。当行政监管和自律监管交织时，为了适应不同区域的不同文化、现状及法制化程度，就形成了所谓的混合型监管模式。下面将对四种监管模式进行详细的阐述。

（1）自律监管模式。

该模式适用于没有全国性的证券监管机构、专门的证券市场法规的国家和地区，比较典型的代表是英国。这种模式主要是通过行业协会等组织进行自主管理，国家基本上不会主动地对其进行相应的干预和影响。除英国外，实行自律监管模式的还有荷兰、芬兰等北欧国家以及新加坡、马来西亚等。作为股票市场发源地的英国采用传统的典型证券市场自律监管模式，虽然其政府也曾强行介入并关闭股票市场，然而不仅是证券业，几乎全部由行业自律监管，英国政府对证券市场采取完全自由的态度。

以英国为代表的自律监管模式，主要体现出以下三个特点：第一，没有专门的、单行的法律法规对证券市场做出严格的限制；第二，没有全国性的统一证券监管机构；第三，政府没有设立任何一个专门负责证券管理的机构对证券市场进行监管。

自律监管模式体现出如下优点：第一，保证了证券业自主的按市场规划进行证券活动，由市场主体进行市场规制的制定和修改；第二，所制定的规则更有针对性、灵活性和创造性，能够应对更复杂多变的市场情况；第三，这种自律组织能够针对市场的违规行为作出比政府更为迅速的反应，能够有效及时地维护证券市场发展。

同时，自律监管模式缺点也较为突出：第一，没有统一集中的证券立法，缺乏强大权威的立法支撑；第二，自律组织往往不会专门地去保护投资者的利益；第三，管理者本身是市场的参与者，证券市场的公平公正公开原则难以真正体现；第四，没有设立专门的部门调和整个全国的市场发展平衡，导致各地区之间的问题不能被及时、有效地沟通。

多年的实践表明自律监管的缺点更加显而易见，因此英国政府也表示要转变监管模式，加强政府监管力量。

（2）集中监管模式。

集中监管模式是通过由政府部门进行统一的管理和规制，政府设立全国统一的监管机构，并负责制定相关的规制和政策。主要代表有美国、日本、加拿大等。美国由于其监管体系历史悠久，制度严谨而完整，而成为集中监管体制的典型代表国家。美国的场外交易市场包括四个层次：NASDAQ 全国资本市场、NASDAQ 小型资本市场、OTCBB 和 Pink Sheets。美国的证券活动是在三个阶层的法律规制下运行的，属于双管理制度，要求市场的参与者在遵守联邦法的同时也要遵守州法律。

集中监管模式的主要优点如下：第一，权威性，在集中监管体制下，有一整套健全的证券市场管理法规；第二，独立性，设立专门的机构负责证券市场的监管，并且这类机构独立于市场参与者之外的统一管理机构，能够较好地体现证券市场中的“公平、公正、公开”的原则；第三，高效性，这种模式可以高效地运用法律法规对市场管理，维护良好的市场秩序，避免市场混乱。

但是，其缺陷也比较明显：第一，监管过程中，有可能出现政府干扰市场的现象，会导致监管的失衡；第二，监管缺乏效率，由于证券市场瞬息万变，因素众多，无法找到其规律性，监管机构无法实施快速反应，往往监管滞后；第三，由于代表的利益群体不同，往往政府的集中监管和自律监管之间容易产生矛盾，可能会在监管范围和监管内容上产生冲突；第四，监管机构的官员往往不是证券行业的从业人员，因此在专业上有缺陷，使得集中管理优势不能得到有效发挥，会间接增加监管的成本。

（3）混合型监管模式。

混合型监管是在自律监管和集中监管体制下出现的一种折中的做法，是在自律监管和集中监管的融合中出现的，不但强调立法管理，同时注重自律管理。目前，德国、比利时和卢森堡等国家采用这种监管模式。混合型监管模式一般不设立全国统一的监管机构，采用多元化的分级监管模式，由政府与自律的多元化的监管机构共同进行监管。由于这种监管模式可以使政府与行业达成妥协，保障了各方的利益，因此这种监管模式日益作为全球证券场外交易市场的主流监管模式而被大多数国家接受并采纳。

证券市场的监管体系是一个开放的监管体系，因此在设计我国区域性股权市场监管体制的过程中，应当充分注意结合中国的具体国情和市场的发展需要，深入系统地研究，准确地把握证券市场的发展规律，找好定位、着眼全球，积极学习和借鉴国际上成熟的经验，探索出一条符合中国国情，并能体现中国特色的区域性股权市场监管道路，为区域性股权市场的发展提供必要条件。

（4）综合型监管模式。

近年来，国际证券市场监管体制上出现了由政府主导型、自律主导型向综合型监管体制靠拢的发展趋势。这种监管模式是在自律和他律之间找到一个适当的平衡点，即既要对证券交易实施必要而严格的中央统一监管，又要保证证券交易的参与者能够充分发挥自律监管的作用和功效，弥补政府监管的缺失，提高监管的效率，这种监管模式也被称为政府监管和自律管理的双重监管体制。

展现这种趋势的典型是美国和英国。实践中，典型的自律监管主导型国家或地区已把部分自律监管功能转移至政府监管机构处，即将交易所对上市公司的部分或全部监管权限或将对上市交易所（公司）的监管权限移交给履行证券行政监管职能的机构。较为典型的例子是，英国将其上市审核权转移到金融服务局，香港证监会设立专门的部门把香港交易所作为一个上市公司来监管，同时在香港交易所面临利益冲突时，监管其他上市公司。

5.3.2 美国、日本和中国台湾地区场外交易市场的监管模式

本节主要对美国的证券场外交易市场、日本的 OTC 市场、中国台湾地区的柜台市场这三个较为发达的场外交易市场进行比较研究。

5.3.2.1 美国证券场外交易市场的监管与立法

（1）美国证券场外交易市场的构成。

从梧桐树协议开始，经过上百年的实践，美国已形成了与之经济规模相匹配的全球规模最大、层次最广的证券市场，拥有着不同层次的交易所市场和不同层次的场外交易市场。其中，场外交易市场是由纳斯达克市场（NASDAQ）、美国场外电子柜台交易市场（OTCBB）、粉单交易市场（Pink Sheet）这三个不同层次的交易市场构成的。美国的证券场外交易市场已经成为美国证券市场中规模最大、最活跃的证券市场。

①纳斯达克市场（NASDAQ）。

美国的场外交易市场比较发达，最早的店头市场就起源于美国，场外交易发展的历史比较悠久。20 世纪 70 年代以前，美国的场外交易一直处于分散、混乱的状态，场外交易的行情信息是通过全国报价局（National Quotation Bureau）的印刷品公布的。使用粉红纸公布股票行情，黄色纸公布公司债券行情。由于这些公告每天只印刷一次，投资者不能随时掌握时刻变动的行情信息，造成严重的信息不对称，因此不利于上市公司的证券交易和中小企业融资。

美国国会为了改善证券交易环境，增加证券交易品种，扶持中小企业发展，责成美国证券交易委员会对所有证券市场进行专项研究。1963 年美国证券交易委员会提交了研究报告，提出交易自动化的思想，并要求全国证券商协会将其进一步补充和完善。1964 年，美国证券交易委员会邀请阿瑟·D·

利特尔设计自动报价系统。1971 年 2 月，自动报价系统建设成功，由此诞生了 NASDAQ 市场，也称“全国证券交易商协会自动报价系统”。它通过计算机网络将全国乃至全世界的股票经纪人、做市商、投资者和监管机构联系起来，形成了现代化的场外交易市场，这也是世界上第一个电子化证券市场。

现代化的 NASDAQ 场外交易市场由全国证券交易商协会（NASD）的全资子公司——纳斯达克证券市场公司负责运作。全国证券交易商协会是全美最大的证券业自律性组织，也是唯一在美国证券交易委员会登记注册的全国性证券协会，根据《1934 证券交易法》补充条例成立，接受美国证券交易委员会的监管，它还负责监管美国 OTC 市场。如今，几乎所有美国证券经纪商与交易商都是它的会员。

NASDAQ 成立之初，就有 2500 家公司上市。之后，取得了迅速的发展，在 1991 年根据《蓝天法》（关于新证券登记和交易的法律），NASDAQ 就获得了和纽约证券交易所和美国证券交易所同样的地位；1994 年 NASDAQ 的年交易量已经超过了纽约证券交易所；1998 年 NASDAQ 股票交易市场与美国证券交易所合并，这个战略性的联盟奠定了这个世界上最先进、竞争力最强的市场。2006 年 2 月，纳斯达克宣布将股票市场分为三个层次：纳斯达克全球精选市场、纳斯达克全球市场（即原来的纳斯达克全国市场）以及纳斯达克资本市场（即原来的纳斯达克小型股市场），进一步优化了市场结构，吸引不同层次的企业上市。

建立纳斯达克的初衷在于规范美国大规模的场外交易，所以纳斯达克一直被作为纽约证券交易所（NYSE）的辅助和补充。先进而庞大的电子信息技术已使 NASDAQ 股票市场成为世界上最大的无形交易市场，其交易量以美元计算，排在全球证券交易市场的第二位。纳斯达克市场拥有自己的做市商制度，在市场技术方面采用高效的“电子交易系统”（ECNS），在全世界共装置了 50 万台计算机终端，向世界各个角落的交易商、基金经理任何经纪人传送 8000 多种证券的全面报价和最新交易信息。美国高科技公司中有 85%的企业在这里上市交易，其中包括 Cisco、Intel 等跨国公司。

纳斯达克市场的投资者既有个人也有机构，个人投资者达 1100 万人，还有成百万人投资于共同基金和养老基金间接参与该市场，但近年来，机构投资者持有的股票数量快速增加，已占到总市值的47%。

同时，纳斯达克市场采取了严格的监管措施。纳斯达克证券市场向来以严厉的监管措施而闻名于证券界。它不仅在企业IPO方面具有严格的标准，而且在企业重组并购、信息披露、财务监管等方面都有一整套严格的规定，此外对许多并没有规定的具体内容，只要纳斯达克证券交易所认为是有可能对投资人利益或股价产生重大影响的事件，它都会临时向有关各方提出相应要求，可以说纳斯达克证券交易所在保护投资者利益方面是不遗余力的，这可能也是它能够吸引全球资金和高速成长的重要原因之一。

②美国OTCBB交易市场。

NASDAQ市场并不是美国唯一的场外市场，另一个富有影响力的市场是美国场外柜台交易系统（OTCBB），有6500多家公司的股权和债权凭证在这个市场挂牌交易，从挂牌公司的数量和交易额来看，它同样也是成功的。美国场外柜台交易系统于1990年开始运作，它是一套实时报价的场外电子交易系统。OTCBB也是由全国证券交易商协会管理的证券交易系统，在这一市场上进行交易的股权都是那些不在纳斯达克市场或其他美国国家证券市场上交易的股权。

许多公司的股权先在OTCBB挂牌，获得最初的发展资金，通过一段时间的积累扩张，达到纳斯达克或纽约证券交易所的挂牌要求后转板到这些市场上市，因此OTCBB又被称为纳斯达克的预备市场。这个市场主要是为中小企业提供股权交易服务。除此之外，OTCBB还提供美国认股权证、存托凭证的交易等服务。

OTCBB的特点在于：第一，OTCBB上挂牌交易的股权都是在NASDAQ以外的“非上市”公司股权；第二，交易的证券不需要在OTCBB进行登记，但要在美国证券交易监督委员会（SEC）登记；第三，费用非常低，每月只需要向保荐人支付6美元的报价费。

OTCBB与NASDAQ的区别在于以下四个方面：第一，没有上市标准；第二，缺乏自动交易体系；第三，与发行人不保持任何联系；第四，不承担对其做市商的任何责任。

OTCBB具有真正的创业板特征：零散、小规模、简单的上市程序以及较低的费用。同时它也具有较高的风险，对发行证券企业的管理并不严格，但信息传递系统是全部电子化的，这与全美国家报价局（NQB）的粉单交易市场很相似。

③粉单交易市场（Pink Sheet）。

是场外交易市场中的最低层次报价系统，主要是接收从美国场外柜台交易系统退下来的股票，在这个系统中，市场每周对交易公司进行一次纸上报价，它的流通性比美国场外柜台交易系统更差。这个市场仅有现股交易功能，并不提供融资服务。

美国证券场外交易市场的不同层次的交易系统为处于不同发展阶段的企业提供了不同的流通方式，即减少了对主要市场的压力，也为不同投资者提供了差异化的投资品种，受到了各方的欢迎。

（2）美国证券场外交易市场的监督管理机构。

《1934 年证券交易法》开始施行时，并未对场外交易市场做专门规定，仅授权美国证券交易管理委员会（以下简称“美国证监会”）于必要时制定规则加以管理。美国证监会是统一管理全国证券活动的最高管理机构，1934 年依据《1933 年证券法》《1934 年证券交易法》创建。1936 年《证券交易法》修正，新增规定在场外交易市场交易的所有参与机构必须依法注册。根据该规定，到 1960 年共有 5288 位经纪商和自营商完成注册。该规定确定由美国证监会负责对场外交易市场进行管理，它可以拒绝、撤销机构的注册，暂停或开除其协会会籍，检查已注册机构的账册、纪录（经纪商和自营商须每年上报财务报表）等。

证监会设委员 5 人，任期五年。在组织设置上证监会是一个独立的机构，不隶属总统、最高法院或任何一个行政部门，它可以独立对证券市场实行强有力的管理而无须依赖其他行政或司法机构。它集准立法、执法和准司法权于一身，直接对国会负责。职责包括：第一，负责制定并调整有关证券活动的管理政策，制定并解释证券市场的各种规章制度，并组织贯彻执行；第二，管理全国范围内的一切证券发行和交易活动，维护证券交易场所秩序，调查、检查和处罚各种不法行为；第三，当案件涉及证券交易所或证券商协会会员、注册的经纪人或中间商时，证监会有权做出判决对其进行处罚等。美国证监会的这种管理模式虽然有利于保证管理的权威和有效，保护证券市场的安全和投资者的利益，但不足之处在于证券法规的制定者和监管者超脱于市场，使市场监管可能脱离实际，缺乏效率，对市场以外的行为反应较慢。由于场外交易市场具有分散性、无形性、交易地点和时间的不固定性、交易品种与交易主体的多样性、交易方式的灵活性等特点，更容易出现欺诈、过度投机、操纵市场等问题，因此对场外交易的管理，美国证监会并不主要负责而是予以监督和指导，场外交易的主要管理机构是全国证券交易商协会（NASD）。

（3）美国证券场外交易市场的监管制度。

关于证券场外交易市场的立法，一般都没有独立的立法，而是在《证券法》或《证券交易法》里面进行粗线条的规定。美国也是如此。美国联邦证券法主要包括《1933 年证券法》《1934 年证券交易法》《1939 年信托契约法》《1940 年投资公司法》等。从各部立法的关联性来看，证券立法的基本规范主要是《1933 年证券法》和《1934 年证券交易法》，这是美国证券法律的两大支柱。这两部法律的侧重点虽然有所不同，但立法宗旨是一致的，即是为了保障证券的安全性、有效性，维护证券投资者的合法权利；在强调证券自由买卖的同时，对证券的发行和流通实施必要的控制。《1934 年证券交易法》是对《1933 年证券法》的进一步强化和补充，其主要目的是强化证券流通市场的安全性，提高公众对流通市场的信心，提供向证券买卖者实行公示的手段，防止证券交易中的欺诈行为和证券市场的操纵活动等。

美国证券场外交易市场的监管，主要体现在三个方面：一是对参与机构的资格注册与行为管理的监管；二是对场外交易市场所交易的证券的规定；三是对场外交易的市场行为的监管。在联邦证券法中，关于场外交易市场的管理条款主要体现在《1934 年证券交易法》中。它对经纪人和买卖商、交易证券等问题做出了具体的规定。

①对经纪人和交易商的登记和管理。

《1934 年证券交易法》第 15 章（a）款规定："任何经纪人或者交易商，它或者是一个不同于自然人的个人，或者是一个与不同于自然人的个人的经纪人或交易商（其营业只限于州内并且不利用全国证券交易所的任何工具的经纪人和交易商除外）没有关联的自然人，利用邮寄或洲际贸易的任何手段或工具来进行任何证券（豁免的证券、商业票据、银行承兑汇票和商业汇票除外）的交易，或者引起或试图引起任何证券的购买或出售，应属违法，但该经纪人或交易商按照本章（b）款登记注册的除外。”（b）款规定：“经纪人或交易商可以向委员会提交登记申请书进行登记。”

可见，证监会是经纪人和交易商的登记机关，采取自愿登记的原则，不要求经纪人或交易商必须在证监会进行登记。但是在各州之间进行场外交易业务的参与机构则必须向证监会注册。如果未遵守法律和证监会的规定，注册的资格将随时被取消。对未加入协会的场外交易市场的参与机构，根据1964年《证券交易法修正2l案》的规定，必须接受证监会制定的规则管理。此外，为了维护公共利益和投资者的安全，《证券交易法》第15章还对经纪人、交易商证券交易的合法性进行了种种界定，禁止经纪人和交易商使用操纵性或者欺骗性手段等。同时对经纪人和交易商还提出了小额股权交易的风险披露要求，规定在进行小额股权交易之前，经纪人或交易商应该向客户提供风险披露文件。

②关于注册交易商协会会员的规定。

《1934年证券交易法》的第15章之一“已登记的证券协会”，专门规定了注册证券交易商协会会员的申请、登记、章程、职能、权限等诸项条款。依据此章规定设立的全国证券交易商协会可以制定各种管理规则，管理证券场外交易，有权对违规者开除会籍和课以罚金，以禁止违法违规的证券交易行为，加强公平交易和商业道德，保护投资者的利益。该章的规定为全国证券交易商协会以及后来的发展提供了法律依据。

③关于证券注册登记制度的规定。

美国对在场外交易市场挂牌交易的证券实行备案登记制度。证券发行人发行证券后，如果希望其所发行的证券能够在纳斯达克市场上市交易，要向全国证券交易商协会（NASD）提出登记申请。一般说来，证券发行人向NASDAQ提出登记申请的步骤并不是十分正规的，因为既可以在证监会办理登记手续，也可以直接在交易商协会办理登记手续。

向交易商协会申请登记的程序是：首先，证券发行人或者其律师向NASD提交书面申请书，申请书重要表明在NASDAQ上市交易的愿望，并说明该证券符合NASD所制定的上柜交易规则第4节的规定，同意并向NASD支付有关费用；其次，按照NASD的要求，提交各种有关资料，主要包括股票发行公司的资产状况、财务状况、股东的持股情况等；第三，在申请得到 NASD 认可以后，向 NASD 提供上市说明书副本；第四，证券发行人公开发行的部分证券在纳斯达克上市交易以后，还要按照 NASD 的有关规定，向 NASD 在华盛顿地区的交易部提交年度报告、季度报告。如果发行人的公司名称发生变化，或者其所公开发行的股票的数量发生 5%以上的变化时，应在十天之内将该情况向 NASD 报告。

证券登记必须公布有关业务的财务和组织机构的情况、股票发行的条件，以及拥有该种证券 10%以上者的名字和该公司前三年的资产负债表。如果证券发行人存在以下情况，NASD 有权停止或取消其所发行的证券在 NASDAQ 的上市交易：证券发行人没有及时公布其可能影响交易和投资者做出投资决定的材料和信息；证券发行人没有将提交给证监会的定期报告及时提交给 NASD；证券发行人的资产总额不足 50 万美元，或者总资本和公积金之和不足 25 万美元；持有证券发行人所公开发行证券的股东人数不足 300 人。

④纳斯达克市场上市公司的标准及监管。

经过几十年的发展，NASDAQ 建立了自己独立上市交易的全国市场，即 NASDAQ 全国市场，该市场的对象是世界范围的大型企业和经过小型资本市场发展起来的企业。此外，1992 年又设立了 NASDAQ 小型资本市场，也称小盘股市场，其上市标准更低，没有业绩要求，也因此给高成长的中小企业，尤其是高科技企业提供了一个融资的良好场所。

在 NASDQA 上市最低财务要求如下：NASDAQ 全国资本市场要求有形净资产 600 万美元以上、税前收入 100 万美元以上、经营年限无要求；NASDAQ 小型资本市场要求有形资产净值 400 万美元以上、市值 5000 万美元以上、净收入 75 万美元以上、经营年限要求 1 年或市值 5000 万美元以上。

企业治理标准及监管要求如下：第一，公司的董事会必须至少有两名独立董事；第二，每家公司必须设立审计委员会；第三，公司必须每年举行股东大会，并通报全国证券交易商协会；第四，公司必须向股东提交年度报告、季度报告和其他中期报告如果有关规则与发行公司注册国家的法律和商业管理有所抵触，全国证券交易商协会可予以豁免。

《1933 年证券法》中对于证券场外交易中的不正当市场行为也做了具体规

定。主要包括信息披露、反欺诈、严格责任、内部人士和证券受益人的规定等。

5.3.2.2 日本柜台交易（OTC）市场的监管与立法

日本的场外交易市场习惯称为柜台交易市场，由日本证券业协会制定规则进行自我管理。日本交易所集团组织结构见图 5-1。比较而言，日本的证券场外交易市场具有其鲜明的特点：一方面，日本在证券交易所上市的证券，也允许在柜台交易市场进行交易；另一方面，日本柜台交易市场具有“预备市场”的功能，即在柜台交易市场挂牌上柜的公司股票，可以被推荐到证券交易所挂牌上市。

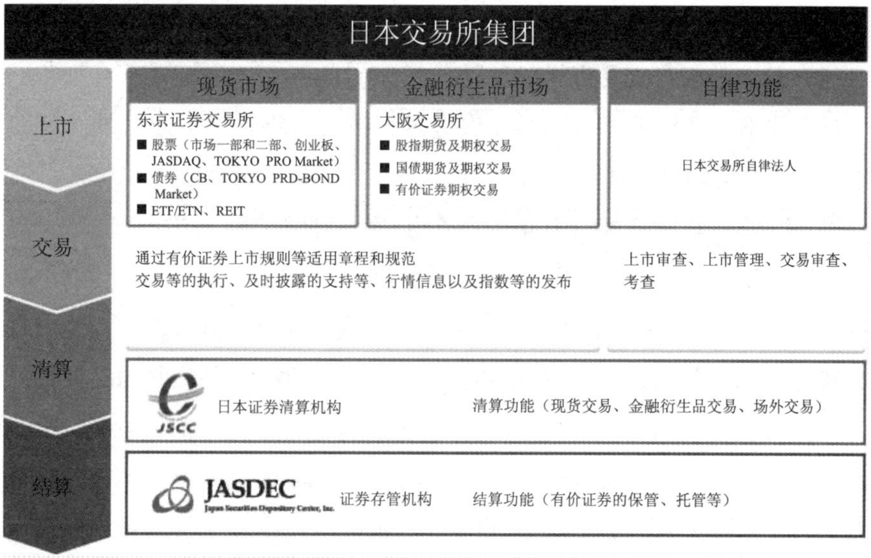

图 5-1 日本交易所集团组织结构

图片来源：日本交易所集团网站。

20 世纪 80 年代后，日本大力支持高新技术产业发展，特别是证券市场中的创业板发展势头世界领先。日本有 5 家证券交易所，分别为东京、大阪、名古屋、福冈和札幌证券交易所。其中东京证券交易所、大阪证券交易所和名古屋证券交易所占日本证券市场 99%以上的成交量，福冈和札幌证券交易所成交量的市场占有率不到 1%。

日本证券市场的二板市场，英文简称 JASDAQ，也称为店头市场、柜台交易市场。它是日本唯一的柜台市场，也是风险性企业（VENTURE BUSINESS）筹资的最大市场。它的股价指数种类主要有两类：第一类为 JASDAQ INDEX Series，JASDAQ INDEX 是以在 JASDAQ 市场上市的所有普通股为对象的“总市值加权型”股价指数，由 JASDAQ INDEX、JASDAQ INDEX（Standard）、JASDAQ INDEX（Growth）这 3 种指数组成，JASDAQ INDEX 将基期 1991 年 1 月 4 日［JASDAQ INDEX（Standard）和 JASDAQ INDEX（Growth）的基期为 2010 年 10 月 8 日］的总市值定为 100 点，从而反映当前总市值的指数；第二类为 JASDAQ-TOP20，JASDAQ-TOP20 是按照流动性（包括借贷状况）和上市总市值等多个标准，从在 JASDAQ 市场上市的国内普通股中选出的 20 只股票为对象的“修正平均股价型”股价指数（起始日期为 2010 年 10 月 12 日）。

（1）日本的柜台交易市场的发展。

日本的柜台交易市场是在第二次世界大战之后迅速发展起来的。其发展过程可以总结为四个阶段。

第一阶段：20 世纪 60 年代前的场外交易品种批准制度阶段。第二次世界大战后，日本关闭了证券交易所，导致原来上市的大部分证券只能通过场外交易。1949 年 5 月，由于东京、大阪和名古屋的证券交易所重新开业，在场外交易市场交易的大部分品种都重新挂牌上市。同年 6 月，设立场外交易的品种批准制度，制度规定由日本证券业协会决定并管理运营符合一定标准的股票，这些股票都是发行在外但由于各种原因不能到交易所交易的股票。1961 年 10 月，日本各大交易所分别设立了市场二部（也就是二板市场），同时规定被批准在柜台交易市场交易的大部分品种可以在二板市场挂牌，柜台批准制度被废除。

第二阶段：20 世纪 70 年代的场外注册制度阶段。由于非上市公司股票和大量的债券都是在柜台交易市场进行交易的。为促使非上市公司股票形成公正的价格，日本证券业协会于 1963 年制定了股票柜台交易注册制度。该制度规定，在柜台市场交易的股票必须进行注册登记，取得注册登记的条件主要有：经协会会员的联名推荐；发行公司资本额在 5000 万日元以上；发行公司设立经营满 2 年，并持续经营；发行公司必须进行股息分配等。自日本证券业协会制定的场外柜台注册制度开始生效，柜台市场正式进入日本资本市场。日本证券业协会自 1969 年开始按市价公开交易股票，奠定了新企业上市的基础。

1971 年修改了《证券交易法》，规定上市公司有披露其证券报告书的法律义务并按规定公开企业信息。这一组织发展的必要性在于：第一，为柜台市场交易的股票交易提供便利并加以组织；第二，保证公平交易以保护投资者的利益。柜台交易开始趋于集中化，有关柜台交易的各种法规也逐步完善统一。到 1976 年日本柜台交易证券股份有限公司正式成立，证券交易商服务普通投资者进行股票买卖，已经能实现小额交易可以由计算机系统完成。

第三阶段：20 世纪 80 年代至 90 年代的柜台注册制度阶段。1983 年 1 月，日本证券业协会起草了一个临时报告，即《加强证券市场功能的措施：关于允许中小型企业进行股权融资的若干问题》，旨在增强中小型企业进行股权直接融资的能力。同年，新的柜台交易制度开始实施，它主要有六个方面的改进：第一，在注册制度方面，要求在更具体、规范和统一的条件下进行注册；第二，可以通过公募发行新股；第三，放松了关于吸引投资的有关规定；第四，允许发行公司的股权回购；第五，引入注册备案发行的制度；第六，强调投资者自我负责的原则。同时，证券业协会还公布了一系列新的规则制度，规定在柜台交易的证券必须在日本证券业协会注册。1984 年 7 月，建立柜台交易自动报价系统（QUICK 系统）以加强市场的透明度，柜台交易自动报价系统允许所有柜台市场发行的股票和柜台市场信息系统一起实时报价。1989 年，三个柜台市场——东京、大阪、名古屋，合并成一个单一的报价交易系统。这样一来，所有区域性柜台市场实现了连接，大大提高市场效率。1987 年，规定进行柜台交易的公司可以发行可转换债券。

日本证券法的自由化和金融系统的现代化进一步促进柜台市场的发展。1983—1985 年，政府为加强一级股市也制定了许多重要法规，允许没有在交易所上市的中、小企业融资，这些措施包括：放宽在柜台市场挂牌企业的股票发行和交易的限制；放宽柜台市场登记的要求并公布这些标准；修改关于报价的规定；组织专为柜台市场股票使用的正式注册经纪人系统。

第四阶段：20 世纪 90 年代至今的交易市场整合、创新阶段。1991 年 10 月，作为日本柜台市场的最高形式，日本证券商自动报价系统（JSADAQ）开始运行，日本的柜台市场进入现代化创新发展的新阶段。1995 年 7 月，柜台市场又新制定了柜台注册制度（Special-rule OTC issue），开设第二柜台市场，以期为有潜力、能为日本未来新经济做出贡献的新公司提供融资便利。至1995年，在JASDAQ系统注册的公司达到678家，注册公司市值达145354亿日元。企业在柜台市场融资的优越性在于：第一，注册标准相对较低；第二，注册文件和手续以及注册后定期披露的文件都比较简单；第三，筹集资金的成本及注册后运行费用相对较低；第四，摘牌风险小而又具有适时转板上市的机会等。因此，日本的柜台市场发展非常迅速，尤其是债券在柜台市场的交易。1998年12月，修改的证券交易法规定，协会开设的市场定义为“柜台有价证券市场”，为与交易所并列的有价证券市场。

2007年，JASDAQ证券交易所和大阪证券交易所整合后，对创业板Hercules市场、JASDAQ市场和NEO这三大证券市场也进行重组。新的JASDAQ市场不断扩大市场规模，其中JASDAQ标准板不断吸收有发展潜力的挂牌企业，截至2010年底已经拥有挂牌企业947家。JASDAQ成长板市场则主要面向成长型企业，目前规模较小。当前日本股票市场架构见图5-2。从日本柜台市场的历史沿革来看，日本对柜台市场的改革基本上是遵循这样的思路：以美国纳斯达克市场为蓝本，逐步规范柜台市场的登记制度，提高柜台市场作为证券交易市场的地位，使之成为与证券交易所分庭抗礼的另一个重要交易市场。

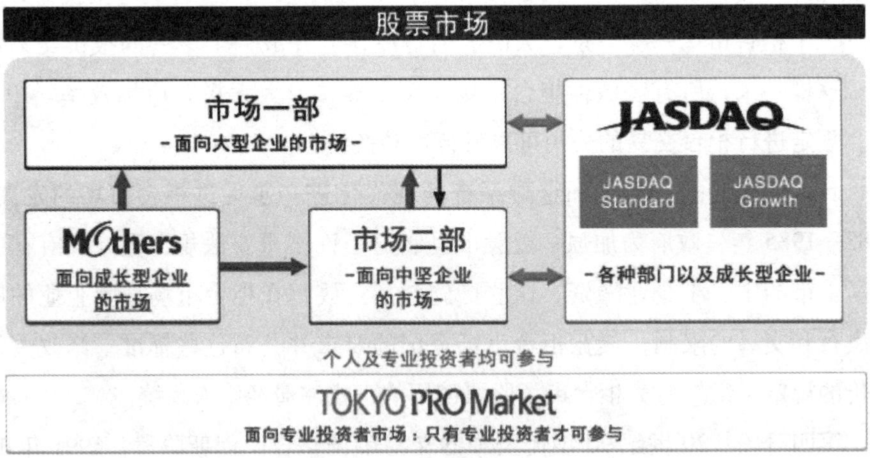

图5-2　日本股票市场

图片来源：日本交易所集团网站。

（2）日本柜台市场的监管。

日本的证券管理机构是大藏省证券局，它负责统一管理日本的证券市场。《证券交易法》规定，证券发行人在发行有价证券前必须向大藏省登记，证券交易的争端由大藏大臣调整。证券局的首脑为总裁，下设两名副总裁，其中一名副总裁兼任东京证券交易所的监理官。证券局除了对证券经营事项进行注册登记、批准、认可、检查及对一切证券法令的执行情况进行监督外，还对证券公司的经营以及证券业协会的活动实行直接行政指导。日本的柜台市场一方面接受大藏省的监管，另一方面又接受日本全国证券业协会的管理，但以证券业协会管理为主，大藏省监管为辅，采取的也是自律监管模式。

日本《证券交易法》赋予日本证券业协会相当大的自律权限，同时证券业协会也可以通过制定一系列自律规范并监督执行来达到监管的目的。《证券交易法》第七十五条至七十九条具体规定了监管每日柜台交易等职权。

日本证券业协会在东京和大阪分设“株式柜台市场监管专门委员会”，负责市场监管工作，具体职能为：即时监视柜台市场的交易情况；在行情异常情况下采取有关措施；专设“柜台市场”交易时，负责调查分析交易价格、交易额及异常价格形成的原因、查核有无涉及操纵内幕交易等不法行为。

日本的证券立法主要是 1948 年 5 月颁布的《证券交易法》，是以美国《1933 年证券法》和《1934 年证券交易法》为蓝本制定的，是日本证券市场立法管制中最为重要和系统的法律之一。该法自颁布至今已先后经过 40 多次修正，目前日本的证券管理仍以 1948 年《证券交易法》为基础，其管理体制基本上属于美国型，但管理更集中、更严格。

在日本的证券立法中，关于柜台市场的法律规范也是主要包含于《证券交易法》及历次修正中。按照规定，日本的柜台市场实行注册登记制度，证券业协会负责对柜台市场挂牌的证券进行登记；股票在柜台市场进行交易的公司，必须在每个会计年度结束后的 3 个月内，编制年度报告，其中财务报表必须经过审计，并将年报予以公布。1971 年以后，证券业协会根据大藏省证券局的要求，对其制定的柜台市场的管理规则做了进一步完善，如 1976 年协会理事会颁布的《关于在柜台市场交易及其交易规则》和《关于柜台市场股票注册及价格制定规则》。总体来说，日本对柜台市场的监管主要体现在三个方面：一是证券登记注册制度；二是证券交易商行为的监管；三是禁止性规定。

①证券注册申请及撤销。

日本柜台市场的监管主要是登记制度，为此专门颁布了《关于柜台市场证券注册及价格制定规则》。根据其规定，非上市公司的证券如果在柜台市场挂牌交易，需要有两家以上的证券公司联名向证券业协会提出申请。证券公司必须在详细核查公司运营及财务细节后，才可向证券业协会推荐。证券业协会受理申请以后，按照证券业协会制定的挂牌规则，对该拟挂牌公司进行审查。

具体来说，审查的标准主要有：经协会会员证券商的联名推荐；公司的资本额在1亿日元以上；公司设立已经两年，当年的每股分红率为10%以上（按票面金额计算）；公司前一营业年度的纯利润额对使用资本的比例在20%以上；公司的总资产额在2亿日元以上；公司前一营业年度的财务报表经审计；公司的30%以上的股票，必须分布在证券业协会制定的管辖地区；发行证券的样式符合法定的标准；没有证券转让的限制；证券登记申请在前三年内没有被停止过证券登记（证券没有在证券交易所上市）；在普通报刊上发布相关公告。

证券业协会经过审查以后，如果合乎要求，就将该证券的公司名、种类数量、票面金额、股票代码和申请日期，记录到证券业协会的登记簿上，并对外公告，宣布该证券可作为登记证券在柜台市场交易。挂牌公司的证券在证券业协会登记以后，为了维护登记证券的信誉，保护投资者的利益，证券业协会还要定期对挂牌公司进行后续督导，如果挂牌公司有下列情况出现，证券登记资格将被取消：挂牌公司自愿申请取消资格；挂牌公司向证券业协会提供的文件中，对重要事项有虚报记载会缺少重要事项的记载；挂牌公司资本总额不足1亿日元；挂牌公司存在证券转让的限制；挂牌公司重组；挂牌公司经营活动停止；挂牌公司的营业年度诸表，经审计为不合格；登记证券以年内的月平均交易量不足2000股；挂牌公司转板在证券交易所上市。

②证券公司行为规范。

证券公司必须按照公平原则为投资者执行订单，并为投资者争取交易当时的最佳报价；证券商只能接受固定价格交易的订单，不能接受客户按照市价买进时的订单；证券公司有必要为投资者讲清楚柜台市场的风险，确信该客户能够对此风险有判断力并愿意承担此类风险。

③禁止性规定。

禁止从事内幕交易、操纵市场、证券欺诈等行为。《证券交易法》第一百五十九条规定："第一，任何人不得以使他人进行柜台买卖有价证券的买卖交易，产生柜台有价证券买卖交易情况良好的误解，或使他人对该有价证券的买卖交易产生误解为目的，进行下列行为：就该有价证券，不以权力的转移为目的，进行虚假交易；事先与他人同谋，在自己卖出的同时，使其以同样的价格收购进该股票。第二，任何人不得就柜台买卖有价证券的买卖交易为目的，进行下列行为：单独或与他人共谋，使人误解该柜台买卖有价证券的买卖交易良好，或为使其行情变动进行一致的买卖交易等或其委托或受托；散布流言称该柜台买卖有价证券的行情以自己或他人的操纵而变动。"

④信息披露要求。

《证券交易法》对柜台市场的信息的公开性也有严格的要求。凡证券在柜台市场进行交易的挂牌公司，必须在每个会计期结束后的三个月内，写出年度报告，并予以公布。证券业协会制定的新的补充条款还规定，挂牌公司要发表半年的年度报告，其中财务报表必须经过审计。除此之外，证券业协会还要及时公布有关证券公司财务及其他方面的资料。对于柜台市场证券的价格，证券业协会也是定期及时公布。一般情况下，由证券卖方的证券公司把各种证券的买卖价格及交易额向证券业协会报告，协会整理后将当日最高与最低价公告于众。

5.3.2.3 中国台湾地区场外交易市场的监管

场外交易市场在台湾地区习惯被称为"柜台市场"。台湾地区柜台市场的发展也有一个波折的过程——一度曾被明令禁止，20 世纪 80 年代初又被重新接纳和重开。经过多年的发展，柜台市场已成为台湾地区证券市场的重要组成部分。

（1）台湾地区场外交易的发展。

早在20世纪50年代初，台湾地区的柜台市场股票买卖就已经非常发达。1961年“台湾证券交易所”成立，并于次年2月正式营业，建立起集中交易市场机制；柜台市场随之关闭，集中交易市场之外的证券场外交易则被禁止。

1982年，考虑为公开发行但尚未上市的公司所发行的股票开拓流通渠道，以便于其筹措资金，同时活跃政府债券买卖，柜台市场的柜台交易重开，其中债券买卖先行恢复，但股票集中在证券交易所交易。1988年2月，“台北市证券商工会”设立“证券柜台买卖中心”。1990年，柜台买卖交易对象扩及公司股票，柜台市场柜台交易制度大致确定并沿用至今。1990年9月，开放所有柜台买卖，证券商均可参与报价。1993年，建立债券成交回报系统。

在1994年以前，台湾地区柜台市场还主要定位于债券的买卖。另外由于体制原因，股票交易量很小，交投不够活跃，对公司及投资者没有吸引力。为此，台湾地区证券监管部门制定了几项刺激店头市场发展的政策：第一，1994年1月组建财团法人“台湾证券柜台买卖中心”，作为店头市场的管理协调机构，负责办理柜台买卖业务；第二，1994年12月建立股票等价自动成交系统，实现“统一报价、分散交易、集中清算”；第三，明确规定柜台市场交易的股票经过发展达到一定条件后，也可以被推荐到证券交易所上市交易。新制度的制定与实施，极大地提高了柜台市场公司股票的交投活跃性，从而吸引了更多中小企业到柜台市场募股筹资。

为了进一步推动中小企业、新兴产业及重要行业尽早进入资本市场，在台湾当局监管部门的指示下，“台湾证券柜台买卖中心”于2000年4月开设了第二类股票交易市场，称为台湾创新成长企业类股（TIGER），其制度主要是参考了美国纳斯达克、日本新兴企业市场及中国香港交易所创业板市场的规定。和原先的挂牌公司股票即一般类股的挂牌条件相比，第二类股的挂牌条件更为宽松，并有独立的交易制度，被称为“创业板中的创业板”，同时也辅之以更加严格的监管。

目前，“台湾证券柜台买卖中心”已构建了由一般类股、第二类股以及2002年开市的兴柜市场共同组成的证券市场，面向不同类型的企业，提供多层次的融资舞台；并按照“挂牌从宽，管理从严”的原则，通过股份集中保管、挂牌后管理等制度适度控制市场风险，保护投资人权利。市场进一步发展，台湾地区柜台市场已成为世界上最大的场外交易市场之一。

（2）台湾地区柜台市场的监管。

“台湾证券暨期货管理委员会”（以下简称“证期会”）是台湾当局证券市场和期货交易的主管机构，隶属于“财政部”。“证期会”统一管理证券和期货市场。它对证券市场行使管理的权利有：证券相关机构设立的审核权，对证券发行人、承销商等的检查权，对证券商发行人的纠正权、处罚权以及对发行公司的管理权等权利。台湾地区对场外交易的管理注重政府管理与自律管理的结合。“证期会”对柜台买卖也采取直接管理与间接管理相结合的方式。

1994 年 11 月成立的“台湾证券柜台买卖中心”是台湾地区柜台市场的主要经营管理者。其主要任务是积极扩大台湾地区证券市场规模，健全交易秩序，吸引更多企业挂牌。“柜台买卖中心”为公益性财团法人，以推动发展店头市场为宗旨。“柜台买卖中心”负责每日公布股票、债券最新行情及证券相关资讯。建立各挂牌公司资料库将其财务报告、除权除息、各项营运等相关资料公开陈列，供投资大众阅览。

2000 年之后，台湾当局管理部门逐步对“中央银行”下属的“金融业务监察局”，“财政部”下属的“证期会”“金融局”“保险司”以及“中央存款保险公司”下属的“检查处”等机构加以整合，并最终于 2004 年 7 月成立了“金融监督管理委员会”，直属“行政院”，台湾地区金融业集中统一的监管模式由此形成，场外交易市场的监管也被纳入其中。

台湾证券管理当局于 1989 年 1 月 29 日颁布实施的“台湾证券交易法”是其证券市场最主要的证券法规，其后几经修改，主要内容有：规定有价证券的募集、发行和买卖的行为准则；规定证券中介机构包括证券承销商、证券自营商、证券经纪商的权利与义务；规定证券交易所行为准则等。对于场外交易的管理，1982 年，台湾证券管理当局颁布了“证券商营业处所买卖有价证券管理办法”（以下简称“管理办法”），专门对店头市场做出了规定。同时依该“管理办法”第七条制定的“证券商营业处所买卖有价证券业务规则”（以下简称“业务规则”），对有价证券的买卖和证券商的管理做出了具体规定。此外，“台北市证券商同业公会证券营业处所买卖有价证券审查准则”（以下简称“审查准则”）也对证券的柜台交易予以规范。综合起来主要包括以下几个方面的内容：

①对证券公司的管理。

“业务规则”第十七条规定：“证券公司非经主管机关之许可，并与本中心签订证券公司经营柜台买卖有价证券契约且依规缴存给付结算基金，不得经营柜台买卖业务。”第十九条规定：“申请参加柜台买卖之证券公司除依第十七条规定办理外，并应填送申请书，连同下列文件，向本中心申请登记。”在台湾证券公司从事柜台买卖业务，实行核准制，“证期会”为核准机关，同时“柜台买卖中心”还实行登记制度，对证券公司实行双重管理。“业务规则”第三条规定：“证券公司于客户为柜台买卖时，应慎重考量客户之意向、条件、投资经验、投资目的及能力。”

②对交易证券的要求。

根据《审查准则》的规定，发行公司申请在柜台交易必须经证券商同业公会批准。其条件为：

a. 公司股票公开发行，由两家证券公司书面推荐，且辅导满 12 个月。

b. 公司的实收资本应在新台币 5000 万圆以上。

c. 公司设立年限满 3 年，但属于公共事业和台湾当局指定的十大科技产业的可不受此限制。

d. 公司的获利能力（营业利润及税前利润占资本额的比例），最近一个年度在 4%以上且无累积亏损，或者最近两个年度均达 2%以上，且最近一年度较前一年度为佳，而科技企业不受上述获利能力的限制。

e. 在最低公众持股量方面，公司需有持有股份 1000 股至 50000 股的记名股东，人数不少于 300 人，且其所持股份总额合计占发行总额 10%以上或逾 500 万股。对于申请在第二类股票市场挂牌的公司，挂牌条件则更加宽松。

③严格的挂牌审查制度。

尽管公司的挂牌条件比较宽松，但审核程序与集中市场一样严格，须经过上柜部实质审查、审议委员会审议、董事会核议、“证期会”备查。“证券柜台买卖中心”下设的上柜部必须对申请挂牌的公司进行实质尽调，通过后交由审议委员会。该委员会由中心聘请的15名学者和专家组成，对上柜部通过的案子审查通过后报中心董事会核议。董事会讨论通过后，再报台湾当局监管部门和“证期会”备案。

④股份的集中托管制度。

为保证公司挂牌后经营权的稳定，中心将公司内部人和大股东所持的公司股权实行集中托管即锁定，托管期间不可上市流通。具体对象是内部人（包括公司董事和监察人），持股10%（科技类企业为5%）以上的大股东，以专利权或专门技术出资而在公司任职并持有公司申请挂牌时已发行股份的10万股以上的股东。以一般类股为例，上述股权的50%托管期为2年以上，其余部分为1年。集中托管的股份最低必须达到公司资本额的30%或者6000万股，若无法满足上述条件，还需找其他股东凑足股数。而第二类股公司在规模、设立年限、获利能力等都不如一般类股，经营的不确定性更高，因此在监管上更加严格，股份集中托管的条件要较上述更为苛刻。

⑤挂牌公司后续督导制度。

中心制定了一系列制度，对挂牌公司实行严格的监管，主要体现在四个方面：

一是承诺事项追踪。在公司申请挂牌过程中，上柜部或审议委员会往往会要求其附加承诺一些条件，由于这些多数是中小型企业，家族化管理痕迹显著，因此承诺事项最多的是董事和监事不独立，由亲戚朋友担任，这样审议委员会要求公司挂牌后必须增加一定席位的外部独立董事、监事。

二是重大信息揭露。规定挂牌公司凡是发生对财务、业务重大影响的事件，在事实发生的第二天必须对市场公告。

三是平时及例外管理。中心定期对挂牌公司进行检查并将结果向市场披露，同时对公司发生的例外事件也及时进行了解。例如董事、监事把所持的公司股票拿去银行质押，随着抵押品价值下跌，银行要求补足抵押品或先期偿还部分借款的要求也无法得到满足时，银行将把质押的股票卖掉，这是一个对公司经营的预警，要及时让投资人知道。

四是财务报表的实质审查。挂牌公司的年度报告、半年报告、季度报告要经过会计师审计。

⑥内幕交易的监控。

为了保护投资人利益，“柜台买卖中心”组织了由10~15人组成的市场监控小组，对交易实行严厉的监控，关注的重点是内部人股权管理、不法炒作、内线交易。根据“台湾证券法律”的规定，内部人包括挂牌公司的董事、监事、大股东及其配偶、未成年子女，内部人买卖公司的股票须事先向“证期会”申报，每个月其所持公司股权发生变动也要申报。监控小组把所有挂牌公司内部人持股状况通过电脑建档并动态查核，如果内部人通过中心买卖股票或所持股权变动均未申报，小组将报送“证期会”依法处理。公司有影响股价的重大信息，内部人必须在消息公开后才能买卖，否则中心将运用长久以来建立的内部人档案进行查核，涉及内线交易的将呈送检调机关。另外中心还建立挂牌公司财务业务危机预警系统及防范证券商买卖异常有价证券巨额违约系统，从而即时监视异常资讯，维护市场交易秩序。

5.4 中国场外交易市场监管体系

5.4.1 中国场外交易市场监管的历史回顾

中国场外交易市场监管阶段的划分主要来源于两个标准：一是场外交易市场的发展周期，市场的兴起、发展、清理、整顿同时对应着一个监管周期，1986—1993年、1994—1999年两个阶段的划分都依据这个标准；二是标志性的监管政策或某类场外交易市场的成立，因为这往往意味着不同的监管要求。2000—2012年，场外交易市场开始分化，这中间虽然经历了2006年的清理整顿，但主要针对非法原始股买卖的清理，并没有出现市场形态的变化，因而这里不做单独阶段的划分。2011—2012年，监管层发布了一系列规范性文件，既是对场外交易市场分化阶段的总结，又对后续监管产生了较大影响，因而把2000—2012年作为场外交易市场监管的第三个阶段。2013年1月，“新三板”正式开市，区域性股权市场经过试点后也在全国迅速铺开，因而将2013年作为场外交易市场第四个监管阶段的起点。

（1）1986—1993 年场外交易市场自发阶段的监管。

①监管背景。

20 世纪 80 年代，国有企业和乡镇企业进行了大规模的股份制改造，也催生了证券场外交易市场的出现。1986 年起，上海、沈阳、成都等企业股份制改造较早的城市，柜台交易慢慢出现，一些产权交易所也开始筹建。1990 年、1991 年沪深两家交易所开市，财富效应扩大了场外股票的交易需求，企业在缺少有效监管的情况下开始无序发行股票，扰乱了市场的正常运行。场内市场形成的财富效应还促成了产权交易市场的开设，全国新建产权交易市场达上百家。在交易形态上，场外交易市场在这个时期更多地表现为零散的自发柜台交易，成都“红庙子”市场就是这一时期的典型代表。成都是股份制试点较早的城市，市区内的“红庙子”市场在鼎盛时期（1992 年下半年至 1993 年上半年）“交易品种已达 70 多种，股民最多超过 8 万人，日成交金额在千万元以上，被称为中国最大的股票‘黑市’”。没有监管的发行和交易股票，吸引了逐利资金的流动，冲击了政府的宏观调控。庞大、无序且不受管控的场外交易市场面临着第一次清理整顿。

②监管政策。

中国人民银行是这一时期的主要监管机构，国家经济体制改革委员会是股份制试点的审批部门，起到实质性监管作用。除了这两家监管部门外，涉及定价时，由国家计划委员会负责；涉及国有股和法人股的，由国有资产管理局管理；具体到行政执法时，则由工商行政管理局执行。在“银证分离”的指导下，1992 年 10 月成立了中国证监会，但当时还没有出台与场外交易市场相关的监管政策。处在“黑市”交易的场外交易市场，只要每个柜台交一定的行政管理费，就可以开张，多个柜台聚集起来就组成了交易市场。

由于场外交易市场的发展缺少前期的规范，当市场无序发展时，多个监管部门只能联合行动，采取清理整顿的补救措施。1993 年 4 月，国务院办公厅转发国家体改委等部门《关于立即制止发行内部职工股不规范做法意见的紧急通知》，随后国家体改委也制定了内部职工持股的细则，明确了公司“发行的股权证，要由主管部门认可的证券经营机构实行集中托管，不得在社会上转让，进行交易”。1994 年 4 月，国务院办公厅发布《关于加强国有企业产权交易管理的通知》。这些补救性的监管文件为清理整顿提供了依据，监管部门先后取缔了分散在各地的场外交易市场及交易活动。

在此期间，中国还成立了第一个全国性的行业自律组织及为法人股而设的全国证券交易自动报价（STAQ）系统和 NET 系统。1991 年 8 月，证券业协会成立。1990 年 12 月，由国家体改委牵头，STAQ 系统正式开始运行，1993 年 4 月，人民银行联合 5 家银行、人保公司以及 3 家证券公司建立了另外一个法人股交易系统——NET 系统，为法人股单独开辟出交易市场。STAQ 和 NET 系统建成不久，1993 年 5 月，国务院证券委员会对这两个系统也进行了清理整顿，暂不批准法人股上市交易。1999 年两个系统停止交易，2001 年 5 月 25 日，根据证监会意见，中国证券业协会决定选择部分证券公司试点开展原 STAQ、NET 系统流通股转让业务，三板市场由此登上历史舞台。

（2）1994—1999 年地方政府推动下的场外交易市场监管。

①监管背景。

场外交易市场的取缔，未能消灭非上市金融产品的交易需求，除股票外，国债和当时新设立的基金也具备了流通条件。地方政府开始有意识地推动场外交易市场的发展，并在市场的后续发展中始终作为推动力量而存在。这一时期的场外交易市场在形式上主要是产权交易所（中心）、证券交易中心和自动报价系统。由于没有规章可循，沪深交易所的交易规则引导了场外交易场的规则制定。如 1993 年 9 月开通的淄博证券交易自动报价系统，拥有明确的交易品种，挂牌企业需要严格审批，实行保荐人制度，交易清算系统相对独立。同样由于没有规章可循，一些省市的产权交易所不满足于企业整体或部分产权交易，将非上市股份公司的股权进行拆细交易，投资者门槛大幅降低，风险的波及范围也随之扩大。在地方政府的推动下，场外交易市场一方面表现出向先进交易靠拢的自律一面，另一方面，地方政府没有对场外交易市场成有效监管，场外交易市场在利益驱动下，自律只能构成软约束，各地市场发展良莠不齐。1994—1996 年，沪深交易所股市行情的上升提高了场外交易股票的上市预期，带动了场外的交易和投机。1996—1997 年，各地场外交易市场的筹建一哄而上，到 1998 年清理整顿前，全国 18 个省区设立股票（股权证）交易场所 41 家，市值约 300 亿元。这些不受监控的市场给中国的金融系统安全带来了较大的隐患，在1997年亚洲金融危机和国内经济调整的大背景下，场外交易市场再次被取缔。

②监管政策。

1992年10月，中国证监会成立，但国务院证券委员会还是国家最高证券管理机构，证监会只是作为证券委的具体执行机构。这一时期的监管一方面是对1993年清理整顿的收尾和总结，另一方面对新出现的问题依旧延续了清理整顿的监管对策。针对1993年的整顿，监管部门开始了有意识的规范。1995年9月，国家体改委、国家国有资产管理局发布了《关于做好原有股份有限公司规范工作的通知》。1996年1月，国务院发布《企业国有资产产权登记管理办法》。这些文件明确了企业发行的股权证，须由主管部门认可的证券经营机构实行集中托管，同时对国有产权的登记、管理和转让进行了规范，初步形成了产权市场的监管框架。但上述文件的监管细节还不够明确，场外交易市场还是在具体运作中碰壁、摸索。第一次清理整顿后，法律上已经明确非上市公司的股票流通是严厉禁止的。1993年4月国务院颁布的《股票发行与交易管理暂行条例》第二十九条规定："股票交易必须在经证券委批准可以进行股票交易的证券交易场所进行。"1993年12月制定的《公司法》第一百四十四条规定："股东转让其股份，必须在依法设立的证券交易场所进行。"1994年以后新设立的场外交易市场主要由当地政府和人民银行批准设立，依照上述法规，这些市场在成立时就是违法的，但在市场发展初期并没有受到严格监管，运作一段时间出现问题后，这些法规又被作为清理整顿的依据。与第一次整顿相比，第二次涉及面更广、延续时间更长。国务院办公厅1998年3月转发了证监会《关于清理整顿场外非法股票交易方案的通知》，指出此次清理整顿，是针对"未经国务院批准擅自设立的产权交易所（中心）、证券交易中心和证券交易自动报价系统等机构，所从事的非上市公司股票、股权证等股权类证券的交易活动。"1998年9月，国务院办公厅又转发了证监会《关于清理整顿证券交易中心方案的通知》，将清理工作扩展到与上交所、深交所的联网业务，并且列出了需要清理整顿的场外交易市场名称，这些市场或被清理，或被改组为证券经纪公司、证券营业部或证券服务部。此后，证监会对产权交易又做了"三不"规定："不得拆细、不得连续、不得标准化”，这也成为影响至今的场外交易市场监管规定。1999 年 9 月，“为整合中国证券市场多头管理，防范亚洲金融危机，因国庆彩排无线电管制和设备检修，经上级部门电话通知，关闭了 STAQ 和 NET 系统”。

（3）2000—2012 年场外交易市场分化阶段的监管。

①监管背景。

东南亚金融危机后，宏观经济在延续原有经济增长模式的同时，结构调整的变革要求逐渐显现，中小企业的作用日益受到重视。场内交易市场于 2004 年 5 月设立中小企业板，2009 年 10 月设立了创业板。这一时期，场外交易市场也在宏观经济结构调整中开始分化。2003 年 1 月《中华人民共和国中小企业促进法》实施，资本市场对中小企业的促进作用日益受到各界重视。2003 年 10 月党的十六届三中全会审议通过《中共中央关于完善社会主义市场经济体制若干问题的决定》，第一次从政策层面提出“多层次资本市场体系”。2004 年 1 月国务院发布《关于推进资本市场改革开放和稳定发展的若干意见》（简称“国九条”），对多层次资本市场体系作了进一步界定。2005 年 10 月，修订后的《公司法》第一百三十九条规定：“股东转让其股份，应当在依法设立的证券交易场所进行或者按照国务院规定的其他方式进行。”法律条文中的“其他方式”的表述为多层次资本市场的探索留有了余地。2001 年 7 月，代办股份转让系统（俗称“老三板”）成立，主要交易从场内交易所退市的股票和原 STAQ 和 NET 系统中停止交易的股票。2006 年 1 月，国务院批准中关村科技园区非上市股份有限公司进入代办股份转让系统试点，“新三板”成立。

上一阶段关闭的产权交易市场 2000 年后开始重建。1999 年 12 月上海成立了我国第一家技术产权交易所，随后，兼具产权和创新要素的技术产权交易市场开始兴起。我国的产权交易市场原先属于国家体改委主管，2003 年国务院国有资产监督管理委员会成立，产权交易市场归口国资委管理。2004 年 2 月起实行的《企业国有产权转让管理暂行办法》规定：“除金融类企业国有产权转让和上市公司的股权转让外，国有企业的产权转让应当在依法设立的产权交易机构进行。”至此，一直是中国场外股权交易主要形态的产权交易所专注于国有产权的交易，中小企业的股权交易逐渐让位于新兴的区域性股权市场。2008 年始，天津、重庆、上海获得国务院批复，对非上市的股权托管和交易开展先行先试，随后各地的区域性股权市场在各省级政府的批复下纷纷设立。一方面是各类场外交易市场的布局和分化，另一方面非上市股权的流通问题始终没能得到解决。与此同时，广义上的场外交易市场推出了各类资产证券化产品，2010 年、2011 年的河南技术产权交易所和天津文交所事件触碰了 1998 年证监会发布的“三不”规定，也折射了非上市证券的流通问题。

②监管政策。

随着场外交易市场的分化，监管主体也开始分化、细化。1998 年 4 月，国务院证券委员会与中国证监会合并组成新的中国证监会，新的中国证监会属于国务院直属正部级单位。同年 12 月《证券法》颁布，中国证监会的主监管地位确立。2008 年 3 月，中国证监会成立非上市公众公司监管部。虽然对非上市公众公司的监管有了国家层面的机构，但不同类型的场外交易市场还是归属不同的监管部门。“老三板”“新三板”归口证券业协会监管，产权交易市场的监管归属国资委，区域性股权市场由地方政府管理。这一时期的“老三板”“新三板”主要由证券业协会实施自律管。中国证券业协会 2001 年 6 月制定《证券公司代办股份转让服务业务试点办法》，在该办法中，中国证券业协会授予自己主管“老三板”的权力。随后，中国证券业协会又制定了多项业务规则和具体规定，2009 年 6 月发布的《股份进入证券公司代办股份转让系统报价转让的中关村科技园区非上市股份有限公司信息披露规则》对监管职能做了如下划分：“公司注册地的地方政府对公司实行持续监管，证券业协会对主办券商及市场上的股份转让行为进行自律性监管，挂牌公司的信息披露由证券公司负责督导。”场外交易市场的违规事件集中在非上市股权的流通问题上，监管上依旧采取了多部门联合清理整顿的方式，只是由地方政府具体执行。在此过程中，区域性股权市场的监管逐渐由地方政府负责。2006 年 12 月，国务院办公厅发布《关于严厉打击非法发行股票和非法经营证券业务有关问题的通知》，整顿小组包含证监会、公安部、工商总局、银监会，并邀请最高人民法院、最高人民检察院等部门参加。2011 年 11 月国务院下发《关于清理整顿各类交易场所切实防范金融风险的决定》，明确了一系列的禁止性规定，确定了区域性股权市场的监管归属地方政府。在 1998 年发布的“三不”规定基础上又增加了“不得采取集中竞价、做市商等集中交易”，“不得将权益按照标准化交易单位持续挂牌交易”，“投资者买卖时间间隔不得少于5个交易日”，“权益持有人累计不得超过200人”等禁止性规定。2012年7月《国务院办公厅关于清理整顿各类交易场所的实施意见》规定了各类交易场所原则上不得跨区域设立分支机构。2012年9月中国证监会印发《关于规范证券公司参与区域性股权交易市场的指导意见（试行）》（以下简称“20号文”）首提“区域性股权交易市场”，监管部门首次正式肯定区域性股权市场的存在及作用。“20号文”还明确提出了证券公司可以出资建设、业务参与验收合格的区域性股权市场。

（4）2013—2017年多层次场外交易市场的监管。

①监管背景。

2013年8月，国务院办公厅出台《关于金融支持小微企业发展的实施意见》，肯定了多层次场外交易市场对小微企业的支持，场外交易市场的服务对象继续下沉。2012年8月“新三板”扩容，试点企业从中关村科技园区扩展至上海、天津、武汉等地的高新技术园区，2013年1月“新三板”正式开市，挂牌企业逐渐放大到全国，不再受高新园区的限制。区域性股权市场由试点时的3家，扩展到现在的34家，遍及每一个省、自治区、直辖市、计划单列市。“新三板”服务于非上市公众公司，区域性股权市场主要定位于非公众公司，即私募市场。至此，这两类市场构成了以中小企业股权交易为核心的场外交易市场，以实现市场间的互补，解决中小企业直接融资难题。场外交易市场并没有停止分层的步伐，且市场间联系日渐紧密。2012年下半年以来，证券公司柜台市场与机构间私募产品报价与服务系统相继成立，交易的产品从股权和债权类扩展到金融衍生品和资产证券化产品，私募类产品在证券公司柜台间可相互流通。

随着互联网金融的线下发展，股权众筹与“新三板”和区域性股权市场已有多种模式的融合，呼吁把股权众筹定位为新五板，作为多层次股权市场的延伸。场外交易市场的快速分层伴随着更多亟待规范的问题。“新三板”作为唯一一家全国性场外交易市场，挂牌企业在短短的几年内骤升至万家，但这个新兴市场的交易制度、主办券商督导制度、信息披露、公司治理等方面都还不够成熟，流动性随场内交易骤升骤降，已严重影响到挂牌企业的融资。根据2018年全年资本市场统计数据显示，“新三板”实现融资604亿元，区域性股权市场实现融资1783亿元。区域性股权市场数量众多，企业挂牌服务已不稀缺，各市场在竞争压力下探索各种盈利模式，企业的挂牌标准、信息披露程度、投资者准入要求都有诸多不同，这都向现有的监管提出了挑战。

②监管政策。

场外交易市场分层的背后是监管的分层。监管主体上，“新三板”由中国证监会监管，证券业协会进行自律管理。区域性股权市场由地方政府负责监管，形成各省区分别设立、分散监管的格局。“新三板”的监管政策明确较早。2013年1月《非上市公众公司监督管理办法》实施，明确了非上市公众公司的监管要求，为“新三板”监管的实施奠定了合法的基础。2013年2月中国证监会公布《全国中小企业股份转让系统有限责任公司管理暂行办法》，明确了“新三板”由中国证监会统一监管，突出了自律管理。以上两个办法构成了监管“新三板”的部门规章。2013年12月国务院发布《关于全国中小企业股份转让系统有关问题的决定》，连同现行的《公司法》《证券法》构成了监管“新三板”的法律法规。监管部门后续还发布了行政规范性文件及市场层面业务规则，构成了相对独立的监管框架。区域性股权市场的监管政策明确较晚。2015年6月，中国证监会发布《区域性股权市场监督管理试行办法（征求意见稿）》，这是中国证监会第一次发布针对区域性股权市场的规范文件，结束了监管只能从国家的政策文件中找到只字片语的历史。该征求意见稿从市场定位、功能、监管体制、监管底线、市场规则及支持措施六个角度发布了原则性监管规定，采用负面清单的监管模式。监管细则由各地方政府出台，并没有制定统一的规范。纵观场外交易市场30年的监管变迁，市场遭遇一次次的清理整顿，监管体系却始终没能有效建立起来。监管主体依旧多头，监管模式依旧不清，监管政策更多的是禁止性规定，在市场效率和风险之间摇摆不定。对场外交易市场的监管现状，理论及实务界都不断提出质疑。监管的基本要素不统一，症结是对中国场外交易市场的特点没有认识清楚。2017年1月，国务院办公厅发布《国务院办公厅关于规范发展区域性股权市场的通知》，对区域性股权市场的定位、功能等做了进一步的规范。

5.4.2 中国区域市场监管体制现状

（1）中国区域性股权市场法律监管。

2014 年最新修订的《证券法》在 1998 年的《证券法》的基础上对于场外交易市场相关内容作出调整，相关法律条文透露政府监管部门对于场外交易市场认可的态度，虽然在场外交易市场的制度建设、市场形态等方面没有给出较为明确规定，但是在法律制度中为场外市场的合法存在预留了法律空间，这一条款可以说算是个巨大的进步。此外，法规虽然对于场外交易市场的法律性质以及设立场外市场的具体要求和程序尚未给出规定，但是它对场外市场的法律地位及其设立审批权限的归属进行了明确。

国务院对场外市场负有监督职责，但是仅仅集中在对新三板市场监督管理中，对区域性股权市场的监督管理的立法规定过少。对中国区域性股权市场进行监督管理的主体是地方政府的金融部门，附加市场自律监督管理。这种模式中各监督管理主体缺乏明确的法律授权，场外市场上市、退市、交易、监管等方面的法律法规仍然有待完善。

综上可知，中国区域性股权市场取得长足发展，但中国从《证券法》中给予场外市场以合法地位，却未从法律制度层面明确场外市场的定位、性质以及建设区域性股权市场的具体要求和程序等相关制度。当前中国对区域性股权市场的规范主要散见于《证券法》、国家政策、自律性规则等，缺少法律层面上的相应监督管理，可能导致区域性股权市场的发展建设较为缓慢，相关法律制度有待完善。目前，对区域性股权市场的监管规定，一般是由设立区域性股权市场的所在省（自治区、直辖市）政府出台相关的监管制度。但是，制度并不统一，各地的监管要求和监管力度也不一致。

（2）中国区域性股权市场行政监管。

国际上各国、各地区的多层次市场体系，每一层次的市场都存在于市场制度之下，都具备市场经济的属性，在中国区域性股权市场是多层次资本市场体系中的重要部分，因此也必然具有市场经济基本内涵。虽然一般场外市场在初期应当是自发发展起来的，但是中国的区域性股权市场是基于政府政策发展起来的，其运作机制被附加了政府背景以及浓厚的行政色彩。场外市场中，证监会监管新三板市场，而地方政府的金融办（局）和中国证监会的派驻机构（地方证监局）共同监管区域性股权市场。

现实中，中国场外市场行政监管的一个显著的特点是：行政监管权力较大，管理较为严格，导致行业自律空间被压缩，不符合经济发展规律。详细说来，一方面，行政监管独立性和权威性不够，存在诸多能够干预证券市场监督管理政策的机构，包括人民银行、财政部、发改委、国资委等，与上述机构的政策比起来，中国证监会有很小的话语权，在宏观监管层面发挥的作用很小。另一方面，政府控制或是干预市场准入、价格机制、交易制度等方面，对于市场的运行效率会有一定程度的负面影响，使场外市场中市场作用的发挥受到限制。STAQ、NET 系统发展到证券业协会的全国中小企业股份转让系统，真正意义的场外市场至今未形成，这些都与政府的市场设计思路有关。此外，由于各个地方的区域性股权市场是由地方政府主导建立的，这种地方场外市场的负责人通常是由政府推荐任命，其管理体制行政化色彩浓，市场化程度较低。

随着我国场外市场的发展和壮大，行政监管过宽过深也会使有效监管和管理成本之间的矛盾凸显出来。首先，场外市场是为那些并不具备上市条件的中小型企业提供服务的，行政监管过于严格会加重其融资成本负担，与建立场外市场方便中小型企业融资的目的不符。其次，虽然场外市场的风险较高，但其事实上针对的是有风险投资偏好的较为成熟的投资者。这些较成熟的投资者有丰富的经验，较为强大的抗击风险的能力，因此在行政监管上给予一定的宽松程度。

（3）中国区域性股权市场行业自律监管。

中国《证券法》规定证券业协会是整个证券业的自律性组织，区域性股权市场运营机构是各省（自治区、直辖市）的区域性股权市场的自律参与者的监管组织。其主要监管内容是是否如实披露信息以及是否恪尽职守、履行诚信勤勉义务。其具体监管措施一般为约见谈话、提交书面承诺、出具警示函、责令整改等。因此，中国证券场外市场中实行行业自律监管的主体主要有证券业协会、全国股转公司以及区域性股权市场运营机构等场外市场组织者。2018 年，中国证券业协会成立区域性股权市场专业委员会，标志着把区域性股权市场纳入证监会自律监管之中。

中国当前虽在法律层面上在《证券法》中对自律性组织证券业协会的监管职能进行了原则性的规定，但是其内容多为框架指导性原则，具体实施细则尚未出台。为了能够实现对证券市场的有力控制和引导，实践中，政府没有改变政府部门对区域性股权市场进行监督管理时所占的主导地位，证券业协会很多时候只是行政命令执行者。自律性组织自我管理的积极性和能动性会由于政府主导、行政监管为主的模式有所限制，使得自律性组织的自律监管行为会在一定程度上受到政府监管的干预，在保证监管活动的同时可能会使得监管成本有所增加。另一方面，在中国的行业自律组织中，部分组织负责人主要采取了行政指定的方式，从而这些自律组织也就成为行政机关变相实施行政监管权力的地方，在自律监管的同时也融入了政府监管的指导理念。我国场外市场建设的法律环境取得了显著发展的同时，场外市场由非法状态下的禁止、取缔慢慢转向了合法化。

从上述法律层面、行政层面和行业自律层面对中国场外市场及区域性股权市场的监管现状进行分别分析，可知中国的场外市场及区域性股权市场的监管模式是由政府主导的，证券业协会等其他自律组织为辅。国务院的证券监督管理委员会对场内场外两种证券市场进行直接统一的监管，而自律性组织如证券业协会、全国股转公司以及区域性股权市场运营机构等一方面可在各自职权范围内对场外市场进行监督和管理，另一方面又都是直接接受中国证监会的管理。

5.5 中国区域性股权市场的监管内容

5.5.1 区域性股权市场运营机构的自律监管

（1）运营机构自律监管的内涵。

自律监管，也被叫作“自律管理”，是指通过一系列的法律法规、部门规章、业务规则等制度对自我进行监管的行为，通常被接受的定义为“自律监管行为主体自己管理自己的行为”。运营机构的自律管理，其内涵就是建立自己的监管办法，并以此为依据，对机构自身进行自我管理的监管行为。

运营机构自律监管主要有三种模式：一是处于政府监管部门主导控制下的自律监管机制，在此情形下，运营机构往往是政府机构控制下的附属机构，自身往往在自律监管中处于被动的地位并缺乏自治权；二是处于运营机构主导控制下的自律监管机制，在此情形下，运营机构自身往往有足够大的权利制定自律监管的规章制度，而政府监管部门则处于辅助的地位；三是处于运营机构与政府监管部门相互协作的自律监管机制，在此情形下，运营机构与政府监管部门相互沟通、相互协作，在相关的法律法规、规章制度层面统一协商制定，为自律监管提供了良好的实施环境。

（2）运营机构自律监管的优势。

区域性股权市场运营机构的自律监管是证券行业监管体系中非常基础、同时也是非常重要的组成部分。1998 年 9 月，国际证监会组织（International Organization of Securities Commissions，简称 IOSCO）在内罗毕会议上通过了一项国际监管的标准——《证券监管的目标与原则》。在此份重要的标准文件中，自律监管原则得到了极大的认可与重视，是证券监管的九大原则之一。同时，在该份文件中还指出，“自律组织是监管机构实现证券行业监管目标的有益补充部分”。

运营机构作为链接政府证券监管部门与股权市场主体的纽带，与政府证券监督管理部门比较，运营机构直接面对广泛的基层股权市场参与主体与市场行为，在股权市场的监管主体中处于一线地位。因此，区域性股权市场运营机构的自律监管是证券行业监管体系不可缺失的一环。

区域性股权市场运营机构自律监管的优势主要概括如下：

①及时性。

在股权市场金融工具产品日益丰富、股权市场法律关系日渐复杂的大背景下，证券市场监管部门所面对的市场变化节奏越来越快、复杂程度越来越深。证券监管部门在对市场进行监督管理的时候，需要保证依法依规。也就是说，证券监管部门需要保证监管部门主体明确、监管职权清晰明确和监管程序流程合规的原则。相关的立法部门在为监管部门制定行政监管法律制度时，需要考虑法律的民主性、公开性与公正性。在此实践背景下，政府监管部门往往无法轻易使用行政权力，从新兴的股权市场事件出现、到调查反馈、再到行政监管，往往已经错过了事前监管、事中监管的宝贵时间窗口，造成巨大的市场危害与损失。

然而，区域性股权市场运营机构作为直接面对广泛市场行为的基层管理机构，有条件在较短时间内收集情况、调查情况，并据此制定相关的自律管理制度，从而争取在造成损失之前控制风险。同时，运营机构拥有专业、可靠、深谙证券和股权市场相关的法律法规的专家团队，可以在制度的合法合规方面进行有力的保障。从而使得运营机构有条件、有能力在市场监管事件发生的初期及时出台自律监管的规章、及时加强监管措施的实施力度、及时规范股权市场的关系。

因此，国际证监会组织认为，运营机构可以为市场参与者提供有关市场运作实践中的深度专业经验，同时能够比政府监管者在更短的时间内，以更加变通的方法适应变动的市场环境。

②灵活性。

区域性股权市场运营机构进行自律监管，能够在法规制定与执行方面贴近市场，容易得到市场参与者的充分理解与主动遵守。在政府监管部门进行监管时，政府监管部门往往与区域性股权市场基层市场参与者的沟通交流存在一定的不通畅情况，从而使监管者与被监管者处于对立而非配合的状况。在他律监管的环境下，监管者与被监管者较难达成一个配合协作的监管环境。每个市场参与者都不愿意接受他人强行施加给自己的规则。究其原因，是因为政府法规、行政规章在制定的过程中，市场主体的参与程度相对较低，因此，在贯彻执行的过程中，市场主体的理解和遵守需要一个过程，效率和效果会受到一定影响。

而在运营机构的自律监管框架体系中，运营机构在充当监管者角色的同时，也扮演者着被监管者的角色。运营机构的自律监管制度实际上是将处于被监管者角色的证券商、上市公司和其他市场参与者扮演了一定程度的监管者角色，使得市场参与者在充当被监管者的同时也担任着监管者的角色。实质上，在制定自律监管制度的时候，各方市场参与者的想法与建议已经充分地融入规章制度中，他们的正当利益在此过程中得到了维护，市场参与者为了维护证券市场的整体利益而愿意接受共同的游戏规则。因此，在运营机构制定自律监管制度、采取监管措施时，市场参与者能够理解制度的制定、配合制度的实施。

③补充作用。

区域性股权市场运营机构的自律监管不仅能够完善行政监管的漏洞与缺陷，同时也可以深入到法律规章难以规范的商业伦理层面。法律与道德虽然均是行为规范的制度要求，但是在表现形式、调整范围、作用机制上都不尽相同。法律由于其自身的局限性，无法调整道德伦理领域的内容。《证券法》等相关法规同样不适合调整商业伦理范围的事由。所以，除了诚实信用原则、受托人的诚信义务等基本原则外，更多的处于道德伦理范围的行为规范，相关的立法部门也没有办法进行调节。

但是运营机构在进行自律监管时，能够对自律监管范围内的成员制定较为严格的制度规范。一方面，运营机构制定较为详细的自律监管制度，能够将现行法规中宏观的法律内容落到实处，对现有法律起到补充完善的作用的同时，也使其具备可操作性。另一方面，自律监管制度能够调整商业伦理范围内的行为规范，使市场主体有明确的行为指引可以遵照执行。国际证监会组织也公开坦言“运营机构能够要求市场参与者遵守商业伦理的行为规范，但是政府监管部门只能要求市场参与者守法行事，而无法要求市场参与者遵守商业伦理的行为规范”。

综合来看，运营机构开展的自律监管，相比较政府部门监管，能在较短时间内及时对市场行为进行督导，同时无须支出额外的成本又能够获得良好的监管效果。因此，运营机构的自律监管制度是政府部门监管制度的重要补充部分。运营机构进行的严格而又高效自律监管行为，对市场信心的建立、市场秩序的规范起到不可替代的作用。通过有效的市场监管，能够提升市场的公正性、透明度，进而能够保护投资者权益、降低市场系统风险。

（3）运营机构的自律监管职能。

2017 年 5 月 3 日中国证监会公布的《区域性股权市场监督管理试行办法》中对于区域性股权市场运营机构的监管进了如下表述：“区域性股权市场运营

机构负责组织区域性股权市场的活动，对市场参与者进行自律管理。”不难看出，区域性股权市场相关文件中对于监管对象主要为三类：市场行为的监管、市场参与者的监管、挂牌企业的监管。

5.5.2 市场准入监管

（1）中介机构准入。

区域性股权市场的中介服务机构主要由推荐机构、会计师事务所以及律师事务所等机构组成。在区域性股权市场中，挂牌企业大多存在财务制度不规范、风险内控制度不健全的问题，因此，中介服务机构在企业挂牌业务以及后续的辅导业务中需要为中小企业提供专业的财务、法律以及市场规制的咨询辅导服务，其承担了重要的业务辅导责任，对于中小企业的健康发展有着重要意义。同时，中介服务机构也是中小企业挂牌区域性股权市场的推荐者，其对于中小企业质量的评判与把关，决定着区域性股权市场整体的市场质量的好坏与健康程度。因此，合格的中介服务机构对于区域性股权市场整体的规范有序发展同样意义重大。

在《全国中小企业股份转让系统主办券商管理细则（试行）》中第二条规定，证券公司在全国股份转让系统开展相关业务前，应当向全国股份转让系统公司申请备案，成为主办券商，未经备案的证券公司没有资质开展相关业务。

在《区域性股权市场监督管理试行办法》中，第四章中介服务部分的第二十七条规定，挂牌业务机构、会计师事务所和律师事务所需要守法合规，无特殊资质要求，只需在区域性股权市场完成会员机构备案即可开展相关业务。

（2）投资者准入。

在区域性股权市场中，存在着企业挂牌门槛低、治理结构不健全、信息不透明等问题，与其相伴而来的是较大的投资决策风险。因此，为了保护投资者的权益，进入区域性股权市场的投资者应当具备与投资决策相关的专业技能和一定的风险防范能力。投资者准入制度的建立，对于市场平稳有序发展、有效控制市场风险、保护投资者合法权益具有重要的作用。对此，区域性股权市场的相关法规均做出了相关规定。

在投资者而准入制度的规定方面，主要是从以下三个方面做出了规范：一是可用资金的要求；二是相关专业从业经历；三是相关投资交易经历的要求。

《区域性股权市场监督管理试行办法》第十三条对合格投资者做了如下规定：“合格投资者，应当具有较强风险识别和承受能力，并符合下列条件之一：①证券公司、期货公司、基金管理公司及其子公司、商业银行、保险公司、信托公司、财务公司等依法经批准设立的金融机构以及依法备案或者登记的证券公司子公司、期货公司子公司、私募基金管理人；②证券公司资产管理产品、基金管理公司及其子公司产品、期货公司资产管理产品、银行理财产品、保险产品、信托产品等金融机构依法管理的投资性计划；③社会保障基金，企业年金等养老基金，慈善基金等社会公益基金，以及依法备案的私募基金；④依法设立且净资产不低于一定指标的法人或者其他组织；⑤在一定时期内拥有符合中国证监会规定的金融资产价值不低于 50 万元，且具有 2 年以上金融产品投资经历或者 2 年以上金融行业及相关工作经历的自然人。”

（3）公司挂牌准入。

区域性股权市场是多层次资本市场的重要基层组成部分。与发展几十年、越加完善的场内市场相比，区域性股权市场所服务的企业与场内市场有较大的区别。区域性股权市场所服务的企业往往是地区性的中小微企业，这些企业往往盈利能力弱、竞争能力差，在各方面都与场内市场的上市企业有着较大的差距。为了满足不同层次的中小企业的发展需要，从而促进实体经济发展，区域性股权市场的挂牌条件通常秉承着低门槛的原则。在挂牌业务方面，中国场外交易市场现有的制度指引主要为《全国中小企业股份转让系统业务规则（试行）》《全国中小企业股份转让系统股票挂牌条件适用基本标准指引》《区域性股权市场监督管理试行办法》。

2017 年 9 月 6 日，全国中小企业股份转让系统有限责任公司发布了修订之后的《全国中小企业股份转让系统股票挂牌条件适用基本标准指引》（以下简称《指引》）。此次新修订的《指引》是以 2013 年发布的《全国中小企业股份转让系统业务规则（试行）》为基础，按照“可把控、可举证、可识别”的原则将挂牌业务规则进行细化，在实践的角度为新三板挂牌业务的开展提供业务指引。

区域性股权市场与新三板相比，服务对象通常为其所在省级行政区内的中小微企业，因此往往规定相较新三板的挂牌标准更低一些。不同省级行政区经济发展水平往往也不一致，各区域性股权市场运营机构制定的挂牌标准往往也不尽相同。因此，在《区域性股权市场监督管理试行办法》中，对于企业挂牌标准并未给出详细规定，而是各运营机构依据自身所在省份情况制定。其中，以石家庄股权交易所为例，主板挂牌申请规定如下：“申请人系依法设立且存续满一年的股份有限公司，有限责任公司按原账面净资产值折股整体变更为股份有限公司的，存续时间可以从有限责任公司成立之日起计算。符合国家产业政策，业务明确，最近两年企业未收到环保部门处罚。”

5.5.3 市场行为监管

（1）股票发行监管。

对应资本市场发展的不同阶段，股票发行制度主要有三种模式：一是适用于发展初期市场的审批制；二是适用于市场化程度较高、监管制度较为完善市场的注册制；三是适用于发展中市场的核准制。鉴于中国资本市场处于建设初期，个人投资者占比仍然较高、资本市场市场化程度不高、监管体制有待完善、发行人与中介机构自律程度有待提高等因素，我国场外交易市场现阶段主要采取的股票发行制度为核准制。

在《区域性股权市场监督管理试行办法》第二章证券发行与转让部分，从股票发行的企业条件、发行对象以及发行渠道等内容进行了规定。在第十条中，对于发行股票的企业进行如下限制：“有符合《中华人民共和国公司法》规定的治理结构；最近一个会计年度的财务会计报告无虚假记载；没有处于持续状态的重大违法行为；法律、行政法规和中国证监会规定的其他条件。”在第十三条中，对于发行对象进行了如下规定：“在穿透核查后，单只证券持有人数累计不得超过 200 人；投资者应为合格投资者。”在第十五条中，对于发行渠道进行如下规定：“不可以通过公开渠道发行宣传股票，只可以向符合条件的合格投资者进行推荐。”同时，在第十七条规定中明确禁止集中竞价、连续竞价、做市商等集中交易方式。因此，在区域性股权市场中，符合条件的挂牌企业股票只可以向特定的合格投资者发行。

（2）信息披露监管。

信息披露制度，也被称为公示制度、公开披露制度，是一种信息公示制度，信息披露制度的法律主体通常为上市企业或挂牌企业，披露对象通常是市场投资者。信息披露制度通常是一项法定义务，具有强制性。比如证券监管部门为了保护广大市场投资者的合法权益，会要求上市企业或挂牌企业按照相应的法律法规与部门规章将涉及重大经营决策和重要财务状况的相关信息向社会定期公开披露，防范信息不透明、不对称造成的市场风险。区域性股权市场的信息披露的基本要求与场内交易市场的基本要求有很多相似之处，主要包括真实性、准确性、完整性和及时性。

目前，中国区域性股权市场处于建设发展的初期阶段，区域性股权市场不断扩容，挂牌企业数量不断增加。但是同时，由于区域性股权市场企业挂牌门槛低，市场中的企业质量良莠不齐，从而导致出现了市场投资者与挂牌企业之间较为严重的信息不对称问题。此时，信息披露制度作为自律监管的重要举措，真实、准确、及时、完整的信息披露可以有效地帮助投资者了解企业状况，减少信息不对称带来的投资决策风险。信息披露制度对于保护投资者合法权益、改善市场信息环境、促进场外交易市场的健康有序发展有着重要意义。

由于区域性股权市场并无全国统一的信息披露制度，不同的市场层次对于信息披露制度的要求也不尽相同。相比较场内交易市场而言，区域性股权市场主要服务对象为发展中的中小微企业，其在财务指标等方面无法与上市企业比较。因此区域性股权市场的信息披露原则主要是适度披露原则，在信息披露事项、信息披露流程、信息披露严格程度上，均低于场内交易市场的要求标准。

在信息披露的法律制度方面，中国的《证券法》与《公司法》中的信息披露制度适用对象为场内交易市场的上市企业，不适用于区域性股权市场的挂牌企业，同时，相关的信息披露制度也仅规定了主要原则。在新三板市场，信息披露制度的相关法规主要由部门规章和业务规则组成，其中，部门规章主要为《非上市公众公司监督管理办法》《非上市公众公司监管指引第 1 号——信息披露》，业务规则主要为《全国中小企业股份转让系统挂牌公司信息披露细则》。而在中国区域性股权市场，信息披露制度的相关法规内容主要在《区域性股权市场监督管理试行办法》中有所体现。

对于区域性股权市场，2017 年 5 月 3 日发布的《区域性股权市场监督管理试行办法》（证监会令第 132 号）对信息披露制度进行了内容指导。该办法在第二十一条、第二十二条中对于信息披露内容与原则作出指引，主要规定如下：信息披露要遵守真实、准确、完整的原则；挂牌公司应当在每一个会计年度结束之日起 4 个月内编制并披露年度报告，并在发生可能对证券转让价格产生较大影响的重要事件时，披露临时报告。《区域性股权市场监督管理试行办法》见本书附录。

第六章

中国区域性股权市场的战略分析、定位及交易功能评价

6.1 战略分析及定位

6.1.1 区域性股权市场的战略分析

如今，位于中国市场经济主导下的非上市公司对于缓解就业压力，保证国民经济平稳增长、优化经济结构等发挥着越来越重要的作用，成为中国经济体中的中流砥柱。如何推动非上市公司的发展，已经成为一些经济体共同研究的课题。综合多方因素，融资难是目前非上市企业所面临的一个最主要的发展障碍。目前，在中国国情下解决该问题成本最低、效益最好的方法就是大力发展区域性股权市场，在解决中小企业治理不规范、中小企业融资难等诸多方面难题中场外市场均起到十分关键的作用。目前中国场外市场正处于汇入高速发展轨道的关键时期，因此对区域性股权市场进行合理完善、科学治理的程度对我国场外市场稳定高效地度过发展关键期产生直接的影响。未来，为了解决众多中小非上市企业融资难的问题，场外交易市场的建设将是中国进行金融体系建设的重点内容，而作为场外交易市场重要组成部分的区域性股权市场也自然将成为金融体系建设中的重点。

在中国的多层次资本市场中区域性股权市场是非常重要的一部分，它是中国众多非上市公司股权流通的渠道，承担着众多尚未在场内交易市场挂牌的非上市企业的融资任务。近年来，中国政府承认了区域性股权市场的合法地位并完善了监管制度，在其发展壮大的过程中，区域性股权市场的战略定位也成为一个十分关键的问题。如何为区域性股权市场进行战略定位也逐渐成为新的问题。在这里通过 SWOT（优势、劣势、机会、风险）分析工具对于中国区域性股权市场进行全面分析并得出其战略定位。

（1）区域性股权市场的优势。

企业需要中国证监会等一系列证券监管机构的审核，通过后才可以在主板市场挂牌上市，然而首先，在审核过程中有非常高的税务成本、社保成本、上市筹备成本、风险成本，需要支付巨额费用；其次，在审核通过后，依据上市规则，企业需要按照规定时间编制并公布企业的定期报告，包括企业财务信息、经营状况总结，也需要提供对股价产生重大影响的临时信息，因此这就要求企业必须拥有相对完善的会计体系，而设置一个相对规范的会计体系则会导致企业运营成本的增加。正是基于这些原因，一方面，许多中小企业、初创企业没有足够的财力来支撑上市的成本，企业规模必须足够大以使得上市后融资所带来的资金能够弥补这些上市费用；另一方面，如果发生大量信息披露，很容易将商业信息暴露给商业竞争者，对公司发展会产生负面影响。对于场外市场中的三板市场，首先，虽然它没有相应的规模要求，但面向全国如此大范围的市场，其还是无法随时有效地监管挂牌企业，以至其所要求的认证条件也相对严格，审批过程也相对复杂；其次，如果因所跨区域过大而导致企业信息数量不足，则会导致投资者对这些信息不足的企业不信任，最终使得融资变得艰难。与之相对比，区域性股权市场不受企业与融资规模方面的制约，也无相关部门认证的要求，与上述三个市场不同，在区域性股权市场中只需要有一方券商愿意为其做市就能够立足于当地的市场。企业与投资人大都具有地方性，因此对地方性经济运行模式更为熟悉，彼此了解程度更深，因而企业更容易融得资金，投资人也更具备投资信心。

（2）区域性股权市场的劣势。

①区域性股权市场交易制度的不足。

在设立做市商认证机构方面，中国尚未做出明确规定；在法律方面，中国目前也未明确限定做市商的法律地位及资格。中国区域性股权市场目前主要实行以做市商交易制度为主体的混合交易制度，在缺乏价格竞争机制的市场中，做市商因受自身利益影响，很容易出现操纵市场、扭曲市场价格，从而损害其他利益相关者权利的情况。

②目前中国区域性股权市场的市场化程度较低。

优胜劣汰地选择市场中的众多经济体，从而使市场实现最优化演变的过程是市场经济体制的重要作用，市场化的程度高低很大程度上影响甚至决定着市场的运营效率。但眼下，政府严重干预区域性股权市场交易市场的整体发展，这种干预与指导有时甚至对其起到主导作用，致使无法开通区域性股权市场与场内交易市场的链接通道，也无法打破场内交易市场参股的层面。更重要的是我国的区域性股权市场中并没有建立起完善的转板制度，对企业挂牌的积极性造成了极大的冲击。

③信息披露制度的不足。

区域性股权市场只能参考企业所提供的信息量及往期的信用记录来给企业进行简单分级，它不像主板市场，不强制企业定期公布信息。所以，为了其自身利益的发展，区域性股权市场上的企业很容易对外界提供虚假信息。

④区域性股权市场上股票交易的低流动性。

一般情况下，在区域性股权市场上进行股权交易的投资者大多能够并愿意承担长期持股风险。这是因为相对于主板市场，区域性股权市场具有高风险性，在市场上流通的股票数量与之相比之下也远远不足。此外，中国政府在法律上对区域性股权市场股票实行的“T+5 期”流通政策也从很大程度上限制了该市场的股票流动情况。区域性股票交易市场上的这种低流动性对衡量企业真正的价值产生很大滞后性影响。综上所述，对定向增发有严格限制要求等限制性规定在一定程度上导致投资者参与积极性不高，社会资金难以投向区域性股权市场。

⑤区域性股权市场的股权质押等服务没有实现有效推广。

股权质押作为直接融资的重要方式，能有效解决中小企业因缺乏抵质押品导致的融资难问题。但由于协调、宣传、风险、成本等因素，大部分区域性股权市场没有理顺与工商部门在非上市股份有限公司股权登记托管方面的关系，同时省内金融机构以及中小企业参与度不高，没有实现股权质押融资模式的有效推广。

（3）区域性股权市场的机会。

①政府相关政策的积极支持。

党的十八届三中全会提出，要以经济建设为中心，深入进行经济体制改革，坚持完善基本经济制度，加快完善现代市场体系、宏观调控体系、开放型经济体系。在各类资源中资本占有十分重要的地位，目前中国资本市场尤其是基础层次的资本市场迫切需要完善。随后政府颁布了《国务院关于推进资本市场改革开放和稳定发展的若干意见》《国务院办公厅关于规范发展区域性股权市场的通知》《区域性股权市场监督管理试行办法》等一系列推动中国资本市场建设的文件，重点要求建设我国多层次资本市场，而目前中国资本市场各个层次中最薄弱也是最迫切需要建设和完善的无疑是以区域性股权市场为代表的场外交易市场。

②适应中国社会改革和产业转型的需要。

目前，国内很多产业都存在一些缺点，要融入全球市场并在全球竞争中赢得优势，产业转型与升级必不可少。社会改革和产业转型不可避免地要面对怎样解决社会资源合理分配的问题，而在所有的社会资源中目前占据最重要地位的无疑是资本。因此建立一个完善高效的资本市场是社会改革和产业转型所必需的。

（4）区域性股权市场的风险。

①新三板的竞争。

新三板市场与区域性股权市场都是以中小型企业的股权投资业务为主，这种相似性及业务的重叠注定此二者之间形成了相互竞争的关系。所不同的是，新三板市场有一层区域性股权市场没有的资格审查步骤。对于新三板市场而言，正是因为有了这层资格审查，才使更具有竞争力的企业从众多中小企业中脱颖而出，也让投资者的权利得到了保护。但在此过程中，也很容易忽略掉一些有一定前途与竞争力但只是前期经营数据不够突出的潜力型企业。因此区域性股权市场也为这些企业能够得到挂牌机会而作出了贡献。

②区域性股权市场同质化严重。

中国区域性股权市场目前存在着严重的忽视发展质量与市场规范等现象，缺乏法律管理、总体构架与规范引导，内部同质化现象愈演愈烈。在此情况下区域性股权市场在面对与新三板竞争的同时还要解决区域性股权市场内部企业挂牌数量攀比、不注重市场与企业培训，放任服务范围扩大等问题，由此造成的资源浪费与不公平竞争又正在导致市场公信力逐渐下降。同时，由于市场地方性强，各地均有自定的种种条件制度，跨区域经营意愿强烈，导致区域市场秩序混乱，严重阻碍我国区域性股权市场的进步与长足发展。

③盈利能力相对较弱。

目前，大部分区域性股权市场的服务采取低收费政策，以适应规模与影响力不足的现状，加快规模与影响力扩大的速度，从而吸引更多企业加入。另外，区域性股权市场创新性有待加强，以目前该市场上仅有的项目（如挂牌融资费、会员费、登记托管费等）难以支撑起整体盈利。同时也会造成该市场服务效果低、人才少等现象，“造血机制”尚有不足。

④挂牌企业市场影响力不足。

区域性股权市场上的中小型挂牌企业在规模、市场影响力以及营业水平方面都处于相对劣势的地位。尽管他们有着比较好的前途与极大的潜力，但中小企业所自带的低市场影响力及其缺乏的法律效力与一些历史沿革问题仍会使区域性股权市场的市场公信力遭到质疑，并影响挂牌公司的交易业务。这会很大程度地降低那些企图规避风险的投资者们投资的积极性，严重阻碍区域性股权市场成交额的提升。

6.1.2　区域性股权市场的战略定位

区域性股权市场的不断壮大顺应中国资本市场的发展形势，符合当今中国现阶段社会经济发展需求，弥补了多层资本市场中对于中小企业股权流转需求的不足。结合其自身所固有的优势与大量的市场机会加之国家政策的大力支持，区域性股权市场最近几年快速发展。当前，中国各省（自治区、直辖市）均已基本建立起区域性股权市场，按照目前的发展趋势，中国区域性股权市场发展速度将逐渐提高，并走向高速发展模式。因此，依据当前区域性股权市场的发展特征、内外部情况与上述对于区域性股权市场的 SWOT 分析，可以得出区域性股权市场可选择的战略定位。

(1) 增长型战略。

针对区域性股权市场的优势与机会，可以采用充分利用其优势和发展机会进行快速发展的增长型战略。当前区域性股权市场所处的内外部环境都对其自身发展非常有利，积极扩大自身优势是一个十分明智的选择。扩大要有方向，不能进行盲目地扩大，其扩大范围应当定位于所属的场外交易市场。增长型战略虽然在较短时间内可以实现自身的高速发展，但是在日后的发展过程中并不能保证内外部环境的持续利好，因此增长型战略不是适合长期坚持的战略。在区域性股权市场中所适用的增长型战略主要有：

①积极争取政府相关政策的支持。

中国各省市所建立起的区域性股权市场发育并不完整，很多方面还不成熟，在资源方面存在不足。最近国家公布了相关扶持政策，为区域性股权市场在国内的发展扫清了部分障碍。因此，争取国家相关政策的支持是区域性股权市场一个明智的选择。

②努力提高资源配置效率。

资源配置效率的提升无论是对一个单位、一个行业还是对一个国家来讲，都具有非常重要的意义。整个人类社会的发展归根结底就是科学技术和资源配置效率的发展。资本市场作为一个进行资源配置的经济平台，对资源配置的效率比其他平台有更高的要求。

(2) 扭转型战略。

针对区域性股权市场的劣势与机会，可以采用扭转型战略，即扭转自身存在的劣势，争取竞争优势。扭转型战略虽然在外部环境十分适宜发展，但是却由于自身劣势而无法获取竞争优势，通常在这种情况下，所要做的是紧抓机遇、规避自身弱点。中国区域性股权市场的劣势大多在于制度方面，要规避制度劣势难度较大，因此扭转型战略是区域性股权市场发展成熟过程中所采取的必要战略，但不是现阶段的区域性股权市场发展所应采用的战略。扭转型战略对区域性股权市场而言主要有：

①积极吸收先进市场经验，推动中国区域性股权市场相关制度的建设。

相关制度的不完善是现在中国区域性股权市场发展的一块软肋。随着市场逐渐发展，这个弊端也会逐渐显露，会对我国区域性股权市场发展造成严重制约。由于目前我国各省市区域性股权市场发展时间较短，自身没有足够的经验教训来借鉴，而国外市场尤其是欧美先进国家的区域性股权市场的各项制度都比较先进并且在区域股权建设方面积累了丰富的经验，这就需要中国的区域性股权市场从国外先进的区域性股权市场吸收建设经验。

②组建行业协会。

建立区域性股权市场的有关法律制度需要根据其运行方式逐步进行，因此，在短时间内中国区域性股权市场相关制度不完善的情况很难得到改变。为了在缺乏制度的情况下维护区域性股权市场的交易秩序，一个被赋予充分权限的强有力的行业协会必不可少，例如河北省就组建了河北证券行业协会。

（3）防御型战略。

针对区域性股权市场存在的劣势与风险，可以采用防御型战略。防御型战略是在内外部环境均不利的情况下为了生存被迫采用的战略，就一般情况来说，一个刚刚兴起并且有很大市场容量的产业不会在比较短的时间内就面临这样的情况。因此中国的区域性股权市场在现在与未来的一段时间内并不适宜采用该战略。

6.2　交易功能评价

与国外市场相比，中国区域性股权市场的发展起步较晚，发展的速度较慢。尽管2013年以来，区域性股权市场的发展进度有所加快，但是相对应的市场发展评价体系尚未确立，有关研究领域还是空白。区域性股权市场功能指标的探究对于完善区域性股权市场的监管以及制度创新有着非常重要的理论价值。本书借鉴系统决策理论中的网络层次分析法，根据实际情况以及相关专家学者的观点梳理，加之对挂牌企业的调研采访得出区域性股权市场的功能评价指标，然后运用网络层次分析法对评价指标的权重进行分析与评价，从而拓展出区域市场的功能指标体系。

6.2.1 交易功能指标选取

中国的多层次资本市场是一个非常复杂的生态系统，各个因素之间相互制衡，相互依存。例如十九大所提到的我国区域性股权市场的转板机制，受挂牌企业数量、退出机制以及中央和地方监管制度等诸多因素的综合影响。目前很多专家学者提出自愿转板原则，但是其存在诸如转板企业的质量监管成本费用、转板的门槛标准设置等诸多问题，如果这些问题处理得有缺陷，极有可能造成恶意转板等影响资本市场稳定的问题。因此在发展中逐步探索我国区域性股权市场的功能指标评价体系，对于区域性股权市场的稳定快速发展具有相应的理论价值。本书在 AHP 基础指标的选取上主要考虑了以下三个方面：第一，以资本市场理论为基础，结合国内外已有的相关文献著作为参考进行基础指标的选择；第二，通过对区域性股权市场中已有的挂牌企业、股权交易所进行访问调研，作为对超矩阵赋值的主要依据；第三，参考境外发达国家的场外交易市场例如纳斯达克市场、美国场外柜台交易系统、粉单市场等以及国内的场外交易市场的规则制度。综上所述，本书将选择市场效率、市场功能、监管和风险四方面作为基本评价指标，然后下分到基础指标的影响因素，以建立评价指标体系对区域性股权市场的功能进行全面的综合评价。对于细分指标的选取原则如下（见表 6-1）。

表 6-1 区域性股权市场功能指标选取

指标	市场效率	市场结构	监管机制	风险因素
细分指标	市场化程度	参与者多样性	监管规则	市场风险
	流动性	信息披露制度	自律组织	信用风险
	市盈率	转板制度	市场透明度	流动性风险
	挂牌公司数	做市商系统	法律监管	法律风险

（1）市场效率。

对于市场效率的衡量指标可以参考马尔基尔（Malkiel）的有效市场理论（EMH），EMH 是数量化资本市场理论的核心，也是现代金融学的核心理论之一。依据 EHM 的定义，资本市场的效率是指资本市场能够实现金融资产配置的程度，其中包括两个方面：第一，市场以相对低的交易成本为资金需求者提供其金融资源的能力；第二，市场上的资金需求者使用其金融资源向社会做出有效产出的效率。国内外专家学者对于资本市场效率进行了许多实证研究，对此本书参照于股票市场选取市场效率方面的评价指标。

有效市场理论认为，信息的有效性决定资本市场的有效性，并且强调市场均衡时的资金配置效率。证券产品的特征要求证券的有关信息能够充分披露和均衡分布，使得使用者能够充分获得等质量的信息，在证券价格的形成过程中充分而又准确地反映全部相关信息，称之为有效市场。因此，通过市场化程度作为其代替衡量的方式，不同的做市商对于同一股票的价差的高低则反映了市场化程度的高低状况。市场的估值定价水平由基于证券价格反应市场信息能力的定价效率得以体现，而市盈率则是反映证券价格的重要指标。

（2）市场结构。

从整体上来讲需要考虑系统性评判指标，通过数量结构、功能结构等诸多指标来反映市场系统内外联系，数量结构包括市场机构的数量、交易所的数量、市场总值；功能结构指标包括资金融通功能、资源配置功能、宏观调控指标、分散功能指标、信息交流功能指标。然后需要考虑区域性股权市场内部结构评价指标，包括区域性股权市场的产品结构、参与主体的多样性、转板机制。产品结构是指区域性股权市场的金融产品是否具有多样性，是否能够满足企业以及投资者的需求；参与主体的多样性是指区域性股权市场股东，中介服务机构，以及投资者的多样性；最后需要关注的是，区域性股权市场与其他层次的资本市场相互关联的关联性指标——转板机制。

（3）监管机制。

十九大报告提出，“健全金融监管体系，守住不发生系统性金融风险的底线”，监管体制的完善程度决定了区域性股权市场的稳定程度。在实际操作过程中，可以参考美国场外柜台交易系统（OTCBB）的监管系统。美国场外柜台交易系统对于其场外交易市场的监管追求市场的高透明度以及监管体制多元化，交易所主要以自律监管为主，司法监管起到辅助作用，并且其主要的监管制度均来自美国证券交易委员会（SEC）的有关制度规则。美国证券交易委员会则主要通过掌控自律性组织来达到监管场外交易所的目的。由此，本书的法律指标的重点在于关注监管规则、司法监管、自律性组织、市场透明度。此外，对于监管部门的直接监管成本和间接监管成本应成为考虑监管机制的重要指标，直接监管成本包括监管机构的建立与设备配备情况以及监管活动的实施运作，而间接监管成本是需要对监管制度设计需要衡量的重要指标，监管对于从业人员的奖励机制会有抑制作用同时对于交易所的发展有所抑制，同时不利于金融机构业务创新，因此需要通过对间接影响利弊进行衡量对比。

（4）风险因素。

对于风险要素方面，风险要素在金融市场中评判标准较为统一，主要侧重于市场风险、信用风险、流动性风险、行业风险、法律风险等诸多方面。法律风险与政策风险相关联，由于区域性股权市场成立时间比较短，正处于探索与整顿完善的发展创新时期，同时国家对于区域性股权市场在业务与准入制度方面存在着许多的政策限制，面临着新政策变化的政策风险。

6.2.2 矩阵的构建与运算

（1）AHP 理论。

层次分析法（Analytic Hierarchy Process，简称 AHP）是美国匹茨堡大学 T. L. Saaty 教授于 20 世纪 70 年代提出的一种能够适应非独立的递阶层次结构的决策方法。该方法旨在模拟出人们在处理困难问题时候的思维方式以及判断过程，并将其通过数学量化的方式呈现出来，从而达到以量化的方法来解决复杂的决策问题。AHP 方法通过对问题的分析与凝练，总结出若干的影响因素来将其分层，划分成控制因素层和网络结构层。控制因素层包括决策的目标和决策准则。所有的决策准则都被默认为彼此独立且仅受到目标因素的影响，然而控制因素中可以没有决策准则，且控制层中每个准则的权重均可用 AHP 方法获得。网络结构层是由所受控制层支配的元素所组成的，元素之间互相依存且相互支配的网络结构。之后通过剖析各层级之间的关系，通过对各因素重要程度的比较判断，计算出在不同准则及总准则下各个方案的相对重要程度。最后对决策方案的先后顺序进行排列，并通过做出合适的选择来分析其影响。总而言之，整个流程体现出人的思维决策过程，在一定程度上可以提高决策效率（见图 6-1）。

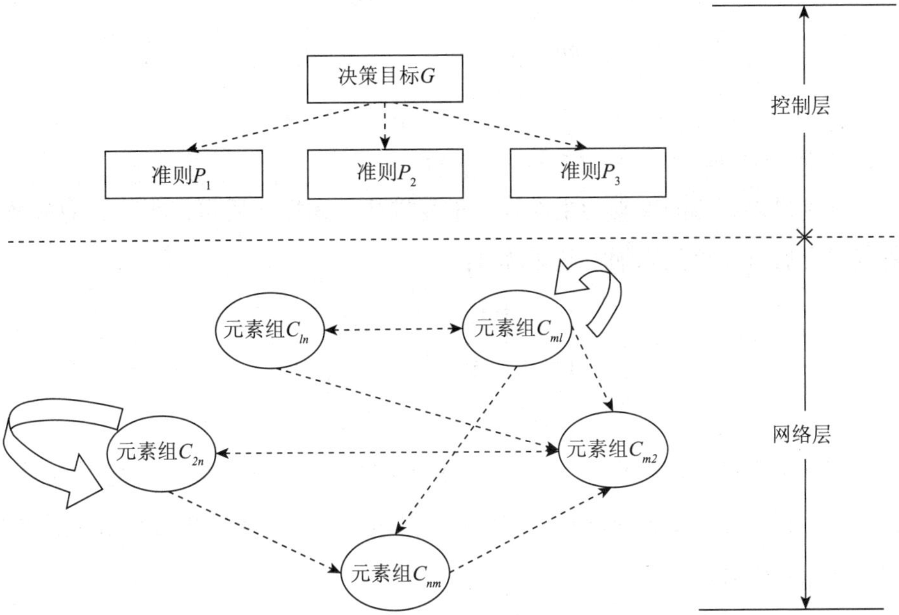

图 6-1 AHP 网络结构

（2）AHP 算法。

假设在 AHP 的控制因素层中有决策目标 G，其含义代表区域性股权市场的功能指标。准则层为 P_n（$n=1$，2，3，4，…，m），AHP 网络层元素层有 C_1、C_2、C_3、…、C_N。其中，C_n 中有元素 $C_{m1}\cdots C_{mi}$，其中 $i=1$，…，n。

第一步，开始构建出未加权超矩阵。选取控制因素层的其中一个准则作为主要准则，然后选取网络结构层中的一个单元作为次要准则，按照元素集合之间的影响程度来构建判断矩阵，并求出归一化的特征向量。对其他不同元素进行从重复操作后，将各自的判断矩阵所归一化的特征向量进行汇总，汇总后得到矩阵 Amn，如果该判断矩阵通过了一致性检验，代表此矩阵为中位于准则层中的各元素收到该矩阵的影响作用。称 Amn 为超矩阵中的块。在准则 P 层下，Amn 的列向量为 Cn 中的元素 $C_{n_1}\cdots Cni$，对 Cm 中的元素 $C_{1m}\cdots Cjm$ 的用排序向量来衡量其影响程度。假如 Cm 中元素不受到 Cn 的影响，那么 $Amn=0$。

即：

$$Amn=\begin{bmatrix} A_{m_1n_1} & \cdots & A_{m_1n_N} \\ \vdots & \ddots & \vdots \\ A_{m_Nn_1} & \cdots & A_{m_Nn_N} \end{bmatrix}$$

其中，$m=1$，…，N；$n=1$，…，N；

分别再以其他的准则为主准则，重复进行上述操作后可以得到汇总矩阵，将其组合后可以得到未加权超矩阵 A：

$$A=\begin{matrix} C_1 \\ \vdots \\ C_3 \end{matrix}\begin{bmatrix} A_{11} & \cdots & A_{1N} \\ \vdots & \ddots & \vdots \\ A_{N1} & \cdots & A_{NN} \end{bmatrix}$$

接下来构建加权超矩阵。通过将每个层次作为一个元素，并将其与某一层进行比较并计算出相应的排序权值。若用 μ_{mn} 表示第 m 层次对与第 n 层次的影响权值，则有：

$$\overline{A_{mn}}=\mu_{mn}\times Amn$$

其中，$m=1$，…，N；$n=1$，…，N；

将 $\overline{A_{mn}}$ 进行组合，则 $\overline{A}$ 即为加权超矩阵。加权超矩阵的其列和为 1，并称为列随机矩阵。

最后，通过求极限超矩阵的方法通过确定元素优先权来进一步确定相对排序向量并对加权超矩阵进行归一化处理，计算出极限超矩阵：

$$\overline{A^{\infty}}=\lim_{k\to\infty}\overline{A^{k}}$$

（3）矩阵的建立及运行。

在 AHP 的控制层中存在目标 G，代表区域性股权市场的功能，准则层为 Pn（$n=1$、2、3、4），P_1、P_2、P_4、P_4 分别代表市场结构、市场效率、监管机制、风险因素四个控制层元素。在控制层 G 之下，AHP 网络层元素层有 C_1、C_2、C_3、…、C_N。其中，Cn 中有元素 $C_{m1}\cdots Cmi$，其中 $i=1$，…，N。根据 Cm 中的元素 $C_{1m}\cdots Cjm$ 作为细分准则，对元素组 Cn 中的元素进行间接优势度比较赋值。本书通过对文献资料整理、市场数据分析以及专家意见调研，综合分析进行赋值并构建下面的判断矩阵。

表 6-2　判断矩阵

Cmn	C_{m1}，…，C_{mN}	归一化的特征向量
C_{m1} ⋮ C_{mN}		A_{m1}（mn） ⋮ A_{mN}（mn）

对判断矩阵进行赋值，数值的选取参考自判断矩阵标度。将判断矩阵所归一化的特征向量进行汇总，汇总后得到矩阵 Amn，得到未加权超矩阵。将其赋予分值并通过计算得出权重后，使用 Super Decisions 软件算出未加权超矩阵、加权超矩阵和极限超矩阵。

表 6-3　判断矩阵标度

m 比 n 强的重要程度	相等	稍强	强	很强	绝对强
Cmn	1	3	5	7	9

运用 AHP 算法对区域性股权市场的功能指标进行评价时，因为求解计算工作量实在太过于巨大。采用 Super Decisions 软件进行计算。第一需要先要分析问题并建立关联网络（见图 6-2）。根据评价目标对评价体系进行系统分析，确定控制层和网络层，最后对各元素组之间，元素组与控制层之间进行关联操作。

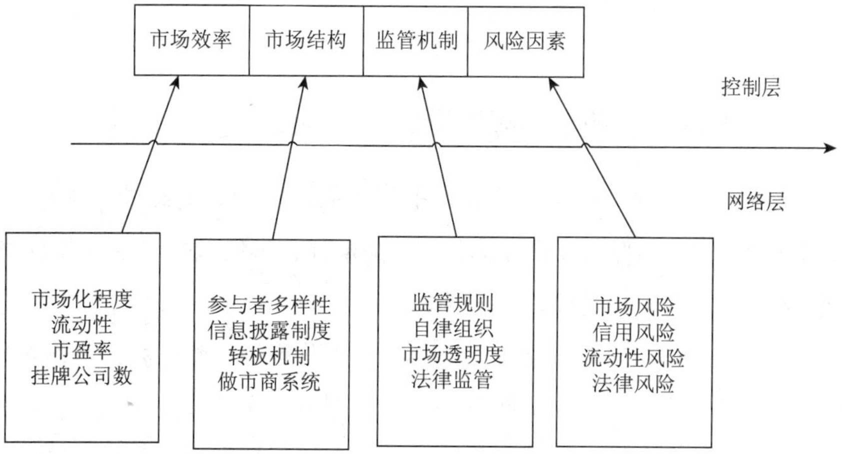

图 6-2　网络关联图

加权超矩阵得出的指标权重见表6-4。

表6-4　加权超矩阵得出的指标权重

市场化程度	参与者多样性	监管规则	市场风险
0.04868	0.02476	0.20774	0.24275
流动性	信息披露要求	自律组织	信用风险
0.022945	0.22561	0.13048	0.11670
市盈率	转板制度	市场透明度	流动性风险
0.03301	0.05413	0.07945	0.07479
挂牌公司数	做市商系统	法律监管	法律风险
0.05314	0.15092	0.02872	0.04149

极限超矩阵得出的指标权重见表6-5。

表6-5　极限超矩阵得出的指标权重

市场化程度	参与者多样性	监管规则	市场风险
0.00149	0.00562	0.05294	0.02227
流动性	信息披露要求	自律组织	信用风险
0.03042	0.05125	0.03325	0.01071
市盈率	转板制度	市场透明度	流动性风险
0.00438	0.01230	0.02025	0.00686
挂牌公司数	做市商系统	法律监管	法律风险
0.00705	0.01013	0.00732	0.00381

6.2.3　影响因子分析与指标评价体系的构建

从上述分析来看，对区域性股权市场功能影响较大的细分指标排序为：信息披露要求，法律监管，市场化程度，流动性，市场风险，参与者多样性，做市商业系统，规则和法规。从而可以看出：

（1）区域性股权市场功能的主要影响因素是市场风险，尤其是市场风险中的价格波动风险，表明区域性股权市场受到市场风险程度影响较大。很多投资者对于在柜台市场上的上市公司的经营业绩保持存疑不信任的态度，他们认为这些中小企业经营业绩不稳定，管理不规范。另外，很多的受访者认为区域性股权市场如果所配套的监管机制不到位，会很容易成为投机市场。因此，将市场风险作为评估区域性股权市场功能的重要指标。如果其市场风险过大，其融资功能和股权转让功能都将难以实现。

（2）区域性股权市场的市场结构，操作风险，市场化程度，参与人员多样性占第二位至第五位，表明培育适宜的市场环境，严格控制经营风险在很大程度上对于加快场外交易市场的发展是有帮助的。多层次场外资本市场的建立与完善与学术界和市场从业者的观点是一致的。由于中小微企业数量众多，上市需求多样化，并且企业挂牌上市后，会呈现其发展参差不齐的现象，因此，为适应市场多元化需求，实现市场筛选功能，有必要在场外市场上实现分层。另外，分层的实现也是建立转移机制的基本条件。因此，目前合理的市场分层比建立转板机制更重要。对于场外证券市场的员工来说，与管理问题相关的运营风险很高。

（3）法律风险也是一个比较重要的因素。从中国区域性股权市场的发展状况来看，区域性股权市场一直面临着政府整顿的风险。2012 年 8 月 23 日，中国证监会发布的《关于规范证券公司参与区域产权交易市场的试行办法（试行）》，首次以官方文件的形式确认了区域性股权市场的是多层次资本市场的重要组成部分，此后区域性股权市场的业务形式、战略定位以及政策法规一直处于待完善状态。2017 年 1 月，国务院办公厅发布《关于规范发展区域性股权市场的通知》（以下简称《通知》），对区域性股权市场的整顿正式启动。《通知》限制每省只能设置一家区域性股权市场；禁止发行和转让私募债；明确合格投资者，即金融资产不低于 50 万元；交易实行“T+5”制度；禁止集中竞价和做市商交易等。而在 2017 年 7 月 1 日施行的《区域性股权市场监督管理试行办法》明确了除区域性股权市场外，地方各类交易场所均不得组织证券发行和转让活动；合格自然人投资者的金融资产不得低于 50 万元，且适用穿透原则，叫停了发售模式及微盘。从目前的制度建设情况看，制度创新和创新过程中的市场风险相对较高，场外股票市场仍面临法律风险。

（4）区域性股权市场除了强调自律外，还需要严格的司法监督来营造良好的市场环境，这将有利于区域性股权市场的健康发展。因为区域性股权市场的信用风险将远高于场内市场，尤其是对于中小企业私募债务融资。

（5）建立转让机制并引入做市商制度。做市商制度可以提高区域性股权市场的流动性和稳定性，转让机制的建立将真正提高公司和投资者的积极性。这不仅能够完善市场退出机制，更有利于区域性股权市场的市场化运作，对区域性股权市场的长期发展起到推动作用。

基于以上的分析，可以预计随着在区域性股权市场挂牌上市公司数量的不断增加，分层体系和转移机制的逐步建立，合格投资者准入标准的降低以及其交易所市值的不断上升，区域性股权市场综合评价指标将会进一步得到改善。

第七章

中国区域性股权市场展望

党的十八大明确提出要进一步加快多层次资本市场建设，“新国九条”把区域性股权市场纳入多层次资本市场，中国证监会高度重视区域性股权市场的发展，各省级政府大力推进区域性股权市场建设。因此，近几年来，区域性股权市场取得快速发展，但也逐渐遇到一些困难，产生许多问题。市场需要规范，问题需要解决。对于未来中国区域性股权市场的发展，在新的政策背景下，结合过去十年发展经验，应该进行新的发展预期，提供新的理论和实践加以指导。

7.1 政策解读

2017 年 1 月，国务院办公厅发布《关于规范发展区域性股权市场的通知》（以下简称《通知》），正式启动区域性股权市场的整顿，该《通知》及中国证监会发布的《区域性股权市场监督管理试行办法》（以下简称《办法》）给区域性股权市场的规则带来诸多变化。其中，明确区域性股权市场坚持私募性质，不得变相公开发行产品；不得跨区域经营；交易同一证券的间隔不得少于 5 个交易日；建立合格投资者标准和穿透核查制度，并对信息披露提出要求等。同时，还明确了区域股权交易中心的业务范围——仅为中小微企业股票、可转换为股票的公司债券，将私募债排除在外。因此，目前的整合发展具有较强的周期性特征。7 月 1 日，《办法》实施后，山东、上海、湖南、江西、安徽、河南、河北及其他各省市纷纷出台政策支持区域性股权市场规范发展，围绕区域性股权市场作为“省政府扶持中小微企业政策措施的综合运用平台”进行规范发展的信号较为明确。这表明市场进入整合发展期，重点服务地方经济特征较为明显。

根据国务院办公厅就关于规范发展区域性股权市场的事项向各省各部门下发的相关通知，各省、自治区、直辖市、计划单列市要实行“one exchange policy”政策，省级政府与证监会“齐抓共管”，要按照既有利于规范又有利于发展的要求，积极稳妥推进区域性股权市场规范发展。

首先，我们要理解，这个问题的本质是政府对资本市场体系的顶层设计的问题。随着国家经济的进一步发展，产业总体升级，社会杠杆率的降低等目标的实现对未来经济发展来说尤为重要。为实现上述目标，释放社会对股权投资的热情必然是绕不过去的，这一点也在顶层设计中达成了共识，因此在《通知》开篇便开宗明义地阐述规范发展区域性股权市场是完善多层次资本市场体系的重要举措，将区域性股权市场纳入我国的多层次资本市场体系中。但是对于区域性股权市场如何发展，顶层设计对目前市场自发形成的发展路径希望做一定的限制，以期取得边规范边发展的效果。

其次，该《通知》的发布，对于全国目前40家区域性股权市场的影响可谓千差万别。对于有些股权交易中心来说是个利好消息；而对于另外的股权交易中心来说，该《通知》对其现有的业务模式提出了巨大的挑战，更为严重的可能对其市场本身造成影响。

7.1.1 多层次资本市场体系的“塔基”

从2008年起发展至今，各地陆续批设了一批区域性股权市场，但是仍然存在着法律地位不明晰等问题。本次《通知》的发布可谓是给区域性股权市场正了名，将其纳入多层次资本市场体系中来统一规划、统一管理。同时又明确了该市场是区域内中小微企业的私募股权市场，以防止20世纪90年代“红庙子市场”现象的重现。

但是对于这个“塔基”该打几根桩，也即区域性股权市场的运营机构如何分布，管理层的看法与市场发展现状似乎有所不符。为防止各地盲目地重复建设区域性股权市场，《通知》要求省、自治区、直辖市及计划单列市行政区域内可以设立一家，而对于设立超过两家的，须整合为一家。即“塔基”

的桩是按照行政级别来打的，而不以地区的经济规模，待服务对象（中小微企业）的数量等指标来论。这样的做法在行政管理上更加顺畅，无可厚非，但是否符合市场经济规律似乎有待商榷。毕竟建筑既要考虑构造美，也要考虑承载力。

目前，按照此项原则，存在“超生”嫌疑的区域主要有广东、广西、黑龙江、江苏和天津。按照管理层的计划，这些地区的市场运营机构将在接下来的时间里分别整合为一家。可是，整合就是简单的合并吗？似乎并不容易。大致想来，可能的路径有两种：其一，积极响应管理层号召，将省级区域内的两家区域性股权市场整合为一家，但是运营机构分别在不同的城市，股东不同，经营场地不同，工作人员更是没有交集，势必要好好思考，妥善整合；其二，非省会城市所在地的运营机构主动放弃“区域性股权市场”的牌照，另谋出路，比如贵阳的股权交易中心主动退一步，变成了众筹市场，给自己定义为“五板”，也不失为以退为进的好方法。

7.1.2 跨区经营将成为历史

根据《通知》精神，区域性股权市场的服务对象只能是所在省级行政区域以内的企业，已经发生的跨区经营，要限期清理。这比之前的意见征求稿更加严格，采取了一刀切的方式，也即所有区域性股权市场均不得跨区域经营。这对一些发展比较迅速的，已有相当规模的区域性股权市场来说无疑是一个重大的法律障碍，他们都已经发展了相当数量的省外挂牌企业，若全部清理对其业务规模将是一个巨大的打击。

跨区经营是市场发展到一定规模必然会产生的自发行为，都说资本无国界，管理层的这一步却是人为地划了个省界，这样做固然是能够方便监管，但是会不会导致各地区股权市场发展分化的马太效应也未可知。

这条政策的发布，使得前海股权交易市场的业务模式变得极为尴尬。前海股权交易市场走的是与其他股权市场不同的一条道路，是一个目前看来很有前景的模式，但是《通知》一出如何运营成为摆在前海股权交易市场经营层面前的一道难题。

7.1.3 区域性股权市场的产品

区域性股权市场发展至今，产品线可谓琳琅满目。各家区域性股权市场也在积极研究在监管框架内推出各类新型金融产品以期打造出一个金融界的“微信”这样的爆款。目前来看，引流最成功的就是私募债券。但是这款产品也同时引来了很多的争议，包括同互联网金融平台合作来突破200人限制、降低投资人门槛以及掩盖产品风险极大的实质等导致潜在的金融风险。除此之外，部门区域性股权市场在私募基金份额转让、期权选择权等方面也做了很多的尝试。总体来说大家的积极性很高，因为普遍认为底层资本市场、私募证券市场应该更加灵活、更加创新才能够激发市场的活力、提高流动性，只有市场活跃了才能够为中小微企业的融资难问题提供解决之道。

但是根据最新的《通知》要求，区域性股权市场须停止除了股票、可转债之外的其他证券（如私募债等证券）的发行和转让，要集中精力开展股权融资和转让业务。此外，在区域性股权市场发行可转债，根据中国证监会的《公司债券发行与交易管理办法》，只有上市公司和股票公开转让的非上市公司可以在发行公司债券的时候附认股权、可转换成相关股票等条款，或者发行附可交换成上市公司或非上市公众公司股票条款的公司债券。

7.1.4 谁来做投资者

因为区域性股权市场具有私募证券市场的属性，所以建立合格投资者制度，特别是对自然人投资者设一个资金门槛一直作为监管的一个要点。但是因为门槛准入的不统一，各家区域性股权市场基本上都略有不同，但大体来讲都是定在一个不高不低的位置——毕竟门槛高了没有投资者进场，门槛太低容易被监管抓住把柄。总的来说各家都很有意愿变相地降低准入门槛，有些市场提出投资者也要分层的做法以招揽更多的投资者。

现在管理层将自然人合格投资者定义为具备较强风险承受能力且金融资产不低于50万元的自然人，算是统一了合格投资者的门槛。50万元金融资产的要求可以算是比较高的一个门槛了，提高门槛的一个好处是可以有效地防范群体性事件的发生。但是统一合格投资者门槛是否有必要却是值得讨论的，毕竟各个地区的经济发展水平、当地居民的收入水平不同，而一刀切地定成50万元金融资产对于部分地区来说过高，而对于部分地区又存在过低的情形。私募证券市场中，地域属性还是很明显的，即投资人更倾向于去投资自己周围的熟悉的一些企业。

7.2　现存问题与解决路径

中国区域性股权市场在十年的发展时间内，取得了丰硕的成果，为活跃中国市场经济做出了不可磨灭的贡献。但是，我们必须要认识到，任何事物的发展都是在曲折中前进、螺旋式上升的。必须承认的是，中国区域性股权市场的发展仍处于从幼稚走向成熟的阶段，回顾其十年的发展历程，我们应该能总结出几个具有普遍性和客观性的问题。这些问题的出现并不可怕，相反，它们会为未来一段时间内中国区域性股权市场的健康发展提供有益的经验。同时，发现问题、承认问题、解决问题，才能帮助我们科学地、客观地探讨中国区域性股权市场未来的发展方向问题。

7.2.1　现存问题

在区域性股权市场纷纷设立的同时产生了许多问题，既影响了市场的规范运行，也严重制约了市场的健康发展，需要引起我们的高度重视。当前区域性股权市场在困惑、迷茫中艰难探索，缺乏明确的方向性，缺乏相应的配套政策支持，也缺乏企业和社会的认知。在这种情况下，市场就不可能充分发挥作用，有效服务实体经济。

（1）缺乏顶层设计，市场发展方向不明。

近年来，区域性股权市场纷纷涌现和快速发展，源于国家关于建设多层次资本市场的精神，源于对中小微企业的重视和支持，也源于各地政府为了抢得先机、主动创建，为以后参与多层次资本市场建设争得一席之地。但区域性股权市场的法律地位、发展方向、功能定位和运行规则都没有明确规定，顶层设计和战略性规划没有到位，相关政策对市场发展有较多的限制，各地对区域性股权市场重在设立，没有实质性帮助。造成的结果是出现两种情形：一是等待观望，徘徊不前；二是突破限制，力图建成新的证券交易场所。

（2）缺乏政策支持，市场培育不够。

从国家层面看，没有出台相关的支持区域性股权市场发展的政策，只是各级文件和领导讲话中有方向性的指引。地方政府虽出台了支持、鼓励发展的政策，但这些政策主要体现在鼓励本辖区的中小微企业到区域性市场挂牌及通过成立引导基金活跃市场等方面，并没有对市场建设制定和出台相关扶持政策，对市场的培育不够，一定程度上影响了区域性股权市场服务经济的功能发挥。例如，区域性股权市场有培育市场的功能，但与培育企业相应的各项政策运用并不在这个平台，也没有培育规范后的转板机制，企业对区域性股权市场接受培育的积极性减弱，市场功能的发挥大打折扣。再如，区域性股权市场应该是辖区各类非上市证券交易转让市场，但各地并没有推动各类地方证券上这个平台等。

（3）缺乏服务资源，市场功能发挥不够。

在服务经济的广度和深度上，区域性股权市场的作用都还未得到充分的发挥。广度上，其为中小微企业提供融资的数量和规模有限。就湖北而言，全省中小微企业过万户，武交中心展示和挂牌的企业2000余家，获得融资的企业仅百余家；深度上，区域性股权市场提供服务仍局限在股权转让和股权融资，政策运用、并购重组、金融咨询等综合性金融服务的功能未能充分体现。究其原因：一是服务中小微企业的金融资源、政策资源、中介资源没有得以充分的汇集和整合；二是区域性股权市场与场内交易市场的连接渠道没有充分打开，还停留在场内交易市场参股的层面，还没有建立相应的转板机制；三是与服务中小微企业发展需求相适应的中介机构没有充分培育。

（4）缺乏社会认知，机构参入度不高。

目前，与区域性股权市场发挥作用相配套的中介机构、投资机构和其他社会机构对市场的认知度不高，参入意识不强。以湖北为例，中介服务机构以非券商类投资公司和投资管理公司为主，券商会员仅13家。其执业水平不尽整齐，对挂牌企业观念的引导、辅导质量的把握、投融资服务的落实都没有达到预期的效果。辖区长江证券、天风证券虽然是武汉股权托管交易中心的股东，但参入市场开展业务的热情不高。机构不愿参入服务和企业不愿参入挂牌的情况同时存在。应该说，市场的中介服务功能没有得到社会较好认可。

(5) 缺乏规划引导，市场同质化竞争严重。

区域性股权市场在全国一哄而起，存在“重数量不重质量”“重设立不重规范发展”的情形，在法律法规和总体构架没有建立的情况下，市场开始出现乱象丛生、同质竞争的现象。不仅区域性股权市场与“新三板”竞争，而且区域性股权市场之间开展竞争，不重市场和企业培育，盲目攀比挂牌企业家数，无限延伸服务区域，不断扩大服务范围等，不仅造成重复建设和资源浪费，而且导致不公平竞争和市场公信力缺失，不利于区域性股权市场的长远发展。同时，由于地方设、地方管，全国各地的区域性股权市场都自定市场准入条件、交易规则制度、建立交易登记结算制度。且在市场运作机制、挂牌企业准入门槛等方面差异较大，加之各区域市场大多有跨区域经营冲动，有意向全国企业开放。区域市场总体上呈现管理无序状态，为今后的统一监管、统一规范和有序发展设置了障碍。

(6) 缺乏盈利能力，市场服务实力不强。

为了快速扩大规模、提高影响、吸引更多的企业参入市场，大多数区域性股权市场都采取免费服务或低收费服务，加之市场创新空间有限，除挂牌融资费、会员费、登记托管费等收费项目外，没有其他的盈利项目，因此整体盈利能力不强。目前除深圳前海等少数市场开始获得微利外，大多数都处于亏损状态，导致市场服务能力差、人才匮乏、造血功能不强。

7.2.2 解决路径

从全国整体来看，区域性股权市场覆盖全国的态势已经形成，基本呈现了“一省一市场”格局，其中辽宁、山东、福建和广东 4 个省份还设有两家以上，有些地市正在申请设立新的市场。截至 2014 年 12 月底，全国已设立 35 家区域性股权市场，挂牌企业 2200 多家，展示企业 1.36 万家，投资者开户数近 48 万户，实现融资 1100 多亿元。

总体来看，区域性股权市场基本形成以融资和配套服务为主、交易为辅的业务模式。主要业务形式表现为：一是通过股权质押，发行债券、私募股权基金份额、优先股等开展融资服务；二是开展企业股权挂牌转让服务；三是开展股权托管登记、企业信息展示、改制辅导、管理培训等延伸服务。

那么，根据区域性股权市场的业务模式及其在资本市场中的定位，中国区域性股权市场在当前新的经济发展形势以及未来宏观经济发展趋势中应该何去何从呢?

（1）满足多样化投融资需求。

区域性股权市场是为特定区域内的企业提供股权、债券的转让和融资服务的私募市场，是中国多层次资本市场的重要组成部分，亦是中国多层次资本市场建设中必不可少的部分。对于促进企业特别是中小微企业股权交易和融资、鼓励科技创新和激活民间资本、加强对实体经济薄弱环节的支持具有积极作用。在资本市场上，不同的投资者与融资者都有不同的规模大小与主体特征，存在着对资本市场金融服务的不同需求。投资者与融资者对投融资金融服务的多样化需求决定了资本市场应该是一个多层次的市场体系。此外，由于经济生活中存在强劲的内在投融资需求，这就极易产生非法的证券发行与交易活动。这种多层次的资本市场能够对不同风险特征的筹资者和不同风险偏好的投资者进行分层分类管理，以满足不同性质的投资者与融资者的金融需求，并最大限度地提高市场效率与风险控制能力。配合政策的变化与明确，我们认为区域性股权市场将在未来构成多层次资本市场的基础作用较为明显。

（2）加大规范力度，推进市场整合。

从发展角度来看，对于目前区域性股权市场一方面应该加大规范力度，另一方面整合发展期也进入实质性阶段。

作为我国多层次资本市场的重要组成部分，区域性股权市场的发展呈现家数规模化，但从市场发展所出现的问题来看，引起了管理层的高度重视。种种迹象显示，区域性股权市场在快速发展的背景下，将进入规范发展期的概率加大。据《上海证券报》年初信息显示：2008 年以来，各地陆续批设了一批区域性股权市场，统计显示，截至 2016 年底，全国共有 40 家区域性股权市场（除云南外其他省区均已设立），挂牌企业 1.74 万家，展示企业 5.94

万家，2016 年区域性股权市场为企业实现融资 2871 亿元。《经济导报》信息统计显示：截至 2017 年 4 月底，全国各省和计划单列市已设立 40 家区域性股权市场，共有挂牌企业 1.87 万家，展示企业 6.49 万家。

区域性股权市场仍呈现不断增长态势，只是增势有趋缓迹象，挂牌企业和展示企业的规模化是中国多层次资本市场的有益补充。

通过发展形势与政策变化来看，区域性股权市场将进入规范发展期的概率加大，从政策规范来看，作为规范发展区域性股权市场的纲领性文件，国务院办公厅 2016 年 1 月 26 日出台《关于规范发展区域性股权市场的通知》及《区域性股权市场监督管理试行办法》已相当明确，其也是未来区域性股权市场发展的重要规范性发展文件。

2017 年 7 月 1 日起，《区域性股权市场监督管理试行办法》（以下简称《办法》）实施，规范发展区域性股权市场的政策更为明晰，《办法》在制定过程中，遵循了规范与发展并举的总体思路，注意处理好监管与发展的关系，按照既有利于规范又有利于发展的要求，既坚持基本行为底线，又积极创造良好的发展环境。《办法》明确界定中央和地方监管职责，充分发挥中央和地方两个积极性，这有利于完善监管协同机制，防止监管空白和监管套利，严厉打击各类违法违规行为，保护投资者合法权益，防范和化解金融风险，促进区域性股权市场健康稳定发展。

总体研究认为，发展区域性股权市场将成为地方政府推动资本市场发展的一项重要经济工作，由于国内各地区域性股权市场发展及进程不一，目前所体现的规模化、差异化等较为明显。我们认为，对于区域性股权市场作为多层次市场的基础性市场，其未来发展仍须市场建设跟上，比如转板制度、融资制度等。区域性股权市场是我国构建多层次资本市场体系的重要部分，为区域中小企业提供了融资、债券转让、股权转让服务，对促进中小微企业股权交易和融资、鼓励科技创新发挥了积极作用。从未来区域市场发展来看，区域性股权市场稳步规范发展的轨迹将更为明显，区域整合也将逐渐出现。

7.3 发展思考与政策建议

7.3.1 发展思考

区域性股权市场作为我国多层次资本市场不可或缺的一个组成部分，要深入研究它的存在意义、发展方向、功能定位、市场机制和产品供给等，促其各归其位，各尽所能，尽量发挥它的积极作用。要从理论和实践两个方面进行思考，既要借鉴国外经验，又要符合中国实际，在理论创新的基础上进行实践创新。当前中国资本市场改革和发展处于一个关键时期，区域性股权市场的发展也处于关键时期，必须深入研究、科学设计、合理构造，形成有序竞争、深化服务、促其发展的市场体系。否则，放任自流、恶性竞争，将造成对资本市场的负面冲击和影响。

（1）理论思考。

①必须充分认识发展区域性股权市场的理论意义。

发展多层次资本市场就是要让不同层次的市场服务不同生命周期、不同成长阶段的企业，利用市场化的手段进行融资服务和资源配置，从而助推经济转型升级增效。随着信息技术向纵深发展，企业特别是科技企业的“小微”性呈现趋势化，经济转型升级的前提就是中小微企业的快速、规范发展。当前，“小微”企业发展由于它的原创性、创新型和风险性，“融资难、融资贵”是高端资本市场难以解决的问题，银行机构的间接融资及其金融属性更难以解决这一问题。发展区域性股权市场的意义在于：由于区域性股权市场最具“草根性”，是与中小微企业发展阶段最为匹配的层次。在参入的门槛和成本上，区域性股权市场是私募性质的场外市场，要比深沪交易所和“新三板”更低，更适合为中小微企业服务。毕竟绝大多数的小微企业难以到交易所和“新三板”挂牌，客观上需要区域性股权市场提供服务；在提供金融服务上，区域性股权市场因为更贴近地方政府、更贴近企业、更贴近投资者，服务的针对性和契合性优于全国性市场。因此，区域性股权市场成为资本市场服务小微企业的新的组织形式和业态，是多层次资本市场重要的组成部分。

②必须正确理解的几个关系。

为了更好地理解和把握区域性股权市场的属性、特点，更准确地予以定位，有必要正确理解和把握以下关系：

一是经济发展与市场存在的关系。从根本上讲，经济发展决定市场存在形式，只有经济发展到一定程度，才能产生与之相适应的市场形式，从这个意义上讲，区域性股权市场存在和发展的基础在于中小微企业的数量和经济发展的质量。因此，是否需要每个省都设立一个或几个区域性股权市场，是值得研究的问题。可以考虑在中心城市和经济发达地区设立区域性股权市场。

二是交易市场与转让市场的关系。转让的过程就是交易的过程，但从资本市场属性来看，二者是有很大差别的。首先，市场的活跃程度不同，交易市场较之要更为活跃，流动性程度更高；其次，行为的目的不同，转让市场更主要是为了投资和流通，而交易市场具有较大的投机目的。区域性股权市场是股权和其他证券流动和转让的市场，而不是以交易为主的市场，不是大众交易平台。

三是场外市场与场内市场的关系。资本市场发展的初期场内与场外的区别在于有无固定的交易场所。随着信息技术的快速发展，场内与场外的区分标准早已发生了变化。主要按交易产品、交易方式、准入门槛、信息披露等方面来区别。场外市场较场内市场，交易产品更多、信息发布渠道更广，交易方式以协议和做市商为主，准入门槛低，信息披露没有严格的要求。区域性股权市场的“草根”属性决定了其只能是场外市场，应更符合场外市场特点，增强场外市场属性。

四是区域性股权市场与其他层次市场的关系。深沪证券交易所市场是资本市场多层次链条的高端，以成熟企业为服务对象，采取场内交易形式。“新三板”以较成熟或具有成熟业态但还不稳定、风险较大的企业为主，交易形式以场内为主、兼有场外特性。区域性股权市场与前两者有根本的不同，它不是交易所市场，是纯粹的场外市场，鉴于我国中小微企业数量巨大，很多难以到场内市场挂牌交易，也很难得到所需的金融服务，客观上需要区域性股权市场提供服务。区域性股权市场对这类企业进行培育和规范，可以为交易所市场提供上市企业资源。因此，二者是互补和相互促进的关系。

(2) 实践要求。

从理论上弄清相关问题，就要在实践上明确相关要求，以利于区域性股权市场的规范健康发展。

①明确发展方向。

区域性股权市场的属性是一定地域内的私募市场、场外市场。因此，其发展方向应为服务中小微企业的综合金融服务平台。区域性股权市场应跳出交易所交易模式的范畴，力图向下伸展，向草创经济、风险企业扩展，打破直接融资和间接融资的边界，着力增强资本市场中介服务和综合服务能力，在满足各种中小微企业不同的投融资需求上深耕细作。

②明确服务对象。

区域性股权市场的服务对象是“两非一高”的中小微企业，眼光要向下看。具体体现在：中介设置和服务链条向社会延伸，体现场外性和合作性；服务地域向下延伸，重点服务县域经济范围内和城镇化辖区内的中小微企业；服务的企业要向下延伸，特别是小微企业，使这些企业平等地享受资本市场带来的好处，实现普惠金融。

③明确功能定位。

区域性股权市场应着重体现出为中小微企业提供综合金融服务的功能。主要功能和作用表现在：第一，是中小微企业培育和规范的园地；第二，是中小微企业的融资中心；第三，是延伸资本市场中介服务功能的基地；第四，是地方政府扶持中小微企业各种政策和资金综合运用的平台，这主要是指把政府扶持中小微企业的各种政策和资金集中到区域性股权市场，使得这些资源在使用中更透明、更立体、更易监管，体现市场对资源的优化配置作用。

④明确运作模式。

以服务中小微企业私募股票的发行和转让为基础，探索构造一个包括小贷、担保、财富管理和互联网金融等要素的草根金融生态圈，提供综合性金融服务的平台运营模式。运作模式要定位于市场平台，而不是准金融类企业，否则背离了作为市场的“三公”特性。

⑤明确创新空间。

区域性股权市场的“草根”属性决定其在政策制定上需要更大的创新空间。即在法律法规方面只对其做一些原则性的规定，允许其在融资、定价、购并、培育企业、提升企业、互联网金融、投资者社区、中介机构（包括PE）等诸多方面进行探索创新。

7.3.2　政策建议

（1）通过区域性股权市场来实现财政资金市场化运作机制。

目前，中国主要以政府引导基金的方式对企业进行“拨改投”，代替长久以来对中国产业发展专项投入以贴息和财政资金无偿补助为主的方式，努力使中国财政资金运用向高效化、合理化、市场化的方向发展。用政策激励资本流入中小微企业，有效调节资源配置，同时也使得财政资金的使用更加透明化，减少了原来因传统补贴造成的权力寻租和腐败现象。区域性股权市场是一个承载政府引导基金的优良载体，它为各省级政府所依法监管并处置风险，其承载着为地方中小企业提供挂牌机会，为地方政府解决中小企业融资困难问题的重要责任。虽然政府的引导激励了越来越多的中小企业挂牌并规范公司治理，然而企业最看重的还是挂牌之后股交中心能否提供长久有效的服务。由于目前政府引导基金政策亟待步入稳定发展的轨道，这就促成了区域性股权市场与政府引导基金相结合。当前，多地正在陆续出台相关政策，实现通过区域性股权市场完成财政资金市场化。通过区域性股权市场为引导基金扩大受惠面，并有效服务实体经济，有望实现多方共赢。基于以上，本章给出了通过区域性股权市场实现财政资金市场化的几点建议。

①政府引导基金制度的协助。

当前，中国很大一部分地区的股权投资市场并不成熟。他们普遍缺少的是专业的投资机构给予深度参入，这种投资机构多元化与深度化的匮乏是造成股权投资创造性与市场流动性欠缺的主要因素之一。而通过政府引导基金及其子基金制度，可以利用市场化手段实现社会资金合理配置，有效帮扶实体经济。同时，更多的以政府为背景的股权投资对激发中小企业创新创业、规范经营和机构投资者的参与积极性起着重大激励作用，有利于区域性股权市场投资机构的业务实现多元化与深度化，进而形成多方互利共赢的良性循环局面。

②区域性股权市场为稳固实现政府扶持和引导基金政策奠定基础。

关于整顿清理区域性股权市场，我国近几年发布了许多有关要求对区域性股权市场依法进行整改并明确区域性股权市场的基本战略定位与运行规范的文件和通知。由于区域性股权市场存在同质化竞争严重、缺乏规划引导的现象，在其与地方政府合作之下，区域性股权市场规范经营、有效地把控政策风险则成为政府引导基金政策稳固发展的必要条件与基础。

③提升区域性股权市场的服务能力、吸引力与竞争力，并为政府引导基金政策落实保驾护航。

基于区域性股权市场以“融资与规范为主，挂牌与交易为辅”的基本定位，区域性股权市场首先应提高服务能力与吸引力，规范培养中小企业，通过服务吸引各类企业、投资者、专业服务机构等市场主体不断汇聚，从而进一步提升区域性股权市场的竞争力与市场价值；此外区域性股权市场要与政府部门积极合作，帮助政府解决资金难题，实现市场与政府双赢的有利局面。

④区域性股权市场可通过申请基金管理人增加收入，提高优势。

政府引导基金是其与社会各类资本通过参股以增资的方式参与产业股份投资基金或者创新创业投资基金等众多类股权投资子资金。已经注册过的股权投资机构以及拟投资企业有资格向引导基金申请开设股权类投资子基金并确定一家股权投资管理机构作为拟设立子基金的管理机构。而区域性股权市场作为中小企业聚集的平台，它更加熟悉企业状况，能更好地把控风险。因此，区域性股权市场可以利用自身信息优势，并根据是否符合子基金申请条件来独立或联合申请子基金管理人，以基金管理费和投资收益为区域性股权交易增加新的收入来源。

(2) 合理引入做市商交易制度。

①谨慎引入传统的做市商制度。

交易制度的合理性决定了区域性股权市场功能的合理完善性。2001 年 12 月 11 日，中国正式加入世界贸易组织（WTO），包括期货市场在内的金融市场进一步对外开放，其未来发展面临着机遇和挑战，学习和吸收海外金融市场先进的运作模式已成为必然选择。中国对于国债、股票、期货市场的做市商制度研究和探索，虽然起步较早，但效果不太明显，直到目前仍未形成健全的制度。另外，从当前的国内立法情况来看，做市商制度缺少有关的法律法规的支持。根据 2017 年 7 月 1 日实行的《区域性股权市场监督管理试行办法》，区域性股权市场不允许采取做市商交易制度，但是，完善的做市商制度可以稳定股票价格、抑制股价操纵、矫正股票价格不均衡现象，有益于市场的稳定，为市场提供流动性。从国外发达国家情况来看，国外较为成熟的发达国家大多数采用做报价驱动制度即做市商制度。因此对于我国的区域性股权市场，在能够降低监管成本的情况下可以考虑采用做市商制度。当然做市商制度也有弊端，如做市商制度下的交易成本会相对较高；做市商承担做市义务，同时也是商人追求利润最大化，投入自有资金承担了风险，做市商会对其提供的服务和承担的风险要求补偿，获取差价收益，这对于投资者是一个成本上的负担；此外，对做市商很难实行有效的监督管理，做市商有可能会为了追求利益最大化而任意扩大买卖价差；同时，做市商会缺乏透明度，在报价驱动制度下，会造成信息的不对称现象，降低交易透明度，无法保证投资者的利益进而影响市场效率的提高，同时易导致做市商操纵市场的行为发生。降低投资人的入门门槛，提升合格投资人的数量是做市商做市和定价的基本前提。另外，做市商做市定价、提高流动性的一个重要基础条件是建立合理的投资人准入制度、逐步降低投资人的口槛、提高合格投资人的数量，但是以目前我国区域性股权市场的发展状况来看，因为其监管制度以及信用管理机制的尚不完全成熟，不适合大幅度降低投资人准入的标准。所以如果强行推行做市商制度，非但不能提高市场的流动性，还会增加做市商操纵股权内幕交易的风险。

②逐步建立创新型的混合做市商制度。

从境外发达国家的场外交易市场例如纳斯达克市场（NASDAQ）、场外证券交易所行情公告榜（Bulletin Board of OTC Stock Exchange）、粉单市场（Pink Sheets）、美国场外柜台交易系统（OTCBB）的交易制度来看，仅仅只有美国的场外柜台交易系统（OTCBB）采取的是传统的做市商制度，其他三个场外交易市场则是使用做市商制度和撮合制度。呈现出场外交易市场在交易制度选择方面更倾向于混合型做市商制度。因为混合型做市商制度兼具了竞争做市商制度和竞价制度两者的优势：一是它弥补了竞价交易制度下导致的流动性不足，尤其是大宗交易的困难；二是它克服了传统做市商制度效率低下、成本较高等弊端。一个完善的混合型做市商制度，可有效提升场外交易市场在市场定价、提高流动性、融资等方面的功能。但是，目前中国区域性股权市场的规范引领功能还未发挥、未实现合理的分层、未建立顺畅的转板机制，新三板传统做市商制度的实施也未实现预期的效果，建立混合做市商制度还不成熟，建议采取审慎的态度推动混合做市商制度。

（3）建立完善区域性股权市场与多层次资本市场的对接机制。

迅猛发展的区域性股权市场使市场参与的主体呈增长趋势。一家甚至多家的区域性股权市场已经在许多省份建立起来，伴随而来的劣势是许多区域性股权市场还存在融资匮乏（挂牌企业也是如此）、交易流动性交叉问题，还有不同地域市场功能相似，没有明显优势特征所造成的资源浪费，设施重复建设等问题。对于这种情况，可以推动股权交易市场利用好市场发展规律，使它们在规范且严谨的竞争规则中脱颖而出。而对区域性股权市场中的竞争能有效进行市场激励的便是转板制度，能有效维护区域性股权市场的秩序。所以，建立良好的转板机制至关重要，这对化解资源浪费以及重复建设等问题都有尤为积极的引领作用。

①转板制度建立的前提条件。

要使场外交易市场能够实现分层次、分平台至少必须具备以下条件：第一，要使区域内的挂牌企业的数量足够多，形成一定规模；第二，从市场整体来看，市场中所有挂牌企业的平均挂牌年限至少大于等于两年；第三，可灵活区分不同挂牌企业在成长性和规范性方面的不同，而不应该在市场建立的起始阶段就古板地按照财务标准的不同把市场分为若干板块。例如，天交所一开始是将其市场划分为“主板、成长板、创业板”若干层次的 A 板，最近又建立起来了 B 板和 C 板，与此同时，上海股权托管登记交易中心也存在类似问题。从现在来看，新三板市场中的企业普遍存在挂牌时间较短的问题，这也难以通过市场来区分企业的成长性和企业的规范性，新板市场若想进行内部分层，制度方面的条件还不够成熟。

②转板制度建立的原则。

转板机制宜采用自愿与强制相结合的原则。资本市场“金字塔”的根基是场外交易市场，理应成为其他市场的预备部分，可作为更高层次模块市场的补充，但不应该是附庸的模块。采用自愿与强制相结合的原则应贯彻于转板机制中。通过相关的法律法规文件，使企业强制升板或退市，从而制约了主板市场、中小企业板和创业板市场三层次板块市场中企业股票在 ST、PT 或者暂停上市状态等方面的时间限制，如果在具体时间内没有能通过相关的指标规定，则应使用强制的降级手段，使其转入场外交易市场。相对强制转板，自愿转板制度是指挂牌在场外股权交易市场中的企业如果满足新 H 板、创业板或者主板市场的条件，可以申请不需要重新 IPO 的方式直接跳转至更高层次的板块来进行股权交易。通过这种方式，不仅使场外交易市场的规范赔化产生作用，而且可以实现更大规模的融资需求于高层次板块中，也能使市场的流动性增加，通过股权转让的方式便于私募投资退出。

③转板制度建立的步骤。

按步骤建立转板制度。第一步，实现场外交易市场的内部分层，同步建立起全国性和区域性场外交易市场的内部分层，层次划分标准在各地区域性市场中要具备统一性，这样方便实现与新板对接；第二步，承接新三板企业模块的专口在创业板建立，从而建立起转板制度方便新三板与创业板之间的对接；第三步，建立起其他转板机制，建立起场外股权交易市场同新三板以及另外板块间的流畅转板通道。

④转板制度建立的好处。

第一，推动企业进步是转板机制尤为重要的作用。而且对市场来说，可以培育高质量的企业以增加达到转板标准企业的数量。而转板企业数量的增多证明该地区市场培育质量高，可以吸引更多企业转入该地市场，这样可以改善该地市场的融资渠道，使该地市场的服务质量稳步提升，吸引具有潜力的企业在区域性股权市场中发展。

第二，对于区域性股权市场和新三板市场，转板制度需要互相磨合以流畅转板，并且在整体多层次资本市场中适用。此标准低于目前新三板的挂牌标准，但是随着企业数量的增加，此标准也会伴随提高。因此在多层次资本市场这个整体中，按照如此条件，市场间的转板制度就需要相互磨合相互适应，相互对接挂牌条件，让转板制度更好地发挥在市场中的重要作用。

第三，区域性股权市场建立起多层次资本市场是通过转板制度，让分布于资本市场中的各层次都能相互协调，并且能够同时发挥自己功能。培育场内交易市场上市与新三板挂牌，从结构上来说发挥了整体最大的效益。伴随着不断发展，可以形成开放包容、统一标准、灵敏快捷的上市企业预备资源储备。

第四，根据企业的生命周期理论，上市企业由于所处的生命周期的变化会导致其原来均衡状态的偏离，而在处于信息不对称的情况下，市场无法通过其价格调节机制来重新构建新的市场均衡。因此，引入转板机制，可以为多层次资本市场提供动态的具有分离效应的市场调节机制，并以此来动态地调整新的均衡状态，避免“劣币驱逐良币的现象”。而且有利于成熟大企业和真正具有成长性的中小企业的发展，是降低市场投资风险的必要手段。

⑤转板制度的意义与政策建议。

交易所内主板市场、中小板市场、创业板市场、场外无形的电子交易市场、全国性或地区性柜台交易市场构成了我国多层次的资本市场。要形成体系健全的类似梯级的市场，需要各层次的市场和企业成长周期相匹配，要有明确的具有递进性的市场定位。市场定位不同，需要有不同的层次。成熟企业处于市场化阶段和产业化阶段后期，若要进行融资和股权交易服务需要在主板市场内。规模较大、业绩稳定并且市场风险小为上市公司的主要特征。中小型企业处于幼稚期后期和产业化前期，若要进行融资和股权交易服务，则应处于二板市场，这些企业的企业规模和抗风险能力、盈利能力都会低于主板企业。处于初创阶段的小型企业进行融资和股权交易服务则应在三板市场内。这些企业的抗风险能力往往低于二板企业。此外，还有区域性的柜台市场，主要为处于初创前期、婴儿期阶段的企业提供包括使标准化产权证券化、交易非证券化的实物型产权等在内的产权交易服务。企业规模较小，抗风险能力较弱，经营稳定性较低，区域性柜台市场中的企业在这些方面都会稍逊于三板市场中的企业。在区域性柜台市场中的企业如果发展成长并经过股份改造，成为治理结构规范的股份制企业，条件成熟后可转入高一级的市场或者申请转入层次更高的市场。同理，如果三板市场中的企业经过经营发展达到了二板市场的准入条件，也可申请转入二板市场或发展情况更好可转入一板市场。但是，如果企业经营状况并不好，已经无法达到所在市场层次的要求，则需要退市或者降入次级市场。

从众多世界主要经济体中我们可以看到，资本市场的发展都与其自身的国情相符合。分层的方式虽然具备诸多共同点，然而却都基于自身市场特点各具独特之处。其根本原因还是由本国或地区经济发展情况以及政府的政策法规决定的。由上述对于多层次资本市场以及转板制度的分析可知，具有一个其结构和功能层层递进的多层次资本市场可以满足各个层次企业对于上市融资和发展的需求，对于国民经济的发展起到至关重要的作用。并且可以以区域性股权市场作为建立转板机制的始点，通过建立升板机制来规范和约束挂牌企业的经营行为，同时也促进区域性股权市场规范的发展，为多层次资本市场打造坚实的基础。

在转板机制建立过程中，可以参考境外发达国家的转板制度，采取自愿升板、强制降板的方式。在上市公司自低层次的市场向更高层次市场进行转板的时候，应基于满足更高层次上市准入条件的情况下，采取自愿的原则进行升板选择。在转板完成后经过该市场进行监督管理一段时间，再正式地对该企业进行正式挂牌交接。另外，从高层次市场降级到低层次的市场中需要强制性手段执行。已在主板市场挂牌上市的公司，在经过连续地经营业绩和财务状况低迷后，其自身条件不再符合进入主板市场的要求，此时就要强制降级到中小板市场或者创业板市场，以此来改变上市公司“一次上市，终身享福”的模式。同时通过转板机制引导资本市场市场化的进程，减缓信息不对称造成的逆向选择影响，提高投融资效率。

（4）完善制度设计。

①对挂牌企业采取低准入标准。

区域性股权市场的服务对象是中小微企业，因此应当规范其为特定区域的企业提供股权、债券的转让和融资服务的基础性功能，区域性股权市场对于挂牌企业的准入标准应该低于主板、中小板、创业板市场的准入条件，区域性股权市场对其最低净资产以及最低净盈利不做要求，但是对其公司的股权成本构成、业务合法性、财务机制健全、治理结构合理等企业内部结构方面做出硬性的要求，且需要有相关资质且经过证监会审核过的保荐商推荐其持续监督职责。区域性股权市场可以借鉴美国OTCBB市场的零财务门槛准入标准，并在准入市场时披露转让信息或者只披露其经营与财务信息，通过区域性股权市场的规范后再实现融资。降低挂牌企业的准入标准，并通过区域性股权市场进行培养与持续监督指导，提高企业经营、管理水平，督促其拓宽业务范围，提高企业透明度，减少信息不对称的现象。等到扩大其市场规模以后，对市场进行分层，即融入转板制度，建立企业强制退出和自愿转板机制，这样有益于赔化筛选优质企业，能更好地发挥场外交易市场的基础性资本市场作用。

②对证券服务机构和投资者采取高准入标准。

由于区域性股权市场的投资风险较大，对保荐人以及做市商应该采取更高的选取标准，只批准券商做市。区域性股权市场的保荐商应具有中国证券业协会的会员资格并由证监会集权式负责核准审批。对会计师事务所的执业经验和实力（主要包括成立年限、业务骨干执业经历、业务合规性记录、从业资质）做出具体规定，不允许中介机构和从业人员有任何不良从业记录。此外区域性股权市场对于投资者来说由于投资风险较大，因此在区域性股权市场没有实现成熟的与多层次资本市场对接的机制以及自身分层之前，应该以机构投资者为主要的投资者，逐步对一些具有丰富投资经验与风险承受能力的自然人投资者放宽。并对自然人投资者的净资产总额、投资经验和风险承受能力三方面采取较高的准入标准。等到区域性股权市场具备了完善的规范解化功能，并且实现合理分层后，再逐渐降低自然人投资者的准入标准。

③对市场参与主体采取“零容忍”退出制度。

目前，中国中小微型企业虽然数量极大，但是受家族企业模式、人才缺乏、管理水平落后、企业文化缺失、资金短缺严重等因素的困扰，企业整体质量却不高。因此，在场外交易市场挂牌交易时，虚假披露企业信息的动机更强、可能性更大。这也是导致场外交易市场交易不活跃、投资者积极性不高的一个重要原因。如果企业为了掩盖其真实质量向市场披露具有欺骗性的信息受不到严厉的惩罚，整个市场会变得愈发不规范，投资者会进一步降低对区域性股权市场的信任，直接导致企业股份转让、融资困难。因此，在区域性股权市场的制度建设中，应更加注重反欺诈，加大对欺诈行为的惩罚力度，促进形成良好的诚信环境。第一，对信息披露的真实性采取最严格惩罚措施，即企业一旦披露虚假信息立即强迫退市，淘汰不诚信企业，并永远禁止该企业并禁止该企业控股股东所控股（包括相对控股）的企业在任何层次的板块再次申请挂牌上市。区域性股权市场从制度建设上要对投资者的利益始终提供保护，在宽进的同时须采取严出的措施，充分发挥场外交易市场规范中小微企业发展的作用。决不能使区域性股权市场成为圈钱套利的工具，而应该成为是小微企业与投资者利益共存的“资产池”。否则，场外交易市场将成为投机市场，最终将会失去投资者信任，有场无市。第二，加大对不诚信中介服务机构的惩罚为度，出台“零容忍”制度，即一旦违反“零容忍”要求，永久性禁止从事证券服务业务，严重的追究刑事责任，确保市场规范有序，制定与中小微企业特点相适应的信息披露制度。

④建立区域性股权市场自愿信息披露制度。

使挂牌企业进行相关的信息披露是证券市场进行监管的重要手段，同时也是高效且经济的监管方法。中小企业相对于成熟的大企业来讲，具有更加严重的信息不对称的现象，并且具有较低的风险承受能力。根据迈克尔·斯宾塞（Michael Spence）的分离均衡模型分析可以得出结论，投资者会因为信息不对称导致的逆向选择使得总的投资收益下降。高风险企业会因为知道其自身存在的高风险系数，再进行融资时，选择更低的价格进行报价。但是投资者由于缺少风险相关的信息，只能根据股权的市场价格来进行选择，因此更多的资金就会流向了高风险企业，导致了市场效率的失灵情况，降低了资源配置的效率。因此质优的企业更倾向于自觉地披露自身相关信息，并以此向外界投资者释放出积极信号来反映自身的稳定性与规范性。如果企业选择披露出自身不足的坏消息，这样非常有利于信息不对称现象的减少，增加企业的透明度，树立诚信形象，提高企业声誉，从而取得投资者的认可。因此想要充分发挥区域性股权市场的规范引领作用，需建立自愿信息披露制度，并与中小企业自身特点相匹配。制定区域性股权市场的统一信息披露标准，明确规定信息披露的内容，包括强制性内容与自愿性披露的内容，包括强制性定期披露和不定期的自愿披露。制定统一格式规范，建立区域性股权市场信息披露渠道，保证区域性股权市场的透明度，保证上市企业能够真实、完整、准确、及时地披露影响投资者决策的信息。我国可参考借鉴美国 OTCBB 市场中按照信息披露程度将挂牌企业分层到几个子市场中的做法，把挂牌企业信息披露情况作为中国场外交易市场内部分层的重要依据，在规定强制披露的内容同时，建立与中小微企业特点相适应的自愿信息披露制度，鼓励企业自愿地披露相关信息。

⑤完善区域性股权市场的监管制度。

第一，监管与自律有机结合。政府需要加强相关法律的建立，确定监管的有效依据。由于目前来看对于区域性股权市场的法律地位不明确不清晰不具体。对于挂牌企业的上市标准没有详细具体的准入标准，导致区域性股权市场处于一种合法与不合法的边缘地带，而十九大报告中明确提出了要大力发展区域性股权市场，因此区域性股权市场的法律地位以及监管模式也将逐步趋于完善。目前已有了《区域性股权市场监督管理试行办法》，随着区域性股权市场的逐步发展，《区域性股权市场监督管理试行办法》也将趋于完善。

第二，做到全方位、动态监管。监管对象不仅要包括企业、投资者、做市商、保荐机构，还应对地方政府监管部口、交易所工作人员进行监管。加强对企业的会计信息造假行为，对投资者、做市商操纵价格的行为，对中介机构故意隐瞒企业真实信息的行为，对监管人员的不作为、拘私违纪行为的监管。另外，交易所市场监管部口、保荐机构应对挂牌企业采取持续动态的监督和服务管理，强化监管责任意识和规范辅导意识，一方面，有效防患各个环节的风险，另一方面，有利于区域性股权市场充分发挥其规范引领的基础性功能。

第三，加大监管力度与适度监管相结合。由于场外交易市场风险大，监管部口应对其加大监管力度，采取比场内市场更加严格的监督惩罚措施，有效保护投资人的利益。按照《关于规范发展区域性股权市场的通知》（以下简称《通知》）的有关规定，区域性股权市场由所在地省级人民政府按规定实施监管，并承担相应风险处置责任。省级人民政府要根据相关金融政策法规，在职责范围内制定具体实施细则和操作办法，建立健全监管机制，指定具体部门承担日常监管职责，不断提升监管能力，依法查处违法违规行为。并且《通知》还要求中国证监会主要承担以下三项职责：一是制定统一的区域性股权市场业务及监管规则，中国证监会将根据《通知》精神抓紧制定《区域性股权市场监督管理试行办法》并按程序发布实施；二是依法依规履职尽责，加强对省级人民政府开展区域性股权市场监管工作的指导、协调和监督，对省级人民政府的监管能力和条件进行审慎评估，加强监管培训，采取有效措施，促使地方监管能力与市场发展状况相适应；三是对区域性股权市场规范运作情况进行监督检查，对可能出现的金融风险进行预警提示和处置督导。

中国证监会主要为区域性股权市场建构基本制度环境，建立市场的基本规则，对地方监管机构、行业协会和交易所（市场）进行监管，对相关的违规行为进行处罚；地方监管机构主要负责对本区域场外交易市场以及相关主体的监管；证券业协会主要负责对做市商、保荐机构等中介机构以及从业人员的监管，负责制定场外交易市场的具体运行规则，监管场外交易参与者行为，确保信息披露机制的实现，维护市场秩序，逐步形成各有所能，相互配合，分层次、递进式的全程监管模式，实现政府监管和行业自律监管的良好结合。

⑥统一监管与分散监管相结合。

欧美发达国家的经验教训已经告诉我们，一个无序的资本市场虽然很可能在短时间内给我们带来较大的经济利益，但是这种不健康的发展方式蕴藏着极大的风险，所得到的利益很快就会丧失，甚至是会造成十分严重的经济和社会破坏。股权交易市场与其他市场相比存在自身的特殊性，股权交易的投资期限可以很短而回报很丰厚，这对于参与股权投资的各个个体而言都具有十分强大的诱惑力，因此必须建立健全的监管制度，严密监视股权交易中出现的各种问题并且能够让股权交易中随时可能出现的各种漏洞都能够及时地弥补。基于中国国情，完善由中国证监会行使统一监管权，同时下放监管权，由当地政府行使本区域的场外交易市场监管权，形成统一监管与分散监管相结合的监管体系。

⑦推广股权质押业务。

各地区域性股权市场应当开展股权质押业务，与当地省政府沟通，推动相关部门共同支持、明确交易所为各类非上市股份有限公司开展股权的集中登记、托管、质押融资等工作。理顺交易所与工商部门在股权注册、登记、托管等工作方面的关系，实现职能互补。工商登记托管部门与交易所的登记托管工作要对接好，防止挂牌企业多次转让股权行为的情况发生。探索实行以“政府购买公共服务”的方式委托授权交易所统一开展本省非上市企业股权质押登记相关工作，发挥交易所的股权质押融资功能，并积极推进交易所的融资产品与银行、券商等金融机构相对接，融合双方资源，提高平台专业化程度。并且积极寻找各行业的专业公司，合作设立子公司，尤其是基金管理公司，为企业提供融资、培训、咨询等后期服务，同时交易所可以通过增值服务获取多样化收入。

创新股权质押融资模式随着区域性股权市场的不断发展，中小企业的股权登记情况逐步趋向规范，同时区域性股权市场也为挂牌企业的股份流通转让提供了通道，提高了中小企业的股权流动性，这为区域性股权市场与银行合作开展中小企业股权质押融资业务创造了条件。通过区域性股权市场创新股权质押融资模式，对于提升区域性股权市场融资功能，有利于缓解中小企业融资难的问题。在法律法规的障碍上，需要对接好工商登记托管部门与交易所登记托管的工作，修改《公司法》中有关股份转让质押的条款规定。推行第三方登记托管制度，规定必须由专业机构来集中托管非上市公众公司的股权，而且政府相关部门应大力整顿、规范各地的区域性股权市场的这类机构，做好统一颁布股权登记托管业务细则工作，使其执业行为规范。

（5）未来展望。

总而言之，在政策方面，中国政府出台的《金融业发展和改革“十二五”规划》和党的十八大报告明确提出“显著提高直接融资比重”，“深化金融体制改革，健全促进宏观经济稳定、支持实体经济发展的现代金融体系，发展多层次资本市场”等具体任务。在未来一段时间内中国区域性股权市场的各个方面都将迎来较大的变革，尤其是市场的开放程度和规范化将得到进一步加强，与国际资本市场的衔接更加密切。

在市场规模方面，直接融资比重显著提高。社会融资结构全面优化，直接融资占社会融资总量比重有望提高至30%~40%。在直接融资中，直接投资和主板市场的发展已经比较成熟，因而变动的幅度不会非常大，因此这些提高的直接融资比重将主要由以股权交易市场为代表的场外交易市场来完成。另外，中国目前区域性股权市场还处于发展的初期，而欧美发达国家的区域性股权市场已经发展得比较成熟，预测未来中国区域性股权市场的发展需参考欧美发达国家。欧美发达国家现在证券市场的总体结构呈现“正三角形”而中国目前呈现的是“倒三角形”，因此作为资本市场基础的区域性股权市场还有非常巨大的市场开发潜力。

在市场规范化方面，市场的法律制度将更加完善。“三公”原则得到切实维护，透明高效的监管体系基本建成，市场运行更加稳定，投资者合法权益得到充分保护，市场创新活动拥有更多的发展和弹性空间。

市场的开放程度可以在很大程度上衡量一个市场的运行效率，中国未来的区域性股权市场必然向更加开放、更加包容的方向迈进。国际金融机构和国际资本的参与程度将进一步提高，服务水平将逐步接轨国际先进水平。

7.4　中国区域性股权市场的未来发展方向

7.4.1　实现与新三板的对接

区域性股权市场虽然在服务中小企业中发挥了重要作用，但是由于区域性股权市场的融资受限于地域、私募等问题，在解决中小企业资金问题方面仍存在壁垒，在企业价值培育方面仍需要汇聚多方资源。因此，实现区域性股权市场与新三板的合作对接，对破解区域性股权市场真正定位的发挥，解决区域性股权市场融资能力薄弱具有重要作用。

新三板市场是顺应多层次资本市场发展布局而迅速发展的全国性证券交易市场，是我国多层次资本市场建设重要的“试验田”，新三板为广大挂牌中小企业提供了股权流通、企业融资和宣传展示的重要平台，越来越成为资本市场重要的参与主体。但是由于发展周期短，鼓励创新创业等政策导向影响，新三板相比较沪深交易所等市场，企业层次差异更大，风险更高。

如何解决这些问题、更好地发挥区域性股权市场的作用？笔者认为，应该借鉴海外发达国家或地区多层次资本市场建设经验，未来应该实现区域性股权市场与新三板的对接。实现区域性股权市场与新三板的对接具有如下好处：

第一，能够充分发挥区域性股权市场企业培育的作用，促进企业形成规范发展的理念、提供阶段性融资、培育企业发现价值，从而降低企业挂牌新三板后的风险，帮助新三板筛选优质企业挂牌，促进新三板交易活跃度。

第二，有利于不断通过区域性股权市场的培育，输送大量优质企业前往全国性交易市场进行交易和价值发现，提升新三板整体的流动性和交易活跃性，从而促进市场长期发展。以区域性股权市场为代表的低层次资本市场可以接纳从新三板高层次资本市场退市的公司，有效化解了高层次资本市场的风险，同时又为高风险偏好投资人提供了投资标的，为退市公司提供了再次发展的机会。以区域性股权市场为代表的低层次资本市场成为企业价值培育的“孵化器”和优质上市企业的“蓄水池”，为更高层次资本市场提供丰富的潜在上市资源。

第三，可以有效降低我国各层次资本市场之间监管的断层问题，加快对企业并购重组、信息披露、退市等流程的监管，优化我国资本市场制度环境，释放市场活力，尤其是通过区域性股权市场与新三板之间的合作可以进一步构建非上市公众公司的监管，进一步完善非上市公众公司监督管理制度体系。

第四，可以使更高层次资本市场带动区域性股权市场运作规范化，监管全面化。通过多层次资本市场对接合作，可以将各自为政的区域性股权市场纳入整体多层次资本市场的监管中，将有助于发挥各方力量，形成良性的企业监管的递进格局。

如何实现区域性股权市场与新三板的对接？应尽快研究出台区域性股权市场与新三板间升降板制度，形成区域性股权市场与新三板之间“升板自愿、降板强制与自愿相结合”的升降板机制。企业挂牌新三板市场，必须首先经过区域性股权市场挂牌及培育，在区域性股权市场“交易板”挂牌 6 个月以上，且符合新三板对外公布的相应挂牌要求及完整信息披露要求的企业，可以直接申请在新三板挂牌交易；同时出台新三板企业强制摘牌或降板制度，鼓励企业自行降板。在新三板已经挂牌的企业，在难以达到新三板维持挂牌要求时，就应当强制退至区域性股权市场进行交易转让或者继续孵化培育。通过建立升降板政策，实现区域性股权市场与新三板的对接，促进我国中小企业加快股改并提前进入较低层次资本市场培育，提高区域性股权市场吸引力，促进区域性股权市场错层发展，提供多元化服务。

7.4.2　定位于做服务中介和金融交易平台

全国有上千万家中小企业，这些企业在现有的金融体制下，普遍面临着融资困难的问题。这些企业如果要进入资本市场进行融资，是不是一定要通过改制成股份制企业，然后进行股权交易这种方式？现在来看，这种方式既非更有效，也没有必要。中小企业普遍的诉求就是获得融资，至于是否改制成股份制企业，是否要通过股权交易的方式来实现，似乎并不是其关注的问题。因此，区域性股权市场是否可以摒弃既有的发展思路，重新定位？区域性股权市场可以定位于提供交易平台和做服务中介，通过其提供的场所，小微企业在此展示自己和接受培训，投资者在此发掘投资机会。资金提供者和需求者在此互相了解并达成交易，从而实现各自的目的。中小企业的这种融资方式在现阶段比企业进行改制，通过股权交易来获得融资可能更加有效。

因此，要让区域性股权市场回归其本质，其主要服务对象应该是中小企业而不是拟上市公司以及退市公司。这些中小企业可以是各种类型的企业，包括有限责任公司、股份公司等等。如果区域性股权市场这样定位，那么挂牌企业就没有必要非进行股份制改造不可，企业的股东人数也就不需要超过200人；如果区域性股权市场这样定位，那么其也就不会为现有的区域限制等问题所困扰。中国有上千万家中小企业，其中很多企业面临着资金短缺问题，如果区域性股权市场真正能够为这些企业服务，帮助其解决融资问题，那么企业的挂牌资源也就不成问题。据浙江省的统计，仅浙江省就有90多万家小微企业。如果区域性股权市场能够做足够好，那么仅省内的资源也就足够了，所以是否打破区域限制也就无关紧要了。

此外，区域性股权市场内部也可以设立不同的板块，为不同需求的企业服务。为实现区域性股权市场的上述主要定位，在区域性股权市场内部也可以设立两个板块，一个板块是传统的股份公司板块，其定位于培育上市资源，促进企业股权交易，这个板块的运营模式和新三板应该是属于同类型的，区域性股权市场在这一板块可以和新三板进行一定程度的竞争，如果其做好了，企业在其挂牌能够得到实惠，那么其自然也不就怕新三板的竞争。另一个板块，那就是小微企业板块，在这个板块上，区域性股权市场就是做一个金融中介、一个交易平台，为挂牌企业和投资者提供良好的中介服务，而这一个板块，应该是区域性股权市场的主要板块。

7.4.3 新技术引领股权市场的未来

今日世界，科技进步日新月异，大数据、区块链、人工智能、云计算、量子技术、VR 等新技术的产生及运用，使得过去不可能的事情变得可能，使复杂的事情变得简单。新技术的运用不但可以解决过去无法解决的诸如登记、结算、开户、投资、挂牌等业务的远程化、去中介化操作，还可以在极大程度上解决信息不对称、不信任、不对等的问题，从而维护金融安全，防范系统性金融风险发生。作为中国金融创新的产物，区域性股权市场对于新技术新科技的使用也必将在科技大潮中引领资本市场脚步。这些新技术的运用为我们描绘了一幅交易智能化、数据处理简约化、监管即时化的蓝图，实现了效率和安全的双提升。

股权交易市场是一个多维而复杂的系统，参与的主体众多，主要有：市场监管机构，如中国证监会及派驻机构、地方金融监管部门、国资委、财政厅（局）等机构；服务机构，如区域性股权市场的运营机构、股权登记结算机构、股权交易市场研究机构等；主要参与群体，如发行人、保荐机构、律师事务所、审计机构、资产评估机构、合格投资人等。

2008 年的全球金融危机就是因为场外交易市场的透明度和流动性低于交易所市场造成的，此后场外交易市场成为系统性金融风险的聚集点。那么如何防范风险、提高效率、降低成本就是区域性股权市场的核心问题，运用新技术可以完美地解决这一问题。例如，区块链技术是基于“去信任”的分布式数据库技术，其核心是在没有中心增信的前提下，如何建立信任。美国的 DTCC（一个全球领先的交易后处理服务提供商）认为，“区块链+智能合约”

可以给出解决方案。资本市场是以基于身份验证的信任机制为前提，是典型的中心化模式。那么如何对接企业端与资金端，使之建立信任，同时又减少中间环节，切实帮助企业减少不必要的成本，却能够保证信息的对称性、可靠性和真实性。对于区域性股权市场来说，可以运用区块链技术，通过大数据挖取企业信息，调取使交易双方“建立信任”，这也就使区域性股权市场中的“去中介化”成为可能，同时也保证了效率与安全。目前，在澳大利亚证券交易所（Australion Securities Exchange）、德意志交易所（Deutsche Börse Group）、阿布扎比证券交易所（Abu Dhabi Securities Exchange）、纳斯达克私有股权市场（Nasdap Private Market）等交易平台上都已对区块链技术有了很好的尝试。

7.5　美国市场发展经验借鉴

中国资本市场建设虽然利用后发优势在短短 20 多年里实现了快速发展，成为世界第二大市值的资本市场。但是，在许多方面西方发达国家资本市场仍然有值得我们学习之处。考察其退市与转板制度，有利于中国相关方面的设计和改进。

美国市场化、系统化的转板机制的基础在于交易所的多层次性，这是指既有多家不同层次的交易所或者交易集团，同一家交易所或交易所集团内部也存在着不同的层次。目前，获得 SEC 批准的“国家交易所”有 16 家，这其中纽交所、纳斯达克交易所占据主导地位。美国证券交易所（AMEX）曾为第二大交易所，2008 年被并购纳入纽约泛欧证交所集团。这三家交易所包揽了美国几乎全部的上市公司。这三大交易所中的纳斯达克交易所又分为三个内部板块：NASDAQ 全球精选市场（NGS），NASDAQ 全球市场（NGM）及 NASDAQ 资本市场（NCM）。其中 NGS 门槛最高，NGS 的上市门槛次之，NCM 最低。而美国的场外市场主要有两个报价媒介：OTCBB 和 OTC link（其前身即为 Pink Sheets）。截至 2014 年 3 月 18 日，通过 OTC link 挂牌的证券数量为 9863 只。

基于多层次的交易场所存在，美国的退市与转板机制非常灵活。NASDAQ 市场上连续 30 日交易价格低于 1 美元，警告后 3 个月未能使股价升至 1 美元以上，则将其摘牌降至粉单市场进行交易。同时 NASDAQ 内部各层次可自由转板，转板方式分为主动申请和强制转板，一般来说，升板采用自愿原则，降板采用强制原则。此外，场外市场中也存在平级转板，即在 NASDAQ 和 NYSE 互转，例如，2000—2010 年间，共 182 家公司从 NASDAQ 转板到 NYSE，同时也有 25 家公司从 NYSE 转到 NASDAQ。

通过研究可以发现，美国的退市转板既包括了场内场外的转板，也包括了同一交易所不同层次板块间的转板。主动的退市转板可以选择平级转板，而强制退市转板一般只能转到次一级的交易场所进行交易。

除了存在退市转板，美国也存在着灵活的升级转板制度。粉单市场表现优异的公司可以通过双重报价或者直接升入 OTCBB 市场交易，而 OTCBB 市场中的公司达到 NASDAQ 市场的挂牌要求后即可升到 NASDAQ，也可以在满足标准情况下升入 NYSE 等。

不过需要注意的是，美国所有的股票交易所都是自由竞争的，三大交易所也是在数百年市场竞争下逐渐达到现在的规模，而中国的交易所主要还是政府主导型模式，故在制定相关制度时需要考虑这一区别。

7.6 小结

本章首先对 2017 年实行新政以来的关于区域性股权市场发展的政策进行了解读，结合各省股权交易中心的发展现状，探讨了当前区域性股权交易中心发展的环境政策，提出了中国区域性股权市场发展在下一阶段将要面临的问题。

接下来首先评价了中国区域性股权市场在短短十年的发展历程中所取得的成就与为中国市场经济的发展所做出的贡献。但是，也认识到在新一轮的经济发展形势下，区域性股权市场仍面临着诸多问题与挑战，并对现存的问题进行了分析。然后，在分析现存问题的基础上，结合目前国内宏观经济背景对区域性股权市场的未来发展方向进行了探讨，在强化和明确功能的基础上，鼓励业务模式的创新，为服务更广泛的中小企业、满足多样化的投融资需求寻求解决办法。

最后，通过借鉴美国OTC市场的发展经验，对我国区域性股权市场的发展提供了参考建议，并结合国内市场经济发展状态，对区域性股权市场的发展进行了理论思考和实践思考。

附　录

区域性股权市场监督管理试行办法

第一章 总 则

第一条 为了规范区域性股权市场的活动，保护投资者合法权益，防范区域性股权市场风险，促进区域性股权市场健康发展，根据《中华人民共和国证券法》《中华人民共和国公司法》《国务院办公厅关于规范发展区域性股权市场的通知》等规定，制定本办法。

第二条 在区域性股权市场非公开发行、转让中小微企业股票、可转换为股票的公司债券和国务院有关部门认可的其他证券，以及相关活动，适用本办法。

第三条 区域性股权市场是为其所在省级行政区域内中小微企业证券非公开发行、转让及相关活动提供设施与服务的场所。

除区域性股权市场外，地方其他各类交易场所不得组织证券发行和转让活动。

第四条 在区域性股权市场内的证券发行、转让及相关活动，应当遵守法律、行政法规和规章等规定，遵循公平自愿、诚实信用、风险自担的原则。禁止欺诈、内幕交易、操纵市场、非法集资行为。

第五条 省级人民政府依法对区域性股权市场进行监督管理，负责风险处置。

省级人民政府指定地方金融监管部门承担对区域性股权市场的日常监督管理职责，依法查处违法违规行为，组织开展风险防范、处置工作。

省级人民政府根据法律、行政法规、国务院有关规定和本办法，制定区域性股权市场监督管理的实施细则和操作办法。

第六条 中国证券监督管理委员会（以下简称“中国证监会”）及其派出机构对地方金融监管部门的区域性股权市场监督管理工作进行指导、协调和监督，对市场规范运作情况进行监督检查，对市场风险进行预警提示和处置督导。

地方金融监管部门与中国证监会派出机构应当建立区域性股权市场监管合作及信息共享机制。

第七条 区域性股权市场运营机构（以下简称“运营机构”）负责组织区域性股权市场的活动，对市场参与者进行自律管理。

各省、自治区、直辖市、计划单列市行政区域内设立的运营机构不得超过一家。

第八条 运营机构应当具备下列条件：

（一）依法设立的法人；

（二）开展业务活动所必需的营业场所、业务设施、营运资金、专业人员；

（三）健全的法人治理结构；

（四）完善的风险管理与内部控制制度；

（五）法律、行政法规和中国证监会规定的其他条件。

证券公司可以参股、控股运营机构。

有《中华人民共和国证券法》第一百零八条规定的情形，或者被中国证监会采取证券市场禁入措施且仍处于禁入期间的，不得担任运营机构的负责人。

第九条 省级人民政府对运营机构实施监督管理，向社会公告运营机构名单，并报中国证监会备案。未经公告并备案，任何单位和个人不得组织、开展区域性股权市场相关活动。

第二章 证券发行与转让

第十条 企业在区域性股权市场发行股票，应当符合下列条件：

（一）有符合《中华人民共和国公司法》规定的治理结构；

（二）最近一个会计年度的财务会计报告无虚假记载；

（三）没有处于持续状态的重大违法行为；

（四）法律、行政法规和中国证监会规定的其他条件。

第十一条 企业在区域性股权市场发行可转换为股票的公司债券，应当符合下列条件：

（一）本办法第十条规定的条件；

（二）债券募集说明书中有具体的公司债券转换为股票的办法；

（三）本公司已发行的公司债券或者其他债务没有处于持续状态的违约或者迟延支付本息的情形；

（四）法律、行政法规和中国证监会规定的其他条件。

第十二条 未经国务院有关部门认可，不得在区域性股权市场发行除股票、可转换为股票的公司债券之外的其他证券。

第十三条 在区域性股权市场发行证券，应当向合格投资者发行。单只证券持有人数量累计不得超过200人，法律、行政法规另有规定的除外。

前款所称合格投资者，应当具有较强风险识别和承受能力，并符合下列条件之一：

（一）证券公司、期货公司、基金管理公司及其子公司、商业银行、保险公司、信托公司、财务公司等依法经批准设立的金融机构，以及依法备案或者登记的证券公司子公司、期货公司子公司、私募基金管理人；

（二）证券公司资产管理产品、基金管理公司及其子公司产品、期货公司资产管理产品、银行理财产品、保险产品、信托产品等金融机构依法管理的投资性计划；

（三）社会保障基金，企业年金等养老基金，慈善基金等社会公益基金，以及依法备案的私募基金；

（四）依法设立且净资产不低于一定指标的法人或者其他组织；

（五）在一定时期内拥有符合中国证监会规定的金融资产价值不低于人民币50万元，且具有2年以上金融产品投资经历或者2年以上金融行业及相关工作经历的自然人。

第十四条 在区域性股权市场发行证券，不得通过拆分、代持等方式变相突破合格投资者标准。有下列情形之一的，应当穿透核查最终投资者是否为合格投资者，并合并计算投资者人数：

（一）以理财产品、合伙企业等形式汇集多个投资者资金直接或者间接投资于证券的；

（二）将单只证券分期发行的。

理财产品、合伙企业等投资者符合本办法第十三条第二款第（二）项、第（三）项规定的除外。

第十五条 在区域性股权市场发行证券，不得采用广告、公开劝诱等公开或者变相公开方式。

通过互联网络、广播电视、报刊等向社会公众发布招股说明书、债券募集说明书、拟转让证券数量和价格等有关证券发行或者转让信息的，属于前款规定的公开或者变相公开方式；但符合下列条件的除外：

（一）通过运营机构的信息系统等网络平台向在本市场开户的合格投资者发布证券发行或者转让信息；

（二）投资者需凭用户名和密码等身份认证方式登录后才能查看。

第十六条 在区域性股权市场挂牌转让证券的企业（以下简称挂牌公司），应当符合本办法第十条规定的条件。

第十七条 在区域性股权市场转让证券的，应当符合本办法第十二条、第十三条、第十四条、第十五条规定，不得采取集中竞价、连续竞价、做市商等集中交易方式。

投资者在区域性股权市场买入后卖出或者卖出后买入同一证券的时间间隔不得少于5个交易日。

第十八条 符合下列情形之一的，不受本办法第十三条规定的限制：

（一）证券发行人、挂牌公司实施股权激励计划；

（二）证券发行人、挂牌公司的董事、监事、高级管理人员及发行、挂牌前已持有股权的股东认购或者受让本发行人、挂牌公司证券；

（三）因继承、赠予、司法裁决、企业并购等非交易行为获得证券。

第十九条 运营机构依法对证券发行、挂牌转让申请文件进行审查，出具审查意见，并在发行、挂牌完成后5个工作日内报地方金融监管部门和中国证监会派出机构备案。

第二十条 运营机构应当在每个交易日发布证券挂牌转让的最新价格行情。

第二十一条 证券发行人、挂牌公司及区域性股权市场的其他参与者应当按照规定和协议约定，真实、准确、完整地向投资者披露信息，不得有虚假记载、误导性陈述或者重大遗漏。

运营机构应当建立信息披露网络平台，供信息披露义务人按照规定披露信息。

第二十二条 证券发行人应当披露招股说明书、债券募集说明书，并在发生可能对已发行证券产生较大影响的重要事件时，披露临时报告。

挂牌公司应当在每一会计年度结束之日起4个月内编制并披露年度报告，并在发生可能对证券转让价格产生较大影响的重要事件时，披露临时报告。

招股说明书、债券募集说明书、年度报告应当包括公司基本情况、公司治理、控股股东和实际控制人情况、业务概况、财务会计报告以及可能对证券发行或者转让具有较大影响的其他情况。

第二章 账户管理与登记结算

第二十三条 投资者在区域性股权市场买卖证券，应当向办理登记结算业务的机构申请开立证券账户。办理登记结算业务的机构可以直接为投资者开立证券账户，也可以委托参与本市场的证券公司代为办理。

开立证券账户的机构应当对申请人是否符合本办法规定的合格投资者条件进行审查，对不符合规定条件的申请人，不得为其开立证券账户。申请人为自然人的，还应当在为其开立证券账户前，通过书面或者电子形式向其揭示风险，并要求其确认。

本办法施行前已开立证券账户但不符合本办法规定的合格投资者条件的投资者，不得认购和受让证券；已经认购或者受让证券的，只能继续持有或者卖出。

第二十四条 投资者在区域性股权市场内买卖证券的资金，应当专户存放在商业银行或者国务院金融监督管理机构批准的具有证券期货保证金存管业务资格的机构。任何单位和个人不得以任何形式挪用投资者资金。

省级人民政府制定投资者在区域性股权市场内买卖证券资金的管理细则，明确投资者资金的动用情形、划转路径和有关各方的职责。

运营机构应当每日监测投资者资金的变动情况，发现异常情形及时处理并向地方金融监管部门和中国证监会派出机构报告。

第二十五条 区域性股权市场的登记结算业务，应当由运营机构或者中国证监会认可的登记结算机构办理。

在区域性股权市场内发行、转让的证券，应当在办理登记结算业务的机构集中存管和登记。办理登记结算业务的机构应当根据证券登记结算的结果，确认证券持有人持有证券的事实，提供证券持有人登记资料。

办理登记结算业务的机构应当妥善保存登记、结算的原始凭证及有关文件和资料，保存期限不得少于20年。

第二十六条 办理登记结算业务的机构应当按照规定办理证券账户开立、变更、注销和证券登记、结算，保证证券持有人名册和登记过户记录真实、准确、完整，证券和资金的清算交收有序进行。

办理登记结算业务的机构不得挪用投资者的证券。

办理登记结算业务的机构与中国证券登记结算有限责任公司应当建立证券账户对接机制，将区域性股权市场证券账户纳入资本市场统一证券账户体系。

第三章 中介服务

第二十七条 中介机构及其业务人员在区域性股权市场从事相关业务活动的，应当诚实守信、勤勉尽责，遵守法律、行政法规、中国证监会和有关省级人民政府规定等，遵守行业规范，对其业务行为承担责任。

第二十八条 运营机构可以自行或者组织有关中介机构开展下列业务活动：

（一）为参与本市场的企业提供改制辅导、管理培训、管理咨询、财务顾问服务；

（二）为证券的非公开发行组织合格投资者进行路演推介或者其他促成投融资需求对接的活动；

（三）为合格投资者提供企业研究报告和尽职调查信息；

（四）为在本市场开户的合格投资者买卖证券提供居间介绍服务；

（五）与商业银行、小额贷款公司等开展业务合作，支持其为参与本市场的企业提供融资服务；

（六）中国证监会规定的其他业务。

第二十九条　运营机构开展本办法第二十八条规定的业务活动，应当按照下列规定采取有效措施，防范运营机构与市场参与者、不同参与者之间的利益冲突：

（一）为参与本市场的企业提供服务的，应当采取业务隔离措施，避免与投资者的利益冲突；

（二）为合格投资者提供企业研究报告和尽职调查信息的，应当遵循独立、客观的原则，不得提供证券投资建议，不得提供虚假、不实、误导性信息；

（三）为合格投资者买卖证券提供居间介绍服务的，应当公平对待买卖双方，不得损害任何一方的利益；

（四）向服务对象收取费用的，应当符合有关规定并披露收费标准。

第三十条　区域性股权市场应当作为地方人民政府扶持中小微企业政策措施的综合运用平台，为地方人民政府市场化运用贴息、投资等资金扶持中小微企业发展提供服务。

第三十一条　区域性股权市场可以在依法合规、风险可控前提下，开展业务、产品、运营模式和服务方式创新，为中小微企业提供多样化、个性化的服务。

区域性股权市场可以按照规定为中小微企业信息展示提供服务。

第三十二条　区域性股权市场不得为其所在省级行政区域外企业证券的发行、转让或者登记存管提供服务。

第三十三条　区域性股权市场可以与证券期货交易所、全国中小企业股份转让系统、机构间私募产品报价与服务系统、证券期货经营机构、证券期货服务机构、证券期货行业自律组织，建立合作机制。但是，有违反本办法第三十二条规定情形的除外。

符合中国证监会规定条件的运营机构，可以开展全国中小企业股份转让系统的推荐业务试点。

第四章　市场自律

第三十四条　运营机构应当负责区域性股权市场信息系统的开发、运行、维护，以及信息安全的管理，保证区域性股权市场信息系统安全稳定运行。

区域性股权市场的信息系统应当符合有关法律法规和信息技术管理规范，并通过中国证监会组织的合规性、安全性评估；未通过评估的，应当限期整改。

区域性股权市场的信息技术管理规范，由中国证监会另行制定。

第三十五条　运营机构、办理登记结算业务的机构应当将证券交易、登记、结算等信息系统与中国证监会指定的监管信息系统进行对接。

运营机构应当自每个月结束之日起 7 个工作日内，向地方金融监管部门和中国证监会派出机构报送区域性股权市场有关信息；发生影响或者可能影响区域性股权市场安全稳定运行的重大事件的，应当立即报告。

运营机构报送的信息必须真实、准确、完整，指标、格式、统计方法应当规范、统一，具体办法由中国证监会另行制定。

第三十六条　运营机构、办理登记结算业务的机构制定的业务操作细则和自律管理规则，应当符合法律、行政法规、中国证监会规章和规范性文件、有关省级人民政府的监管细则等规定，并报地方金融监管部门和中国证监会派出机构备案。

地方金融监管部门和中国证监会派出机构发现业务操作细则和自律管理规则违反相关规定的，可以责令其修改。

第三十七条　运营机构应当按照规定对区域性股权市场参与者的违法行为及违反自律管理规则的行为，采取自律管理措施，并向地方金融监管部门和中国证监会派出机构报告。

运营机构应当畅通投诉渠道，妥善处理投资者投诉，保护投资者合法权益。

第三十八条　运营机构应当对区域性股权市场进行风险监测、评估、预警和采取有关处置措施，防范和化解市场风险。

第三十九条 运营机构可以以特别会员方式加入中国证券业协会，接受中国证券业协会的自律管理和服务。

证券公司作为运营机构股东或者在区域性股权市场从事相关业务活动的，应当遵守证券行业监管和自律规则。

中国证券业协会督促引导证券公司为区域性股权市场的投融资活动提供优质高效低廉服务。鼓励证券公司为区域性股权市场提供业务、技术等支持。

第五章 监督管理

第四十条 地方金融监管部门实施现场检查，可以采取下列措施：

（一）进入运营机构或者区域性股权市场有关参与者的办公场所或者营业场所进行检查；

（二）询问运营机构或者区域性股权市场有关参与者的负责人、工作人员，要求其对有关检查事项做出说明；

（三）查阅、复制与检查事项有关的文件、资料，对可能被转移、隐匿或者毁损的文件、资料、电子设备予以封存；

（四）检查运营机构或者区域性股权市场有关参与者的信息系统，复制有关数据资料；

（五）法律、行政法规和中国证监会规定的其他措施。中国证监会派出机构可以采取前款规定的措施，对区域性股权市场规范运作情况进行现场检查。

第四十一条 地方金融监管部门和中国证监会派出机构依法履行职责，被检查、调查的单位和个人应当配合，如实提供有关文件和资料，不得拒绝、阻碍和隐瞒。

第四十二条 运营机构违法违规经营或者出现重大风险，严重危害区域性股权市场秩序、损害投资者利益的，由地方金融监管部门责令停业整顿，并更换有关责任人员。

第四十三条 运营机构或者区域性股权市场参与者违反本办法规定的，地方金融监管部门可以采取责令改正、监管谈话、出具警示函、责令参加培训、责令定期报告、认定为不适当人选等监督管理措施；依法应予行政处罚的，给予警告，并处以3万元以下罚款。具体实施细则由省级人民政府制定。

对违反本办法规定的行为，法律、行政法规或者国务院另有规定的，依照其规定处理。

第四十四条 运营机构从业人员或者其他参与区域性股权市场的人员违反法律、行政法规或者本办法规定，情节严重的，中国证监会可以依法采取证券市场禁入的措施。

第四十五条 对运营机构或者区域性股权市场参与者从事内幕交易、操纵市场等严重扰乱市场秩序行为的，依法从严查处。

第四十六条 中国证监会派出机构发现违反本办法行为的线索，应当移送地方金融监管部门处理。

第四十七条 地方金融监管部门未按照规定对违反本办法行为进行查处的，中国证监会派出机构应当予以指导、协调和监督。

第四十八条 中国证监会派出机构对地方金融监管部门的监管能力和条件进行审慎评估，加强监管培训，采取有效措施，促使地方监管能力与市场发展状况相适应。

第四十九条 中国证监会派出机构可以对区域性股权市场的安全规范运行情况、风险管理能力等进行监测评估。

评估结果应当作为区域性股权市场开展先行先试相关业务的审慎性条件。

第五十条 违反本办法第三条第二款规定，组织证券发行和转让活动，或者违反本办法第九条规定，擅自组织开展区域性股权市场活动的，按照《国务院关于清理整顿各类交易场所切实防范金融风险的决定》（国发〔2011〕38号）和《国务院办公厅关于清理整顿各类交易场所的实施意见》（国办发〔2012〕37号）规定予以清理，并依法追究法律责任。

第五十一条 运营机构应当建立区域性股权市场诚信档案，并按照规定提供诚信信息的查询和公示。

运营机构和区域性股权市场参与者及其相关人员的诚信信息，应当同时按照规定记入中国证监会证券期货市场诚信档案数据库。

第六章　附　则

第五十二条　区域性股权市场为其所在省级行政区域内的有限责任公司股权融资或者转让提供服务的，参照适用本办法。

第五十三条　本办法自 2017 年 7 月 1 日起施行。《关于规范证券公司参与区域性股权交易市场的指导意见（试行）》（证监会公告〔2012〕20 号）同时废止。

天津滨海柜台交易市场非上市股份公司股份转让平台持续信息披露工作指引（试行）

第一章　总　则

第一条　为加强持续信息披露事务的运作管理，指导挂牌公司完成持续信息披露，根据《天津滨海柜台交易市场非上市股份公司股份转让平台基本制度（试行）》《天津滨海柜台交易市场非上市股份公司股份转让平台挂牌公司信息披露规则》及相关规定，制定本指引。

第二条　凡在天津滨海柜台交易市场非上市股份公司股份转让平台（以下简称“本平台”）挂牌的公司可参照本指引进行持续信息披露。

第三条　持续信息披露内容包括定期报告和临时报告，其中定期报告包括年度报告（须经会计师事务所审计）和半年度报告，挂牌公司也可自愿披露季度报告。

第四条　挂牌公司应披露信息如属于国家秘密、商业秘密等特殊情况确实不便披露的，挂牌公司可向本平台申请豁免，经本平台书面批准后，可以不予披露。

第二章　持续信息披露的时间规定

第五条　定期报告应在以下规定时间内编制完成并披露：

（一）年度报告应在每年 4 月 30 日之前；

（二）半年度报告应在每年 8 月 31 日之前；

（三）第一季度报告可在每年 4 月 30 日之前，但披露时间不得早于上一年年度报告的披露时间；第三季度报告可在每年10月31日之前。

第六条 临时报告应在召开董事会会议结束之日起两个工作日内报告并披露。

第三章 信息披露事务人员的设定

第七条 挂牌公司应指定董事会秘书或者具有相关专业知识的人员一名，负责信息披露事务。

第八条 挂牌公司应在挂牌后10个工作日之内将信息披露事务人员的姓名、联系地址、联系电话、传真、电子邮箱报给本平台，如有变更，应在变更后2个工作日之内书面告知本平台。

第四章 持续信息披露报告的编制

第九条 挂牌公司应按照本平台提供的持续信息披露模板编制报告。

第十条 持续信息披露报告的章节标题字体为黑体四号，正文字体为宋体小四号，一般行距为固定值25磅。

第五章 披露文件的传送

第十一条 挂牌公司应按要求填写《股份转让平台持续信息披露申请表》，内容包括挂牌公司的股份代码、股份简称、信息披露标题、要求披露时间、联系人及联系电话等，以便本平台核对披露信息的完整性。

第十二条 挂牌公司应至少提前3个工作日将加盖公章的持续信息披露报告、审计报告（如有）、董事会会议决议以及《股份转让平台持续信息披露申请表》的纸质文档提交给本平台，同时以电子邮件方式将上述文件的电子文档（WORD格式）发送至本平台指定邮箱，并与本平台进行电话确认。

第十三条 本平台收到上述文件核对无误后，由经办人确认并将《股份转让平台持续信息披露申请表》回执以传真方式回传给挂牌公司。

第六章 审核发布

第十四条 本平台在审核时如发现纸质文档与电子文档不符，有权要求挂牌公司核对并确认正确文档；挂牌公司应及时将正确的纸质文档和电子文档重新传送至本平台。

第十五条 本平台按照挂牌公司指定的时间在本平台股份转让系统上披露信息；挂牌公司在指定披露时间时应为本平台预留出信息接收、核对、制作、发布等业务环节所需要的合理时间。

第十六条 因特殊原因导致信息无法按指定时间披露的情况，双方应协商并由挂牌公司另行指定合理的披露时间。

第七章 附 则

第十七条 本指引由本平台负责解释。

第十八条 本指引自颁布之日起实施。

案例一：资本市场助力企业转型发展的“霸州模式”

2018 年 11 月 19 日，人民网转发清华大学经济管理学院教授魏杰《中国经济进入调整期》的文章：今年中国经济出现了“六种现象”，第一是大部分中小企业都感觉到了经营困难，既有成本的压力也有资金的压力；第二是债务问题不断增加，一开始是国有企业，后来是民营企业，最后是上市公司，债务问题不断爆雷，而且有进一步加重的趋势；第三是非银行金融机构尤其是新经营机构不断地出问题，像互联网经营平台等不断地爆雷，非银行金融机构的经营压力越来越大；第四是资本市场出现了非理性的下跌；第五是几乎所有投资者都感觉找不到安全性资产；第六是社会预期比较迷茫，不知道未来在哪里。这些现象在县域经济体现更为突出。

随着改革步入深水区和城镇化战略的推进，已连续几十年高速发展的经济跑道，逐渐从资源集中的一线城市、发达区域，开始转移并下沉到四、五线区域。作为国民经济的基础和细胞，县域经济这一功能完备的综合性经济体系，必将成为未来十年经济发展的战略阵地。但县域经济的发展也存在不少困难和问题，一方面目前经济下行压力较大，县域中小企业生产经营困难，融资难、融资贵等问题仍普遍存在；另一方面，县域经济发展仍存在创新能力不强、对外开放度不高、融资担保问题频频暴雷等明显短板。因此，县域经济无论是从自身发展的内在规律，还是从外部发展趋势和发展机遇，都已经到了一个必须借力资本市场，创新发展、转型升级，打造经济升级版，实现经济跨越发展的新阶段。而区域性股权市场的灵活性、私募性、包容性、普惠性的特点对于县域中初次进入资本市场的中小微企业来说，不啻是一个良好的选择。

霸州市是河北省廊坊市所辖的县级市，环京津临雄安，是重要的钢铁生产基地，钢铁产业、钢木家具产业一度是霸州市的支柱行业。在退出钢铁经济和环保治理的大背景下，霸州市的企业走上了漫漫转型升级之路，路途之艰难可想而知。近年来，霸州市委市政府高度重视创新创业和资本市场的发展，积极打造良好的营商环境，先后出台了《促进中小企业发展的实施意见》《支持企业到多层次资本市场发展》等政策，支持企业到多层次资本市场挂牌上市，培育创新创业土壤，鼓励企业进入多层次资本市场，规范成长、融资突围，不少优质企业成功在石家庄股权交易所挂牌，形成弯道超车，初现资本市场助力霸州经济发展新模式。

2014 年霸州有了第一家"四板"挂牌企业，发展到目前，在石家庄股权交易所主板挂牌 8 家、股份制改造 2 家、孵化版挂牌企业 28 家，挂牌企业覆盖霸州半数乡镇，实现直接融资总额超亿元，其中债权融资 3000 万元、股权融资 2300 万元、股权质押融资 600 万元，在全省区域性股权市场中跃居前列，连续 4 年排名位于石家庄股权交易所县域挂牌数量和发展前列。

河北争荣生物科技股份有限公司是一家以调味品生产为主营业务的挂牌企业，上市后融资渠道得以拓宽，发行并如期兑付债券，霸州市信用联社增信支持，社会资本和金融资本携手促进"中华老字号"的建设。公司使用募集到的资金购置了土地，建设了新厂房和质检中心，引进了人才，开发了新的品种，开展了全国食堂厨师的"大锅菜"培训，使公司效益得到显著提升。公司的年营业收入也从挂牌前的 6587 万元，达到 2018 年的 11068 万元，利税由挂牌前的 1459 万元，达到 2018 年的 2257 万元，为地方经济的发展做出了贡献。"霸州熏醋"成为第一个地标产品，"老酱油""捞汁"等新产品进入永辉超市等大型商超市场，从过去给六必居做代工，到现在自己的品牌得以提升，这些都是资本市场给争荣股份带来的变革。

河北奥诚线缆科技股份有限公司的前身是一家制造、销售电线电缆的企业，行业处于红海，前景不容乐观。企业挂牌后，通过石家庄股权交易所与深圳证券信息有限公司（该公司是深圳证券交易所的全资子公司）共同搭建的科技型企业常态化路演平台，与深圳证券交易所主板、中小板、创业板企业、8000 多家创投基金紧密合作，拓宽了经营视野，转型进军太阳能光伏产业，借助资本力量进入“一带一路”沿线国家发展，成功中标世界银行孟加拉提水电站光伏电池板采购项目。2017年“奥诚股份”投资3000万元，在河北省国家级贫困县——饶阳县注册成立河北中饶圣泰新能源科技有限公司，从而实现了企业金融扶贫的新举措。

廊坊飞鹏展具股份有限公司在石家庄股权交易所挂牌后获得河北银行“上市贷”贷款支持。该项贷款是河北银行为了助力省内中小微企业尤其是挂牌企业的发展特别设计的一款信用贷产品，该贷款只针对在石家庄股权交易所挂牌的企业，无须抵押不用担保，就可以发放贷款。目前，河北省已经有中国建设银行、邮储银行、河北银行、秦皇岛银行、张家口银行先后推出类似信用贷款产品，打破了过去“无实物抵押、不贷款”的业务模式，为挂牌企业获得资金支持得到了保障，在一定程度上切实解决了挂牌企业“融资难、融资贵”的问题。飞鹏展具充分发挥“互联网+”的作用，实现库房前移和线上体验，把展具市场打造成“南广州、北霸州”的格局，成为展具行业的领军企业，业务触角越来越宽广。

综上，我们不难看出，霸州的企业获得转型发展的契机不是偶然的：第一，地方政府重视，打造良好的营商环境，同时政府对挂牌企业资源、政策倾斜是关键；第二，在区域性股权市场挂牌是中小微企业发展的一次新的革命；第三，保荐机构从中斡旋，给企业提供增值服务，帮助企业运用资本市场的手段获得各种资源是保障；第四，通过股改、挂牌，企业家的思想不断进步，意识不断创新，这是资本市场带来的活水。

“问渠哪得清如许，为有源头活水来”，企业挂牌后尝到了甜头，增加了劲头，找到了奔头。确实，资本市场中需要巨无霸、独角兽企业，但是更需要一批像争荣股份、奥诚股份、飞鹏展具这样的中小企业，他们才是中国经济的活力所在。

（石家庄股权交易所　高　松）

案例二：区域性股权市场服务新旧动能转换助推实体经济发展的山东实践

党的十九大报告提出，要建设创新引领、协同发展的产业体系，实现实体经济、科技创新、现代金融、人力资源协同发展，使科技创新在实体经济发展中的贡献份额不断提高，现代金融服务实体经济的能力不断增强，人力资源支撑实体经济发展的作用不断优化。以齐鲁股权交易中心为代表的区域性股权市场，通过不断开拓创新，明确定位，推出了服务新旧动能转换的一系列创新举措，在服务中小微企业、服务新旧动能转换、助推地方实体经济发展等方面发挥了积极作用。

一、区域性股权市场服务新旧动能转换的现状

经过近 10 年的探索和实践，区域性股权市场在服务中小微企业方面逐渐形成了投资融资、交易结算、登记托管、培育孵化、信息资源集聚、金融创新等功能。区域性股权市场不断创新，推动更多科技型企业发展，形成巨大的示范效应，在全社会形成良好的创新氛围，促进科技和金融有效结合，帮助整个社会构建持续健康增长的长效机制。截至 2018 年 3 月底，全国共设立 39 家区域性股权市场，共有挂牌企业 26315 家（其中股份公司 7589 家），展示企业 82245 家，累计实现各类融资 9557.59 亿元。个人投资者 74.89 万户，机构投资者超过 2.08 万户。区域性股权市场初步整合了券商、投资机构、会计师事务所和律师事务所等金融要素，与银行、创投、券商、信托、基金等机构形成战略合作关系，在服务中小微企业多渠道融资、培育孵化、服务新旧动能转换等方面发挥了积极作用。

（一）为企业提供融资支持，推进地区经济发展

挂牌企业通过私募融资、股权质押融资等各类配套融资，实现快速做大做强，推进地区经济发展。截至 2018 年 3 月底，39 家区域性股权市场股权质押融资 3732.82 亿元，股权融资 1129.27 亿元，债权融资 2076.35 亿元，区域性股权市场在中小微企业的融资中发挥了积极作用。

（二）培育孵化，加快企业上市和登陆新三板步伐

企业通过挂牌，规范培育，获得融资，实现了快速成长，加上地方政府在土地、税收、房产等方面的政策支持，大大加快了企业的上市进程。目前，新疆股权交易中心、重庆股份转让中心和广东金融高新区股权交易中心已分别推动 3 家企业成功上市，齐鲁股权交易中心已推动 1 家企业成功上市。

区域性股权市场与全国股转系统（新三板）建立对接通道，推动四板企业转板新三板，齐鲁股权交易中心更是与全国股转系统建立集中转移机制。目前，上海股权托管交易中心和浙江股权交易中心分别推动 66 家企业转到新三板，广州股权交易中心、齐鲁股权交易中心分别推动 53 家、44 家企业转到新三板，共有 17 家区域性股权市场累计推动 326 家企业转到新三板，初步建立了培育孵化通道。

（三）推动同行业并购重组，促进产业结构升级

区域性股权市场有效促进科技与资本结合，形成以企业为主体的自主创新体系。企业通过齐鲁股权交易中心等区域资本市场平台作用，进行同行业的并购重组，拉长产业链，实现企业价值的成倍增长。据不完全统计，截至 2017 年底，区域性股权市场挂牌企业被上市公司并购重组涉及资产金额超过 20 亿元，区域性股权市场挂牌企业之间进行兼并重组涉及资产金额近 2 亿元。

（四）助推产业转型升级，加大新旧动能转换金融要素精准投放力度

区域性股权市场利用自身的价值发现、市场调节及要素集聚优势，有效放大各级政府的产业政策支持作用和金融杠杆作用，引导有限的金融资源投向主导产业、新兴产业、低碳产业配置，同时完善产业基础设施和配套设施，为新动能领域注入更多的资本、科技、人才、管理等高级生产要素，最终形成良性的金融生态循环，实现对产业转型升级的精准支持，提高经济可持续发展的能力。

如齐鲁股权交易中心目前已挂牌的企业中，主要涉及新材料、精细化工、新农业、先进制造业等行业领域，企业通过挂牌带动了当地经济转型发展，推动了如淄博市博山区的汽车板簧、临淄区的精细化工，聊城市临清的轴承产业，枣庄市滕州的中小机床等产业发展，促进了老行业向新材料、精细化工及机电装备等产业转型，加快了新型农业、节能环保与电子信息等新产业的成长，有效带动了一批中小企业产业集群的形成和发展，使挂牌企业成为促进新旧动能转换的生力军。

（五）促进创新人才集聚，为新旧动能转换提供人力资源支持

股权交易市场服务对象众多，涉及范围广泛，充分发挥其信息资源优势，有利于加快发展各类股权融资和中介服务机构，进一步完善金融服务体系。以齐鲁股权交易中心为例，已培育发展投资机构、会计师事务所、律师事务所等各类会员机构 735 家，发展融资服务合作商 207 家，直接从事区域资本市场从业人数超万人。挂牌前后的规范和培育，使企业建立了完善的法人治理结构、管理更加规范科学。创新人才知识产权等无形资产可按至少 50%、最多 70%的比例折算为技术股份，公司高管、核心员工的入股，使企业核心层联股联心，共同带领企业规范发展。

二、区域性股权市场服务新旧动能转换面临的问题

2017 年 4 月，李克强总理视察山东省时提出，山东省要贯彻落实新发展理念，加快推动新旧动能转换，积极探索解决重点民生问题的改革经验，为巩固全国经济稳中向好势头提供重要支撑。山东省是传统产业大省，产业结构与全国的经济特征总体一致，区域性股权市场能否充分发挥服务实体经济和中小科技型企业的作用，服务好新旧动能转换重大工程，不仅关系到山东省经济社会长期健康发展的大局，也对全国各地区域资本市场服务经济转型升级具有重要借鉴意义。

齐鲁股权交易中心作为成立较早、各项市场功能较完备的市场，在服务新旧动能转换方面也面临一些问题。虽然 2017 年国务院办公厅发布了《关于规范发展区域性股权市场的通知》（国办发〔2017〕11 号），中国证监会发布了《区域性股权市场监督管理试行办法》（证监会令第 132 号），但后续政策

一直未配套出台，区域性股权市场对接较高层次的资本市场制度还有待健全。资本市场相关主体的注意力仍然主要集中在沪、深证券交易所和新三板市场，对区域性股权市场的发展定位、服务功能和成效还缺乏充分的了解，参与的积极性也不够高。

（一）中介机构数量和服务能力不足

区域性股权市场中的会员中介机构以民间投资公司、会计师事务所、律师事务所为主，银行、券商、保险、创投、私募、担保等主力专业金融机构参与还不多，会员整体实力不强，还不能满足快速增长的挂牌企业多样化、专业化的服务需求。目前，一方面，中央出台各项政策要求区域性股权市场大力支持中小微企业发展；另一方面，大部分证券公司因区域性股权市场业务风险较高、收益较低、无利可图，不愿或较少参与相关业务，甚至个别公司从区域性股权市场退出。

（二）相关资源需要进一步盘活

国务院办公厅《关于规范发展区域性股权市场的通知》（国办发〔2017〕11号）、中国证监会《区域性股权市场监督管理试行办法》（证监会令第132号）均明确提出：区域性股权市场是地方人民政府扶持中小微企业政策措施的综合运用平台。经过近8年时间的发展，像齐鲁股权交易中心争取和聚集了部分政策资源、服务资源和企业资源，但在争取政府扶持中小微企业政策综合运用方面的能力还不足，部分省级政府尚未把区域性股权市场作为扶持中小微企业政策措施的综合运用平台来规划。

（三）区域性股权市场私募产品缺乏有效政策支持

目前，区域性股权市场融资产品主要包括私募股权融资、可转换公司债和股权质押融资，这三类产品分别面临着以下不同的问题：

1. 私募股权融资方面

一是区域性股权市场挂牌企业多为创新成长型企业，多数处于发展初期，未形成明显行业竞争力，上市遥遥无期，与股权投资机构投资要求差距较大，导致这些机构投资积极性不大。

二是2015年国务院出台的《关于国有企业发展混合所有制经济的意见》（国发〔2015〕54号）第二十三条明确了“建立规范的区域性股权市场，为企业提供融资服务，促进资产证券化和资本流动，健全股权登记、托管、做市商等第三方服务体系”的要求，但有关区域性股权市场采用做市商制度的配套政策一直没有出台，导致股权交易极不活跃，挂牌企业价值很难通过市场交易体现，投资机构通过区域性股权市场卖出持有股权的退出渠道不畅通。

2. 可转债融资方面

一是区域性股权市场作为新兴市场，可转债产品的社会认知度与影响力较低，市场尚未聚集相当的合格投资者群体。二是区域性股权市场可转债属于非标准化产品，这类产品都需要银行、券商等大型金融机构的总部审批，由于需要逐级汇报，拉长了审批时间，且很多产品到达总部后因规模小等原因最终无法通过审批。三是为债券备案发行提供承销、审计、法律、担保业务的中介服务机构一般按照企业融资规模的百分比收费，区域性股权市场发债主体多为中小企业，融资规模小，付费少，导致中介机构服务中小企业意愿低。

3. 股权质押融资方面

推动企业股权质押融资可以有效解决困扰中小微企业担保增信措施缺乏等难题，化解企业联保互保风险，维护地方金融稳定。但许多地方工商部门没有与区域性股权市场形成联动，一些地方工商部门以无法掌握相关股东变动情况为由，拒绝受理非上市股份公司股权出质登记，导致中小微企业股权质押融资难度较大。

三、推动区域性股权市场服务新旧动能转换的政策建议

（一）加强区域性股权市场与更高层次资本市场对接合作机制的建设

由证监会对多层次资本市场发展进行统筹规划，逐步建立“先挂牌后上市”培育转板机制，使区域性股权市场在多层次资本市场体系中能发挥更好的基础和补充作用，使原本围绕着 IPO 的各类金融要素下沉，由区域性股权市场在底层开始普及股权文化、证券知识，夯实资本市场发展基础。

（二）允许在区域性股权市场开展股权众筹试点

2011 年，为了完善美国小型企业与资本市场对接机制，美国政府出台了 JOBS 法案，将私募股东人数限制由 500 人提升到 2000 人。同时，还推出了股权众筹的特别豁免条款，在限定单一投资者投资总量和项目总融资量基础上，股东人数不

作限制。为了帮助中小企业获得融资，同时推动民间资金转换成民间资本，建议中国证监会在开展股权众筹试点时，将运作规范、合规风控水平较高的区域性股权市场纳入其中，依靠大众力量推动更多科技型、创新型企业发展。

（三）明确区域性股权市场股权登记托管机构的法律地位

由于没有明确的法律规定，在区域性股权市场股权登记不具有对抗第三方的法律公示效力。建议在修改《证券法》时，将区域性股权市场提供股权登记托管服务纳入调整范围。作为过渡性制度安排，建议推动工商部门与区域性股权市场建立健全非上市公司股权登记托管机制，明确并统一非上市企业股权质押融资登记的办理流程等方面事宜。

（四）鼓励金融机构通过区域性股权市场为中小微企业提供更多服务

国务院办公厅印发的《关于规范发展区域性股权市场的通知》（国办发〔2017〕11号）明确指出，区域性股权市场是为其所在省级行政区域内中小微企业证券非公开发行、转让及相关活动提供设施与服务的场所。《区域性股权市场监督管理试行办法》第三十九条明确要求引导证券公司为区域性股权市场的投融资活动提供优质高效低廉服务。鼓励证券公司为区域性股权市场提供业务、技术等支持。建议中国证监会将证券公司参与区域性股权市场列入社会责任评价指标体系，并出台措施，鼓励证券公司参与。建议中国银保监会等部门出台措施，鼓励银行业、保险业机构为区域性股权市场的投融资活动提供优质高效低廉服务。

（五）推出专门服务于区域性股权市场的小微证券公司试点

2015年6月，中国证监会新闻发言人曾经表示，中国证监会将推出专门服务于区域性股权市场的小微证券公司试点，引导依法设立的私募投资基金等机构投资者参与区域性股权市场，并研究采取其他支持措施，支持区域性股权市场规范发展。建议中国证监会尽快落实此项措施，选择部分在区域性股权交易市场从事挂牌推荐、财务顾问、投资咨询业务，并经区域性股权交易市场出具相关意见的投资公司，经审查使之成为专门服务区域性股权交易市场的小微证券公司，推动区域性股权市场规范发展。

（齐鲁股权交易中心　高鹏飞）

中英文对照

1. A study of China's Regional Equity Market 中国区域性股权市场研究

2. capital 资本

3. Capital Market 资本市场

4. fund 基金

5. Global Select Market 全球精选市场

6. Global Market 全球市场

7. IPO（Initial Public Offerings）首次公开募股；初次公开发行

8. JASDAQ 日本场外市场；佳斯达克

9. JASDAQ Securities Exchange 佳斯达克证券交易所

10. Market Making 报价

11. NASD（National Association of Securities Dealers）（美国）全国证券交易商协会

12. NASDAQ（National Association of Securities Dealers Automated Quotation）全美证券商协会自动报价系统；纳斯达克

13. OTC（Over The Counter）场外交易市场

14. OTCBB（Over The Counter Bulletin Board）场外柜台交易系统

15. Pink sheets 粉单市场

16. stock 股票

17. security 证券

18. Stock Exchange 证券交易所

19. SEC（Securities and Exchange Commission）美国证券交易管理委员会

20. 股权 equity shareholding；equity interest；equities

21. 股票投资 Stock Investment；investment on stocks；equity investment

22. 联营股权 affiliated interests

23. 券商 securities companies；securities trader

24. 私募股权 Private Equity（PE）

25. 众筹 crowd funding；kick starter；crowd；Together & Separate

参考文献

［1］高松，刘旭阳．区域股权交易市场战略定位及发展建议［J］．商业全球化，20186（3）：25-32.

［2］高松，焦树培．河北省农村普惠金融研究［J］．当代经济管理，2017（12）：98-102.

［3］高松．场外交易市场对促进中小企业发展的作用研究［J］．当代经济管理，2016，4.

［4］高松，陈泽楠．中外场外交易市场比较研究［J］．石家庄经济学院学报，2015，38（05）：93-98.

［5］高松，霍婷婷．私募股权投资基金退出策略比较研究［J］．价值工程，2014（28）：10-13.

［6］河本一郎，大武泰南．证券交易法概论（第四版）［M］．侯水平，译．北京：法律出版社，2001.

［7］中华人民共和国证券法［M］．北京：法律出版社，2014.

［8］中华人民共和国公司法：最新修订版［M］．北京：法律出版社，2018.

［9］郑立伟．中美证券市场信息披露制度比较研究［D］．华中科技大学，2004.

［10］阎大颖．日本场外交易市场［M］．北京：中国商务出版社，2006：36-37.

［11］Yan D，Cai J. Long-Run Operating Performance of Initial Public Offerings in Japanese Over-the-Counter Market（1991—2001）：Evidence and Implications［J］．Asia-Pacific Financial Markets，2003，10（2-3）：239-274.

[12] 梁鹏，陈甬军．日本创业板市场发展动态与特色分析——以JASDAQ为例［J］．证券市场导报，2011（5）：4-9.

［13］日本交易所集团网［OL］．https：//www. jpx. co. jp/chinese/listing/ipo/index. html.

［14］阎庆民．坚定信心 凝聚共识 促进区域性股权市场规范健康发展［R/OL］．［2018-11-23］．http：//www. cs. com. cn/xwzx/zt2017/20181123/01/201811/t20181123_ 5896406. html.

［15］马永斌，闫佳．产融结合与制造业企业转型升级［J］．技术经济与管理研究，2017（3）：110-114.

［16］罗红梅．场外交易市场的监管：1986～2016年［J］．改革，2016（5）：101-113.

［17］庞东梅．发挥县域金融工程作用　突破县域经济困境［N］．金融时报，2016-7-20（4）．

［18］杜晶晶，林梦倩，陈丽清．企业资源整合研究综述及展望［J］．全球流通经济，2017（16）：32-34.

［19］刘东涛．区域股权交易市场融资的困境与出路——以河北民营企业融资为视角［J］．法制与经济，2018（11）：118-119.

［20］卢发强．区域性OTC在中小企业成长过程中的作用研究［D］．兰州：兰州大学，2015.

［21］龚波．区域性股权市场对接县域金融工程的湖北探索与实践［J］．产权导刊，2018（9）：43-46.

［22］付桂存．区域性股权市场建设探讨［J］．合作经济与科技，2018（24）：78-79.

［23］文丰安．全面深化改革中的我国小微企业发展与政府职能转变［J］．管理世界，2014（11）：184-185.

［24］李慧．我国区域性股权交易市场发展探析［J］．时代经贸，2018（21）：80-81.

［25］国元证券和合肥工业大学联合课题组，蔡咏．我国区域性股权市场的发展、问题和改革研究［J］．金融监管研究，2018（04）：55-70.

[26] 李仲飞，黄金波．我国小微企业融资困境的动态博弈分析［J］．华东经济管理，2016，30（2）：1-7.

[27] 鲍长生．小微企业经营困境：是市场萎缩还是资金短缺？——基于上海市青浦区小微企业数据的因子分析［J］．华东经济管理，2016，30（4）：12-16.

[28] 郭俊华，卫玲，边卫军．新时代新常态视角下中国产业结构转型与升级［J］．当代经济科学，2018（6）：81-90+129.

[29] 转方式调结构做好“三篇大文章”［J］．奋斗，2017（11）：27-28.

[30] 孙新波．转型期的中国管理研究与企业实践——第8届“中国·实践·管理”论坛评述与展望［J］．管理学报，2018，15（2）：168-173.

[31] 国务院办公厅印发《关于建设大众创业万众创新示范基地的实施意见》［J］．电子政务，2016（6）：47.

[32] 聂艳秋，李玉秀．统一战线服务转方式调结构应树立的基本意识［J］．中国集体经济，2010（36）：189-190.

[33] 姚春扬．浅谈小微企业筹资问题［J］．中国管理信息化，2019（02）：120-122.

[34] 张穗．中国区域性股权交易市场全景解读［J］．国际融资，2016（10）：19-23.

[35] 肖玉航．解读《区域性股权市场监督管理试行办法》［EB/OL］．［2017-05-09］．http：//sc. stock. cnfol. com/shichangceping/20170509/24704796. shtml.

[36] 肖玉航．四板挂牌公司年底有望接近50000家［EB/OL］．［2016-11-10］．http：//sc. stock. cnfol. com/gushizhibo/20161110/23789009. shtml

[37] 黄昭．京津冀场外市场协同发展的条件分析与建议［J］．产权导刊，2017（6）：51-53.

[38] 张涛．天津民营经济的融资支持研究［D］．天津：天津师范大学，2016.

[39] 胡继之．站在前海前沿的思考［N］．上海证券报，2013-12-24（A01）.

[40] 钟国斌．3000企业挂牌前海股权交易中心［N］．深圳商报，2014-

04-24.

[41] 前海股权交易中心（新四版）详解．[EB/OL]．[2016-01-06]. http：//www. sohu. com/a/52762953_ 350229.

[42] 闫欢欢．区域性股权交易市场发展的探讨 [D]．河北：河北师范大学，2016.

[43] 丁平．股权交易助推山东高新技术产业发展 [N]．中国高新技术产业导报，2012-07-23.

[44] 梁颖．关于中国资本市场的一些研究 [N]．考试周刊，2011-05-20.

后 记

《中国区域性股权市场研究》终于成稿，多年的夙愿终于有了初步的交代，如释重负。本来以为凭着10多年在股权市场摸爬滚打的经历，还有带着学生针对股权市场做过多年的研究成果，写起书来应该得心应手、一气呵成，但是谁知个中滋味。

撰写书稿的过程也是一个自我挑战、自我警醒、自我提升的过程，梳理了10多年来在区域性股权市场工作的经历，发现自己完全是伴随着市场的改变而改变，无论是对于市场的理解，还是对于市场的运营，抑或是对市场功能的创新，几乎时时刻刻在变，但是唯独扶植中小微企业的初心不变。

对于曾经在高校任教的我来说，一直以来觉得教学非常辛苦，但是通过写书才知道“书到用时方恨少”，往往因为一个简单的观点而驻笔，不知如何继续，冥想许久也还是写不出来。此时才知道做成一件事情实属不易，才知道只有坚持才能达到目标。

我深知，书稿仍然存在很多缺陷。它还难以完全展现中国区域性股权市场的全貌，也难以跟上中国区域性股权市场变革的脚步。毕竟，作为一份研究著作，所参考的资料都是从公开的渠道得到的，因此可能与实际情况有一些出入，并且还不够翔实。此外，对于未来中国区域性股权市场的发展状况也只是自己的一点浅见，同时由于对现代科技在资本市场领域如何运用领会不深，也只能是提出自己的看法，恳请读者们予以补充和完善了。但是，“砖”总是要有人抛出去的，希望引得彩“玉”来。我也只有怀着忐忑的心情，捧着这部作品，让它与大家见面了。

曾经与一个保荐机构的负责人交流过，他说区域股权市场的从业者和参与者是一群农夫，默默耕耘。这群人可能是处在资本市场的最底层，每天深入到县、乡、村，每天跟中小微企业的老板们打交道，给他们描绘着进入资本市场的前景，甚至是做着资本市场的启蒙工作，但是他们每个人无怨无悔，或许曾经有迷茫、有退缩，但是初心不改，一路追梦。因此，我们都是追梦人。

在此，我特别感谢武汉大学经管学院的叶永刚教授和天津科技大学经管学院的孙杰教授，在我困惑无力写稿的时候，是他们给了我继续写下去的动力，给予我巨大的支持。也感谢天津科技大学经管学院的研究生王金英、张晓倩同学，他们帮助我梳理书稿、排版整理，为书稿的最终完成付出了心血。

更要感谢我的老领导齐鲁股权交易中心李雪总裁，在我筹建和运营石家庄股权交易所期间，她给了我巨大的支持和鼓励，并且在我完成书稿后，她欣然应允联袂推荐。还有我的众多好朋友们，在我撰写书稿的时候给了我莫大的鼓励，他们是天津滨海柜台交易市场总经理周华敏，武汉股权托管交易中心董事长、总裁龚波，湖南股权交易所总经理余春晖，北京股权交易中心总经理成九雁，青岛蓝海股权交易中心总经理常欣，内蒙古股权交易中心董事长郑光华、总经理孙枫。在此也一并表示感谢。

感谢中国经济出版社的责任编辑李玄璇女士，她也时常提醒我做好文章，她的认真负责的态度，精益求精的做事原则，也使我感动。

本书能否为读者所接受，能否为中国区域性股权市场的研究打开一扇窗，尚待时间考验。本书留下很多遗憾，还有许多不尽如人意、表述不够清晰的地方，甚至有一些课题还没有研究清楚，这是我今后研究的方向所在。例如，如何利用区域性股权市场切实解决中小微企业长期存在的融资难、融资贵问题，如何利用新技术发展区域性股权市场问题，如何利用区域性股权市场实现金融扶贫问题，甚至如何在区域性股权市场中去中介化的问题，等等，都是我今后要研究的重点工作。在此，只有一个心愿：让资本市场助力中国经济振兴，让区域性股权市场助力中小企业腾飞。

高 松

2019 年 2 月于石家庄